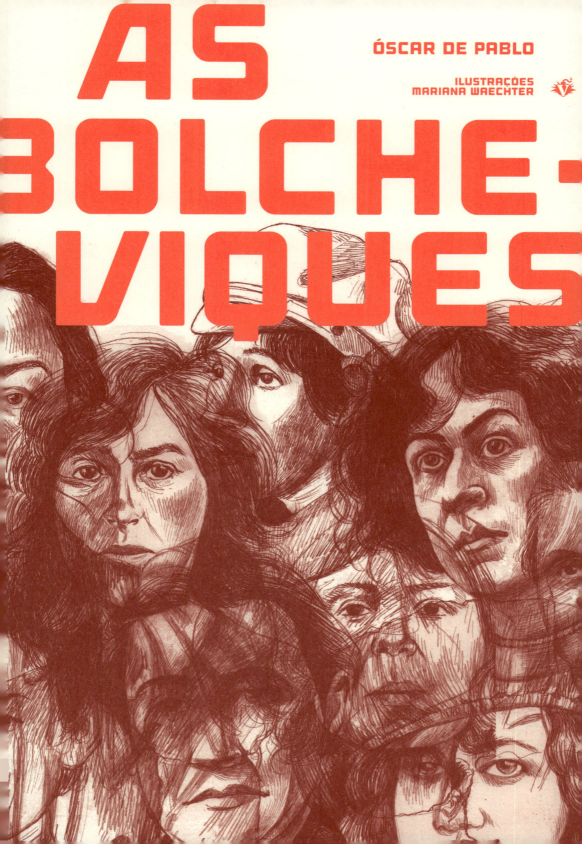

SUMÁRIO

1. Agadzhanova (Chutko), Nina Ferdinandovna (1889-1974)   **10**
Агаджанова (Шутко), Нина Фердинандовна

2. Armand, Inessa Fiodorovna (1874-1920)   **16**
Арманд, Инесса Фёдоровна

3. Artiukhina, Aleksandra Vasilievna (1889-1969)   **32**
Артюхина, Александра Васильевна

4. Aveide, Maria Oskarovna (1884-1919)   **37**
Авейде, Мария Оскаровна

5. Balabanoff, Angelika Isaakovna (1878-1965)   **41**
Балабанова, Анжелика Исааковна

6. Bobrovskaia, Cecilia Samoilovna (1873-1960)   **50**
Бобровская, Цецилия Самойловна

7. Bosch, Evguenia Bogdanova (1879-1925)   **59**
Бош, Евгения Богдановна

8. Bichkova, Anna Nikolaievna (1886-1985)   **72**
Бычкова, Анна Николаевна

9. Dilevskaia, Olga Aleksandrovna (1885-1919)   **77**
Дилевская, Ольга Александровна

10. Drabkina, Elizaveta Iakovlevna (1901-1974)   **80**
Драбкина, Елизавета Яковлевна

11. Iegorova, Jenia (1892-1938) 87
Егорова, Женя

12. Elizarova-Ulianova, Anna Ilinitchna (1864-1935) 92
Елизарова-Ульянова, Анна Ильинична

13. Essen, Maria Moiseievna (1872-1956) 100
Эссен, Мария Моисеевна

14. Flakserman, Galina Konstantinovna (1888-1958) 105
Флаксерман, Галина Константиновна

15. Gopner, Serafima Ilinitchna (1880-1966) 110
Гопнер, Серафима Ильинична

16. Kameneva, Olga Davidovna (1883-1941) 117
Каменева, Ольга Давидовна

17. Kasparova, Varsenika Djavadovna (1888-1941) 124
Каспарова, Варсеника Джавадовна

18. Kim-Stankevitch, Aleksandra Petrovna (1885-1918) 129
Ким-Станкевич, Александра Петровна

19. Knipovitch, Lídia Mikhailovna (1856-1920) 133
Книпович, Лидия Михайловна

20. Kollontai, Aleksandra Mikhailovna (1872-1952) 139
Коллонтай, Александра Михайловна

21. Krupskaia, Nadejda Konstantinovna (1869-1936) — 159
Крупская, Надежда Константиновна

22. Kudelli, Praskovia Frantsevna (1859-1944) — 173
Куделли, Прасковья Францевна

23. Liebedeva, Vera Pavlovna (1881-1968) — 178
Лебедева Вера Павловна

24. Lilina, Zlata Ionovna (1882-1929) — 182
Лилина, Злата Ионовна

25. Liusinova, Liusik Artemievna (1897-1917) — 188
Люсинова, Люсик Артемьевна

26. Nikolaieva, Klavdia Ivanovna (1893-1944) — 191
Николаева, Клавдия Ивановна

27. Sverdlova-Novgorodtseva, Klavdia Timofeievna (1876-1969) — 197
Свердлова-Новгородцева, Клавдия Тимофеевна

28. Okulova-Teodorovitch, Glafira Ivanovna (1878-1957) — 203
Окулова-Теодорович, Глафира Ивановна

29. Pilaieva, Elizaveta "Liza" Nikolaievna (1898-1926) — 208
Пылаева, Елизавета "Лиза" Николаевна

30. Ravitch, Olga (1879-1957) — 212
Равич, Ольга

31. Reisner, Larissa Mikhailovna (1895-1926) — 217
Рейснер, Лариса Михайловна

32. Rozmirovitch, Elena Fiodorovna (1886-1953) — 223
Розмирович, Елена Фёдоровна

33. Samoilova, Konkordia Nikolaievna (1876-1921)   **232**
Самойлова, Конкордия Николаевна

34. Sedova, Natalia Ivanova (1882-1962)   **238**
Седова, Наталья Ивановна

35. Slutskaia, Vera Klimentievna (1874-1917)   **246**
Слуцкая, Вера Климентьевна

36. Smidovitch, Sofia Nikolaievna (1872-1934)   **251**
Смидович, Софья Николаевна

37. Sokolovskaia (Bronstein), Aleksandra Lvovna (1872-1938)   **256**
Соколовская (Бронштейн), Александра Львовна

38. Stal, Liudmila Nikolaievna (1872-1936)   **261**
Сталь, Людмила Николаевна

39. Stassova, Elena Dimitrievna (1873-1966)   **267**
Стасова, Елена Дмитриевна

40. Varientsova Olga Afanasievna (1862-1950)   **277**
Варенцова, Ольга Афанасьевна

41. Velitchkina, Vera Mikhailovna (1868-1918)   **283**
Величкина, Вера Михайловна

42. Iakovleva, Varvara Nikolaievna (1884-1941)   **289**
Яковлева, Варвара Николаевна

43. Zalkind "Zemliatchka", Rozalia Samoilovna (1876-1947)   **296**
Залкинд "Землячка", Розалия Самойловна

PRÓLOGO

Como contar a história daquele partido que em 1917 levou a classe trabalhadora russa ao poder? Como lançar uma nova luz sobre aquela revolução que abalou o mundo? Como julgar o resultado de sua promessa radical de igualdade social? Minha proposta: contar a vida de um punhado de militantes, muito diferentes entre si, mas que, para além da sua participação no Partido e na Revolução, tinham outro traço em comum, eram mulheres.

Essas militantes, vindas de todos os confins do império czarista e de todos os setores sociais – desde filhas de generais nobres até filhas de operários – passaram pela formação do bolchevismo, o drama de 1905, os anos de reação, a Primeira Guerra Mundial, as revoluções de 1917, a guerra civil, a vitória.

Enquanto o mundo apenas contemplava a possibilidade da igualdade formal, essas mulheres ocuparam os primeiros postos no governo soviético, no Partido Comunista e no Exército Vermelho. Uma foi a primeira presidente de um governo, o da Ucrânia; outra foi Comissária do Povo de Bem-Estar Social e depois a primeira mulher embaixadora; outra ainda foi secretária-geral do partido no poder, antes de ir para o estrangeiro continuar a luta pela revolução mundial.

Muitas delas se entregaram ao trabalho de mobilizar a mulher operária e camponesa por meio de revistas como *Rabotnitsa* (Operária) e de instituições como o lendário Jenotdel. Outras colocaram-se à frente dos homens no duro combate armado à contrarrevolução.

Várias morreram nos anos terríveis da fome e da guerra civil. Das que chegaram vivas aos anos dos expurgos stalinistas de 1936-1939, algumas dirigiram corajosamente a Oposição, outras guardaram um silêncio cúmplice; muitas foram executadas, mas nenhuma sobreviveu sem ser tocada em seu entorno íntimo pela repressão.

Algumas delas chegaram a participar na luta vitoriosa com a Alemanha Nazista.

Muito antes da tomada do poder, tinham se proposto entregar a vida à Revolução. E foi isso o que fizeram. Ilustrando com seu sangue o programa de seu partido, não foram objetos passivos da emancipação, senão que, unidas à classe operária, foram sujeitos e protagonistas.

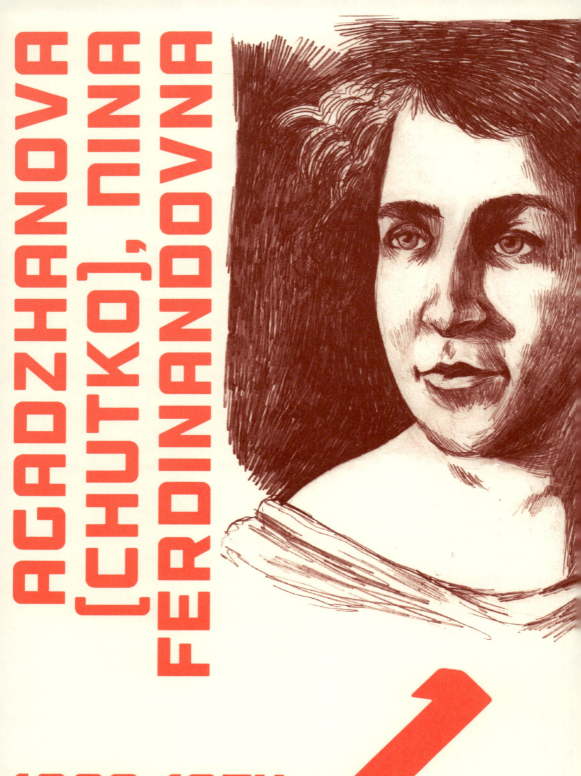

"Neune" (o equivalente em armênio de "Nina") Agadjanova nasceu em 8 de novembro de 1889 em Ekaterinodar (hoje Krasnodar), região de Cubã, no sul da Rússia.[1] Era uma das três filhas de um comerciante armênio lá estabelecido havia dez anos, fugido da perseguição étnica que sofria junto de seus compatriotas pelo Império Otomano.

Neune cursava o bacharelado no ginásio para mulheres nº 1 de sua cidade natal e acabara de completar 15 anos, em 20 de novembro de 1904, quando presenciou uma grande manifestação operária em frente ao conselho municipal de Ekaterinodar. No ano seguinte, não tão longe dali, no porto de Odessa, aconteceu o motim dos marinheiros do Encouraçado Potemkin, um dos momentos mais marcantes da Revolução de 1905. Influenciada por esses acontecimentos, no final do ano seguinte, quando acabava de completar 17 anos, ingressou no Partido Operário Social-Democrata da Rússia, o partido dos marxistas no império czarista. Dedicou-se então a dirigir círculos de propaganda entre os operários de uma fábrica de tijolos e de uma panificadora.

Nessa época, Neune estudava para se tornar professora, mas, devido às suas atividades políticas, os pais de suas companheiras solicitaram que a expulsassem do instituto. Órfã de pai e mãe, mudou-se para a casa de parentes na cidade de Voronej (a meio caminho entre Ekaterinodar e Moscou), onde completou o curso e estudou música. Em maio de 1909 retornou à sua cidade natal, onde trabalhou

1 Cf.: Anastasia Kuropatchenko, "A mariposa de aço, Nina Agadjanova" [Стальная Бабочка Нина Агаджанова], 2017, http://krasnodar-news.net/society/2017/08/31/147949.html; Natalie Rybichkova, "Nina Agadzhanova-Shutkó", 2016, https://wfpp.cdrs.columbia.edu/pioneer/nina-agadzhanova-shutko/. De acordo com suas páginas em inglês, espanhol e português na Wikipédia, seu nome de nascimento era Antonina Nikolaievna Batorovskaia.

tocando piano no cinema dos irmãos Bommer. Dizia-se que aproveitava a escuridão da sala de cinema para organizar encontros clandestinos entre militantes.

No final do verão de 1909, mudou-se para Moscou. Foi estudar filosofia e história. No entanto, logo deixou a universidade para se dedicar totalmente à militância. "Russificou" seu nome de Neune para Nina e foi organizadora clandestina em cidades industriais da região, como Voronej, Oriol e Ivanovo. Nessa época que conheceu um jovem intelectual originário de sua região, que também militava na área de Moscou sob o pseudônimo "Mikhail", mas cujo verdadeiro nome era Kirill Ivanovich Chutko.[2] Além de compartilhar seu compromisso político, ambos os jovens descobriram seu interesse comum pelas artes. Chutko era dramaturgo e amigo íntimo do pintor Kazimir Malievitch, com quem havia participado da Revolução de 1905. Por volta de 1913, quando foram deportados para a localidade siberiana de Ust-Kulom, Nina e Kirill se casaram. Por isso, de acordo com o costume russo, Chutko passou a ser o sobrenome legal de ambos.

No início de 1914, os dois se estabeleceram em Petrogrado, onde se integravam ao comitê local do partido bolchevique. Nele, militantes como Konkordia Samoilova, Praskovia Kudelli, Feodosia Drabkina e Anna Elizarova (irmã mais velha de Lênin) preparavam o lançamento de uma revista especial para operárias, intitulada *Rabotnitsa*[3]. No entanto, pouco antes de ser lançada, a polícia invadiu uma reunião do seu comitê editorial e prendeu os presentes. Somente Elizarova salvou-se, por ter chegado atrasada, e sobre ela recaiu a edição da revista. Agadjanova, então, foi quem ficou como secretária de redação. Durante os meses seguintes, as duas puderam editar vários números da revista, até que, no verão, a publicação foi proibida após a entrada da Rússia na Primeira Guerra Mundial.

Em outubro de 1915, Agadjanova e Chutko foram novamente detidos e, após meio ano de prisão, deportados para a província siberiana de Irkutsk. Passado um ano, os dois fugiram e regressaram clandestinamente a Petrogrado.[4] Lá, sob identidade falsa, Nina começou a trabalhar como operadora de máquinas na fábrica Novy Promet.

Em 8 de março de 1917, Dia Internacional da Mulher, esteve, ao lado de Jenia Iegorova, Maria Vidrina e o metalúrgico Vasili Kaiurov, entre os que dirigiram o movimento de operárias que iniciou a chamada Revolução de Fevereiro. No dia

2 Sobre Chutko, cf.: http://istoriacccr.ru/shutko_kirill_ivanov.html.
3 Do russo Работница, "Operária".
4 N.T.: São Petersburgo era o nome original da cidade, que foi mudado para Petrogrado em 1914 e, em 1924, para Leningrado. Em 1991, após o fim da União Soviética, voltou a seu nome original. É frequentemente chamada apenas de Petersburgo.

seguinte, a maior parte da população trabalhadora da capital havia se juntado à luta, e quatro dias depois a insurreição havia conquistado a capital. Após a adesão dos soldados, a revolução obrigou o czar Nicolau II a abdicar.

Em meados de abril, quando Lênin voltou do exílio, Agadjanova era parte da comissão que os bolcheviques de Viburgo enviaram para recebê-lo na Estação Finlândia.

Nas eleições municipais desse verão, Agadjanova e Chutko integraram-se ao conselho municipal de Viburgo, liderado por Nadejda Krupskaia, a esposa de Lênin.

Em 7 de novembro, Agadjanova participou da insurreição bolchevique que derrubou o governo provisório e transferiu todo o poder para os sovietes de operários e soldados. No dia seguinte à tomada do poder, fez 28 anos.

Em abril de 1918, um congresso regional de sovietes do sul da Rússia realizou-se em Krasnodar e resolveu proclamar a República Soviética do Cubã, encabeçada pelo bolchevique Ian Poluian. Durante os meses seguintes, outras regiões vizinhas foram se integrando para dar lugar à República Soviética do Cáucaso Setentrional. Então, Agadjanova e Chutko voltaram à sua região natal para se juntarem a esse governo. No entanto, em 17 de agosto, o general branco Anton Denikin[5] conseguiu ocupar Ekaterinodar e em seguida todo o resto da região. Em janeiro de 1919, a República Soviética do Cáucaso do Norte tinha desaparecido.

Em vez de sair da região, Agadjanova se mudou para Novorosísk[6], então ocupada pelas forças de Denikin, para recolher informações e fazer propaganda clandestina entre os cossacos. Depois foi para Rostov do Don a fim de cumprir a mesma missão. Lá permaneceu até janeiro de 1920, quando a cavalaria vermelha de Semion Budioni recuperou a região para o poder soviético.

Agadjanova foi então enviada a Minsk, capital da Bielorrússia[7], para servir como secretária técnica do Comitê Militar Revolucionário da República Soviética estabelecido na cidade e liderado por Aleksandr Tcherviakov. Lá se reuniu com seu marido, que dirigia a administração política do Exército Vermelho na frente ocidental. Nesse posto, Agadjanova participou da guerra polonesa-soviética, a última fase da Guerra Civil. Em maio de 1920, participou da organização da defesa de Jlóbin e de Orsha, onde se encontrou com o escritor Isaac Babel, que se tornaria o cronista da cavalaria vermelha.

5   N.T.: Movimento Branco formado por forças contrarrevolucionárias russas que, após a Revolução de Outubro, lutaram contra o Exército Vermelho e os bolcheviques na Rússia.
6   Localizada na costa do Mar Negro, Novorosísk tem o maior porto russo.
7   N.T.: Hoje República de Belarus.

Em março de 1921, ela e Chutko se mudaram para a Tchecoslováquia como parte da delegação diplomática soviética em Praga, onde viveriam um ano.

De volta a Moscou, em 1922, Chutko passou a chefiar o departamento de Cinema do Comissariado do Povo para a Educação. Em 1923 encorajou Agadjanova a transformar suas experiências da Guerra Civil em um roteiro de cinema. Ela aceitou e o resultado foi o filme intitulado *Atrás das Linhas Brancas*[8], levado ao cinema em 1925 pelos diretores Boris Tchaikovski e Olga Rakhmanova.

Nesse ano, para comemorar o 20º aniversário da Revolução de 1905, que ocorreria em 1925, Agadjanova escreveu, juntamente com Valerian Pletinov, um roteiro sobre os acontecimentos revolucionários daquele ano. A pedido de Agadjanova, foi Serguei Eisenstein quem dirigiu a parte do roteiro que tratava sobre o motim naval de Odessa. O resultado foi o filme mais emblemático do cinema soviético e um dos mais importantes da história do cinema mundial: *O Encouraçado Potemkin*.

No ano seguinte, a parte do roteiro sobre a insurreição bolchevique de Moscou foi realizada como um filme separado, dirigido por Abram Room. Em 1929, Agadjanova colaborou com o cineasta Liev Kulechov, tanto no roteiro como na direção do filme *Dois-Buldi-dois*[9], e também redigiu o roteiro do curta-metragem de agitação *O Marinheiro Ivan Galai*[10], dirigido por Iakov Urinov.

Em 1930, ela passou a trabalhar como assessora de roteiro nos estúdios cinematográficos soviéticos Mezhabpomfilm. O regime soviético se tornava cada vez mais autoritário, sob a influência crescente de Stálin. Velho amigo dos Chutko, o pintor Malievitch foi detido e interrogado, mas, graças à mediação do casal, foi deixado em liberdade.

Em 1933, Agadjanova ajudou a redigir o roteiro do filme *O Desertor*[11], sobre as lutas revolucionárias na Alemanha, que seria levado ao cinema pelo diretor Vsevolod Pudovkin.

Nesse ano, divorciou-se de Kirill Chutko e mudou-se para Riga[12], onde ocupou um cargo na embaixada soviética da Letônia. Viveu lá por cinco anos. Durante sua estadia na Letônia, em 15 de maio de 1934, assistiu ao golpe de Estado de Kārlis Ulmanis e ao início da sua ditadura.

8   Tradução livre do original em russo В тылу у белых.
9   Tradução livre do original em russo Два-бульди-два.
10   Tradução livre do original em russo Матрос Иван Галай.
11   Tradução livre do original em russo Дезертир.
12   Capital da Letônia.

Em 1938, Agadjanova voltou a Moscou, onde foi nomeada diretora adjunta do departamento de roteiros. Nessa época, o Grande Expurgo[13] já havia começado. Em 23 de outubro desse ano, seu ex-marido, Chutko, foi preso, acusado de "trotskismo" e condenado a oito anos de prisão. Agadjanova esforçou-se, em vão, por conseguir sua libertação. Chutko seria executado em 1941. Além dele, estiveram entre as vítimas dos expurgos seus camaradas do comitê bolchevique de Viburgo, Jenia Iegorova e Vasili Kaiurov, seu chefe na república soviética do Cubã, Ian Poluian, o da república soviética bielorrussa, Aleksandr Tcherviakov (que foi levado ao suicídio), e o escritor Isaac Babel. Conforme lembra Eisenstein em suas memórias, Agadjanova passou aqueles anos tentando ajudar os velhos bolcheviques perseguidos.

Em 1945 começou a ensinar a matéria de roteiro no Instituto de Cinematografia da União Soviética, emprego que conservou até o fim de sua carreira.

No dia 7 de novembro de 1956, nos 39 anos da Revolução, recebeu a insígnia Bandeira Vermelha.

Morreu em Moscou, em 14 de dezembro de 1974, aos 95 anos. Foi enterrada no cemitério moscovita de Peredelkinskoie.

*

13 NE.: Campanha de repressão política na qual Stalin eliminou não apenas todos os seus opositores dentro do partido, mas qualquer um que fosse visto como potencial opositor. Dos 139 membros do Comitê Central, 98 foram presos. Dos 1.966 delegados do congresso do partido realizado em 1934, 1.108 foram presos. Quase todas essas pessoas acabaram executadas ou morreram nos campos de extermínio. Como foram assassinados não apenas os dirigentes e suspeitos, mas também familiares, amigos ou vítimas do acaso, as diferentes avaliações a respeito do número total de mortos no Grande Expurgo variam na casa das centenas de milhares.

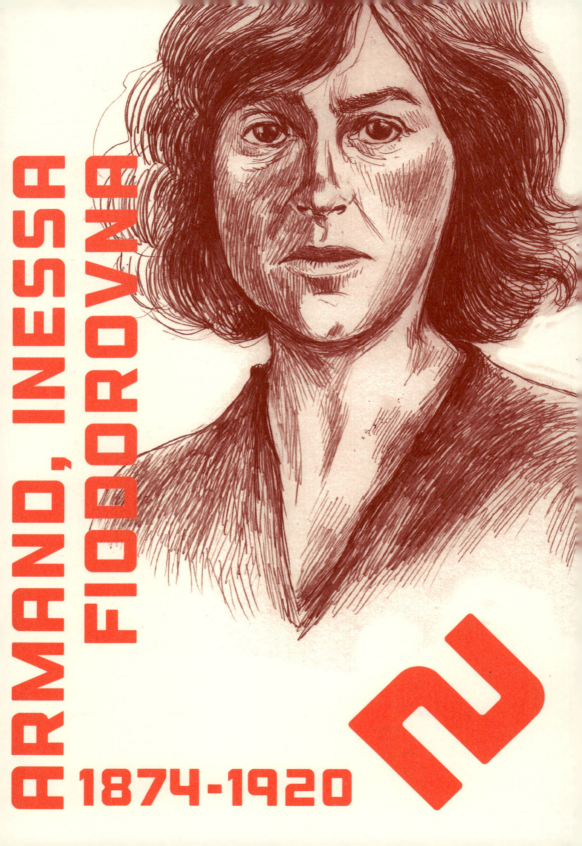

Em oito de maio de 1874, em um bairro operário de Paris, nasceu Elisabeth Inês Stéphane d'Herbenville, a primeira de três filhas do cantor de ópera Théodore Pécheux d'Herbenville (conhecido no meio artístico como Téodore Stéphane) e sua esposa, a atriz Nathalie Wild[14], de origem britânica. Em outubro de 1877, quando Elisabeth Inês tinha 3 anos, Téodore morreu, deixando sua família na miséria. Em 1879, Nathalie morreu também. Então, as pequenas órfãs foram separadas. Elisabeth Inês mudou-se com sua avó materna para a Rússia, onde vivia sua tia.

Nessa época era frequente que as famílias russas ricas contratassem preceptoras britânicas para criar os seus filhos, e nessa qualidade trabalhava sua tia, na mansão do empresário têxtil Evgeni Evguenievitch Armand, na vila de Pushkino, a 30 quilômetros a nordeste de Moscou. De acordo com o costume do país, Elisabeth Inês começou a ser chamada Inessa Fiodorovna.

Graças ao caráter invulgarmente democrático da família Armand, Inessa foi criada como uma a mais dos onze filhos de Evgeni, de maneira que aprimorou sua educação, aperfeiçoou seu conhecimento em línguas europeias e aprendeu a tocar peças clássicas ao piano. Depois de ter tido aulas particulares em casa, quando tinha 17 anos foi aprovada no exame que lhe dava direito a trabalhar como professora.

Em outubro de 1893, quando tinha 19 anos, casou-se com o filho mais velho da família Armand, Aleksandr Evguenievitch (nascido em 1869), de quem tomou o sobrenome. Os então recém-casados se instalaram na vila vizinha de Yeldigino, na qual, influenciados pelo humanismo social do escritor Leon Tolstói, fundaram uma escola para filhos de camponeses. Nos anos seguintes, Inessa deu à luz dois

14 Cf.: Ralph C. Elwood, *Inessa Armand: revolutionary and feminist*, Cambridge University Press, 1992.

filhos – Aleksandr em 1894 e Fiodor em 1896 – e duas filhas – Inna em 1898 e Varvara em 1901. Nessa época, Aleksandr Evguenievitch foi eleito parte do *Zemstvo* (conselho municipal) da província de Moscou, motivo pelo qual teve que viajar a essa cidade regularmente, deixando Inessa a cargo das crianças. Isso a obrigou a deixar seu posto como diretora e professora da escola de Yeldigino em 1898.

Nesse ano, Inessa começou a assistir às reuniões dominicais organizadas pelas damas progressistas de Moscou. Por meio delas, entrou em contato, por carta, com Adrienne Veigele, uma das líderes do movimento feminista britânico. Sob sua influência, no ano seguinte, Inessa participou da fundação da Sociedade Moscovita para o Avanço da Mulher e foi nomeada vice-presidente para a Rússia da União Internacional de Mulheres Progressistas. Um ano depois, em 1900, fundou um albergue para prostitutas e foi eleita presidente da sociedade. Também pediu às autoridades permissão para abrir uma escola dominical para trabalhadoras e, em 1902, pediu que lhe permitissem fundar um jornal para discutir suas condições de vida, mas ambas as petições foram rejeitadas.

Separada de seu marido, com quem para sempre manteve ótimo relacionamento, em 1902 iniciou um romance com um irmão mais novo dele, Vladimir Evguenievitch Armand (nascido em 1875), que à época estudava na Universidade de Moscou e participava dos círculos de estudantes marxistas. Influenciada por ele, Inessa começou a avaliar criticamente a filantropia e a simpatizar com o movimento revolucionário marxista.

Em 1903, renunciou a seu posto na Sociedade Moscovita para o Avanço da Mulher e se uniu ao movimento social-democrata. Pouco tempo depois, após saber que a polícia a tinha identificado, partiu com seus filhos para a Suíça. Na sua ausência, seu companheiro, Vladimir, foi detido.

Nessa altura, Inessa estava grávida de novo, e na Suíça deu à luz seu quinto filho, a quem chamou Andrei. Durante essa viagem, estudou várias obras marxistas, entre elas *O desenvolvimento do capitalismo na Rússia*, de Lênin. Em maio de 1904, voltou legalmente para a Rússia e se mudou para o apartamento que Vladimir Armand tinha em Moscou. Lá, com os livros que tinha conseguido na Suíça, estabeleceu uma biblioteca socialista. Também começou a organizar círculos de estudo para operários e a usar seu apartamento como refúgio para os militantes clandestinos.

Em 6 de fevereiro de 1905, no contexto das convulsões da primeira revolução russa, a polícia invadiu o apartamento dos Armand e prendeu ambos, bem como um militante operário que estava com eles. Além da literatura revolucionária, os agentes encontraram na casa uma pistola e munições, o que levou Inessa a ser acusada de subversão e enviada à prisão moscovita de Butirka. Em pouco tempo as condições prisionais afetaram sua saúde e, por isso, foi transferida para o hospital penitenciário. Após quase quatro meses de prisão, no dia 3 de junho, foi autorizada a aguardar o julgamento em liberdade condicional. No entanto, decidiu não esperar pela sentença e, com Vladimir (que também tinha adoecido), partiu clandestinamente para o exterior e dirigiu-se ao sul da França a fim de recuperar-se de seus problemas de saúde.

Enquanto isso, a Revolução de 1905 continuou se desenvolvendo e em outubro conseguiu arrancar do czar uma anistia geral. Graças a isso, no início de 1906, Inessa e Vladimir puderam voltar legalmente à Rússia, estabelecendo-se novamente em Puchkino. Ali, com outros membros da família Armand, reorganizaram a biblioteca clandestina e os círculos de propaganda para operários. No outono, Inessa já coordenava os círculos sociais-democratas do distrito moscovita de Lefortovo. Além disso, como a revolução havia aberto às mulheres a possibilidade de frequentar cursos universitários, nesse ano ela se inscreveu como ouvinte na Faculdade de Direito da Universidade de Moscou.

Na primavera de 1907, à medida que a repressão voltava a recrudescer sob o governo de Piotr Stolipin,[15] Inessa foi presa duas vezes. No entanto, em nenhuma das duas foi identificada, motivo pelo qual, em ambas as ocasiões, saiu livre após alguns dias de detenção e o pagamento de uma fiança. Em 7 de julho, foi presa novamente, quando participava de uma reunião do sindicato ferroviário, e desta vez foi identificada. Foi enviada então para a prisão de Lefortovo. Após três meses e meio presa, foi condenada a dois anos de deportação na província de Arkhangelsk, no Círculo Polar Ártico, onde chegou em meados de novembro. Seus filhos ficaram aos cuidados de seu marido.

Depois de duas semanas de confinamento solitário na cidade de Arkhangelsk, finalmente foi enviada ao povoado de Mezen, ainda mais ao norte, onde Vladimir foi encontrá-la. Ali, Inessa viveu da pensão entregue aos deportados, e ele conseguiu um cargo de professor de matemática.

Seu marido, Aleksandr Evguenievitch, que havia herdado a indústria da sua família, foi preso também no final de 1907 por suspeita de apoio a uma greve ilegal na sua própria fábrica, sendo forçado a viver longe das grandes cidades. Ele então decidiu emigrar para a França com seus dois filhos mais velhos, deixando as duas menores e o pequeno Andrei aos cuidados de sua avó materna em Puchkino.

Inessa, nesse meio-tempo, aproveitou sua estadia em Mezen para organizar círculos de estudo marxistas. Em fevereiro de 1908, participou, com outros deportados, de um encontro por melhores condições de vida, que os cossacos

15 Primeiro-ministro de 1906 até seu assassinato, em 1911.

reprimiram. Inessa narra aquela experiência em um artigo publicado anonimamente no jornal liberal *Rech*.

Em setembro desse ano, o adoentado Vladimir teve que deixar Inessa em Mezen e se dirigir novamente ao sul da França para tratar de sua saúde. Em 20 de outubro, ela própria decidiu fugir de Mezen e, com o militante polonês S. M. Zubrovitch, iludiu os seus vigilantes. Então se dirigiu clandestinamente a Moscou, onde se reuniu com seus filhos menores. Depois de passar um mês com eles, no início de dezembro, deixou-os novamente em Puchkino e foi para Petersburgo.

Ali acontecia um congresso panrusso de organizações femininas, e Inessa se juntou à delegação operária que tinha se formado para fazer uma crítica marxista às ideias liberais, da maioria. No entanto, como tinha fugido da deportação e devia viver clandestinamente, não pôde participar dos debates do Congresso. No final, as diferenças foram tão fortes e as polêmicas tão duras, que a delegação operária resolveu abandonar o evento. Nos meses que se seguiram, os mencheviques afirmaram que a atitude do grupo operário havia sido muito polêmica e sua saída, um erro, enquanto as bolcheviques defenderam sua atitude, uma diferença que refletia as diversas estratégias que cada grupo tinha em relação ao liberalismo. Embora não se mantenha registro de que Armand já tivesse tomado partido por um dos dois grupos, conserva-se uma carta pessoal sua na qual demonstra sua concordância com os mencheviques.[16]

Pouco depois desse episódio, no início de 1909, recebeu uma carta de seu companheiro Vladimir, informando-a, da França, que sua saúde continuava piorando. Então, Inessa abandonou a Rússia ilegalmente para se dirigir ao sul da França e reunir-se com ele. Chegou ao porto Beaulieu, na Côte d'Azur, em janeiro de 1909, apenas a tempo de se despedir dele.

Após a morte de Vladimir Evguenievitch, Inessa viveu um tempo na costa atlântica francesa e passou por Paris, onde ouviu Lênin falar numa reunião de exilados realizada num café. Nesse outono, dirigiu-se a Bruxelas, onde se encontrou com suas filhas e seu filho mais novo. Na capital belga inscreveu-se num curso de economia política da Universidade Nova, uma instituição acadêmica semioficial que atraía intelectuais dissidentes de toda a Europa, especialmente russos. Ao mesmo tempo, dedicou-se a estudar a história do socialismo belga.

16 Cf.: Cintia Frencia e Daniel Gaido, *Feminismo y movimento de mujeres socialistas em la revolución rusa*, Ariadna Ediciones, 2018.

Depois de completar o curso de economia, em julho de 1910, partiu rumo a Copenhague para assistir ao II Congresso Mundial de Mulheres Socialistas e ao VIII Congresso Mundial da Internacional Socialista que se seguiu. Foi talvez nesse congresso, depois de ter ouvido os melhores porta-vozes das diferentes correntes do socialismo russo (Lênin pelos bolcheviques, Martov e Plekhanov pelos mencheviques, Rosa Luxemburgo pela social-democracia polonesa e Trótski como delegado independente), que Armand decididamente tomou partido pelos bolcheviques.

Depois de concluído o congresso internacional, em setembro, mudou-se com os seus três filhos mais novos para Paris, onde viviam Lênin, sua esposa, Krupskaia, e seu círculo de colaboradores. Nessa altura, a ruptura com a corrente bolchevique de extrema-esquerda liderada por Bogdanov e Lunatcharski tinha privado o grupo de Lênin de seus principais quadros, motivo pelo qual foi necessário recompor uma equipe dirigente. Foi então que Armand se integrou à direção bolchevique, junto com Grigori Zinoviev e Lev Kamenev. Ao mesmo tempo, Krupskaia incorporou-a ao projeto que tinha iniciado, com Liudmila Stal, de organizar as trabalhadoras russas que viviam como imigrantes em Paris.

Nessa altura, seu ex-marido, Aleksandr Evguenievitch Armand, pôde voltar a residir em Moscou e levou suas duas filhas para passar o verão com ele, deixando aos cuidados de Inessa apenas o filho mais jovem, Andrei, o que permitiu a ela dedicar-se com mais afinco ao partido.

Em junho de 1911, mudou-se com o filho para a vila de Longjumeau, não longe de Paris, para dirigir ali, com Lênin e Zinoviev, uma escola de quadros bolchevique e dar um curso sobre a história do socialismo belga. Entre os professores estava, além de Lênin e Zinoviev, o pesquisador marxista David Riazanov e, entre os alunos, Sergo Ordjonikidze, que viria a ser um dos principais quadros bolcheviques. Ao terminar o curso no final do verão, Armand e seu filho e suas filhas voltaram a se instalar em Paris, em um apartamento vizinho ao de Lênin e Krupskaia.

Houve já muitas especulações a respeito da natureza do seu vínculo pessoal com Lênin nesse período e da sua suposta rivalidade com Krupskaia. Na verdade, Krupskaia foi sempre próxima de Armand e de suas filhas. Em todo o caso, os méritos políticos de Inessa Armand, dos quais há provas, já foram demasiadamente ofuscados por essas especulações.

No final do ano, Armand participou de uma conferência dos grupos bolcheviques no exílio, na qual expôs as tarefas organizativas e foi integrada a um Comitê de Organizações no Exterior (KZO, sua sigla em russo) de cinco pessoas. Embora não haja registro de Armand ter estado presente na conferência de Praga, realizada em janeiro de 1912 (quando o grupo bolchevique foi constituído como um partido à parte), esta a elegeu presidente do KZO, um dos cargos mais importantes da organização bolchevique de então. Ocuparia esse posto durante toda a primeira metade de 1912.

Em junho, para estar mais perto da Rússia, Lênin, Krupskaia e seus colaboradores mudaram-se para Cracóvia (na parte da Polônia então submetida ao Império Austro-Húngaro), para onde Armand os seguiu em meados de julho. Assim que chegou lá, no entanto, soube que Lênin tinha uma missão urgente para ela: devia regressar clandestinamente à Rússia.

Após cinco anos de reação, um novo ascenso de massas começava a gestar-se, o que havia permitido aos bolcheviques fundarem, em Petersburgo, um jornal legal, o *Pravda*[17], assim como concorrer às eleições para a Quarta Duma[18]. Embora a conferência de Praga tivesse decidido que o partido bolchevique agiria de forma independente, os militantes ativos na Rússia ainda hesitavam: conduziam o *Pravda* com uma linha conciliadora e preparavam uma lista comum com os mencheviques para a Duma. Assim, Lênin resolveu enviar Armand a Petersburgo para corrigir esses erros. Então, acompanhada pelo jovem bolchevique Georgui Safarov, Armand cruzou a fronteira russa com um passaporte falso e, em julho, instalou-se em Petersburgo. Ali, junto com Safarov, organizou um bureau bolchevique da região norte e durante o mês seguinte tentou corrigir o rumo do *Pravda*. Apesar de seu êxito não ter sido completo, conseguiu que os bolcheviques se apresentassem independentes dos mencheviques para a Quarta Duma, pelo menos em Petersburgo. Também estabeleceu contato com Konkordia Samoilova, então secretária de redação do *Pravda*, com quem concebeu a ideia de lançar uma publicação especial para trabalhadoras.

Em 14 de setembro, a polícia invadiu uma reunião eleitoral bolchevique, na sede da Sociedade Feminina de Ajuda Mútua, e prendeu os participantes, incluindo Armand, que foi enviada à prisão de Petersburgo, onde foi submetida a um confinamento solitário que duraria seis meses. Finalmente, em 20 de março de 1913, graças ao apoio do ex-marido Aleksandr Evguenievitch, que pagou sua fiança, pôde aguardar o julgamento em liberdade condicional.

Uma vez livre, Armand aproveitou para passar uma temporada de descanso com os filhos no Cáucaso. No final de agosto, quando o julgamento estava prestes

*

17 Do russo Правда, "Verdade".

18 Do russo дума, designa um tipo de assembleia própria do final do período do império russo com função consultiva ou legislativa.

a realizar-se, a fim de evitar que fosse deportada de novo para o Ártico (o que provavelmente a teria matado), decidiu sair da Rússia com um passaporte falso.

Então se dirigiu de novo a Cracóvia, instalando-se em um apartamento próximo ao de Lênin e ao lado do ocupado por Olga Kameneva (irmã de Trótski e esposa de Kamenev) e seu filho pequeno. Em outubro, participou – como representante da organização bolchevique de Petersburgo – de uma conferência ampliada do Comitê Central do partido, na vizinha cidade de Poronin. Lá, com o apoio de Krupskaia e Zlata Lilina (a companheira de Zinoviev), defendeu a ideia que tinha tido com Samoilova de publicar em Petersburgo um jornal especial para as operárias. Durante os dois meses seguintes viveu em Cracóvia, ocupada em editar as resoluções da conferência em estudar a política operária britânica, que se tornou sua especialidade. Em 12 de dezembro, elaborou com Krupskaia uma carta dirigida a Samoilova, na qual detalhava o plano da revista feminina e propunha o título *Rabotnitsa* (*Operária*).[19]

Uma semana depois, Armand deixou Cracóvia e se mudou para Paris. Ali, ela e Liudmila Stal tornaram-se as correspondentes parisienses da revista *Rabotnitsa*, que Samoilova e outras bolcheviques preparavam em Petersburgo e que apareceu em março sob a direção de Anna Elizarova. Nos meses seguintes, usando o pseudônimo de Elena Blonina, Armand colaborou de Paris com dois artigos para esse jornal, o primeiro sobre os direitos eleitorais das mulheres e o segundo sobre a mulher e a jornada de oito horas. Ao mesmo tempo, participou da campanha que a operária socialista francesa Louise Saumoneau levava a cabo entre as mulheres trabalhadoras.

Em maio de 1914, com a intenção de passar uma longa temporada de descanso com seus filhos, mudou-se para Lovran, um porto da costa adriática no norte da Croácia, perto de Trieste.

No entanto, seu período de descanso foi interrompido antes do previsto. No início de julho, a direção da Internacional Socialista (que incluía figuras como o checo-austríaco Kautsky, o francês Jaurès, o austríaco Victor Adler e o belga Vandervelde) convocou uma conferência extraordinária em Bruxelas para discutir a iminente guerra europeia, aproveitando a ocasião para chamar os representantes das tendências socialistas russas a comparecer perante si para resolver sua cisão histórica. Nessa altura, os bolcheviques tinham superado os mencheviques em termos de trabalho de massas, então Lênin não via mais necessidade de se reconciliar com eles. No entanto, sabia que os líderes

19 Cf.: Frencia e Gaido, *op. cit.*, p. 59-60.

socialistas estrangeiros o pressionariam a fazê-lo, motivo pelo qual decidiu não comparecer.

Sabendo como seria difícil manter a calma numa reunião internacional tão delicada, em nome do Comitê Central escreveu uma série de cartas a Armand em que literalmente lhe implorava que interrompesse suas férias e comparecesse à conferência em nome do partido bolchevique. Assim, em 16 de julho, quando a conferência se reuniu na Casa do Povo de Bruxelas, foi ela quem, em nome de seu partido, apresentou uma desafiante série de condições que equivalia à rendição incondicional dos adversários... condições que estes, previsivelmente, rejeitaram. Quando, apesar disso, o gabinete Internacional apresentou uma resolução a favor da reconciliação das correntes socialistas russas, Armand simplesmente decidiu abster-se de votar, provocando escândalo entre os dirigentes sociais-democratas.

Nem bem tinha voltado a Lovran e, nos primeiros dias de agosto, recebeu as terríveis notícias da eclosão da Primeira Guerra Mundial e da capitulação dos sociais-democratas europeus aos seus respectivos governos. Os mesmos sábios que, duas semanas antes, pregavam a unidade, passaram a convocar seus respectivos povos a se massacrarem uns aos outros! Dado que Lovran se encontrava em território austro-húngaro e que os cidadãos russos eram considerados inimigos, Armand teve de sair dali imediatamente, por isso mandou os filhos de volta para a Rússia e mudou-se para a aldeia na região montanhosa de Les Avants, na neutra Suíça.

Poucos dias após a sua chegada, tomou conhecimento de que Lênin tinha sido preso em Cracóvia e, assim como Krupskaia, seria expulso em breve do território austro-húngaro. Ela organizou, então, a arrecadação de fundos necessários a fim que eles também pudessem se mudar para a Suíça. Graças a ela, no início de setembro, Lênin, Krupskaia e seus colaboradores puderam se instalar em Berna, para onde a própria Armand foi um mês depois.

Nos meses seguintes, com a colaboração de Zinoviev e Armand, Lênin desenvolveu a estratégia que caracterizaria sua política durante a Primeira Guerra Mundial. Eles não se limitavam a condenar a matança, mas clamavam utilizar a crise histórica que a guerra representava para impulsionar uma revolução que derrubasse o sistema imperialista, responsável pela catástrofe. Tampouco se limitavam a denunciar a capitulação das direções socialistas oficiais aos seus respectivos governos, mas pediam o rompimento total com elas (e com todos que se recusassem a romper com elas) e que fundassem uma nova Internacional, revolucionária e independente. Por fim, exigiam que os socialistas continuassem com a luta revolucionária mesmo que isso contribuísse para a derrota dos seus respectivos países na guerra, o que devia ser considerado um mal menor. Esses três elementos diferenciavam os bolcheviques mesmo dentro do campo dos socialistas antibélicos, que em geral não estavam preparados para levar suas posições a conclusões tão radicais.

Uma consequência da entrada da Rússia na Primeira Guerra Mundial foi o recrudescimento da repressão no país, especialmente contra as tendências de esquerda que a rejeitavam. Assim, o jornal *Pravda* e a revista *Rabotnitsa* foram fechados e os deputados bolcheviques da Duma, presos. Isso privou Armand de seu trabalho como redatora. No entanto, ainda como representante do comitê de redação da *Rabotnitsa*, em outubro propôs que no ano seguinte se convocasse um congresso internacional de mulheres socialistas que se opunham à guerra, convidando a influente marxista alemã Clara Zetkin a juntar-se ao projeto.

Enquanto isso, não deixou de aprofundar seus conhecimentos teóricos. No final desse ano, ela redigiu um esboço de um panfleto sobre a mulher trabalhadora, que enviou a Lênin. Este lhe escreveu de volta recomendando-lhe eliminar a consigna do "amor livre", que, segundo ele, podia ser interpretado com um sentido burguês. Ao final, não se sabe por que, o panfleto não foi publicado.

Em janeiro de 1915, participou em Berna de uma conferência de bolcheviques residentes nas diferentes cidades suíças e em Paris. Ali, enfrentando Lênin pela esquerda, conseguiu convencê-lo a renunciar à palavra de ordem de "Estados Unidos republicanos da Europa", por considerá-la reformista. A partir de então, Armand ficaria, em geral, na ala esquerda do partido.

Em 26 de março, a conferência das mulheres socialistas, que tinha sido planejada no ano anterior, foi finalmente aberta em Berna, e Armand ficou à frente da delegação bolchevique, que incluía também Krupskaia, Stal e as irmãs Elena Rozmirovitch e Evguenia Bosch. Apesar de a conferência ter sido ideia de Armand, ao assumir o projeto, Clara Zetkin havia ampliado a convocatória para incluir numerosas delegadas de todas as correntes socialistas que se opunham à guerra, e não só as revolucionárias. Assim, as bolcheviques tiveram que defender, contra a maioria, sua política de "converter a guerra imperialista em guerra civil", de romper totalmente com os velhos partidos socialistas e de aceitar a derrota do próprio país como mal menor, diante de um auditório majoritariamente pacifista, que apenas aspirava pressionar os governos a assinarem a paz. No final, Zetkin redigiu uma resolução de compromisso que se limitava a exigir a assinatura da paz, concebida para alcançar o consenso das delegadas. As bolcheviques, lideradas por Armand, não aceitaram e não votaram.

Uma semana depois, em 5 de abril, Armand novamente foi representar as bolcheviques em uma reunião internacional, dessa vez a das Organizações de

Jovens Socialistas, que ocorreu também em Berna, sob a direção do jovem revolucionário alemão Willi Münzemberg[20]. Ia com ela o jovem Safarov, o mesmo que a havia acompanhado em sua missão russa de 1913. Apesar de ela própria não ser jovem nem pertencer a nenhuma organização de juventude, ninguém questionou seu direito de participar da conferência, e ela conseguiu que esta adotasse as posições revolucionárias.

Em setembro, Armand assistiu à primeira conferência internacional de socialistas antibélicos no povoado suíço de Zimmerwald, mesmo não sendo delegada formal, pois aos bolcheviques só foram concedidos dois lugares, ocupados por Lênin e Zinoviev. Na ocasião, estes votaram a favor do manifesto da conferência, redigido por Trótski, por considerá-lo um passo na direção certa, ainda que não representasse cabalmente sua política.

Durante os primeiros dias de 1916, por orientação de Lênin, Armand voltou a Paris, usando um passaporte falso, com a missão de ganhar para o bolchevismo a ala internacionalista do movimento operário francês, especialmente os sindicalistas revolucionários e as juventudes socialistas. Tratava-se de uma missão perigosa, já que a França era um dos países que estavam na contenda e seu governo não via com bons olhos a propaganda antibélica (Trótski, por exemplo, acabara de ser preso e expulso do país). Embora Armand tenha conseguido a adesão de alguns militantes isolados, não conseguiu a de nenhuma organização nem de nenhuma personalidade conhecida. Esses resultados decepcionaram Lênin, o que provocou um resfriamento nas relações entre ambos.

Em abril, para evitar que as autoridades francesas a prendessem, Armand voltou a Berna. Logo depois, no dia 24, quando o movimento internacional antibélico se reuniu pela segunda vez, então no povoado de Kienthal (também na Suíça), os bolcheviques puderam enviar três delegados, e dessa vez Armand se juntou a Lênin e Zinoviev como delegada formal, dando uma ligeira maioria para as posições revolucionárias. Quando essa conferência estabeleceu uma comissão

20 N.E.: Wilhelm "Willi" Münzenberg (1889-1940) tornou-se o grande propandista do Partido Comunista da Alemanha nos anos 20 e 30, um grande agitador cultural e importante dirigente da rede de espionagem soviética na Europa Ocidental. Mas entrou em atrito com o partido (e com Stalin) por ser a favor da união com os socialistas contra os nazistas. O rompimento definitivo aconteceu na época do Grande Expurgo, que chocou Münzenberg e por pouco não o engoliu também. A partir de então, Münzenberg continuou sendo um dos principais líderes do movimento antifascista europeu, mas passou também a denunciar abertamente o stalinismo e a caracterizar Stalin como um traidor da classe trabalhadora. Morreu poucos meses depois de escapar de um campo de prisioneiros na França. A polícia francesa na época disse que ele teria se suicidado, mas a maior parte dos historiadores acredita que ele foi assassinado, ou pela Gestapo ou, principal suspeita, pela KGB.

permanente, Zinoviev integrou-se a ela como membro pleno, enquanto Lênin e Armand ficaram como membros alternados.

Nesse momento, Lênin tinha se mudado com Krupskaia para Zurique. E o casal convidou Armand a ir morar com eles, mas ela recusou a proposta.

Em 8 de março de 1917, eclodiu a chamada Revolução de Fevereiro, que cinco dias depois terminou por derrubar o czar. Os exilados russos quiseram voltar o quanto antes a seu país. No entanto, os governos aliados da Rússia se recusavam a deixá-los passar por seus territórios, para não minar o esforço bélico de sua aliada. Tendo em conta que a Suíça estava rodeada de países em guerra de ambos os lados, o regresso à Rússia parecia impossível. Isso levou Lênin a tomar a controversa decisão de aceitar a oferta do governo alemão, adversário da Rússia, de deixá-lo passar por seu território com a condição de que administrasse uma troca de prisioneiros. Assim, no início de abril, Armand se mudou para Zurique a fim de se juntar à famosa comitiva de Lênin, que partiria de lá em 9 de abril cruzando território inimigo. Depois de atravessar a Alemanha no famoso "vagão lacrado", a comitiva chegou à Suécia no dia 13 para se dirigir à Finlândia e depois à Rússia, chegando a Petrogrado em 16 de abril.

Depois de participar da conferência bolchevique de Petrogrado, na qual Lênin apresentou suas famosas "Teses de Abril", nas quais chamava a preparar a derrubada do governo provisório, Armand não ficou na capital, mas se dirigiu a Moscou, aonde chegou no início de maio. Foi lá que se reencontrou com os filhos. Sob sua influência, sua filha Inna, então de 19 anos, ingressou no partido bolchevique e participou também do processo revolucionário.

Em junho, Armand foi eleita deputada para a Duma local de Moscou e integrada à comissão executiva de sete membros do partido bolchevique da província, da qual participavam quadros como Bukharin, Varvara Iakovleva e Andrei Bubnov.

Em julho, fundou, com Iakovleva, uma revista local especializada na questão da mulher, *Jizn' Rabotnitsi* (Vida de Operária). Tinha sido projetada como um quinzenário, mas só foram publicados dois números, sem nunca ter alcançado a tiragem da *Rabotnitsa*, que fora relançada em Petrogrado. No primeiro número, Armand publicou o artigo "A operária no Congresso Panrusso de Mulheres", contra um congresso feminista que ocorrera em abril, no qual as delegadas haviam subscrito a política liberal de apoio ao governo provisório e continuação da guerra.[21]

Em agosto, viajou a Petrogrado para participar do VI Congresso do Partido Bolchevique, então renomeado de Partido Comunista. Nele, foi considerada

*

21 Frencia e Gaido, *op. cit.* p. 98-99. Os autores citam extensamente o texto deste artigo.

para ocupar a secretaria técnica do partido, mas resolveram dar esse posto a Elena Stassova. Naquele setembro, quando os bolcheviques tinham conseguido já a maioria nos sovietes e a revolução estava na ordem do dia, seu filho Andrei Vladimirovitch, então com 14 anos, contraiu tuberculose, de modo que Inessa teve de se retirar temporariamente do trabalho partidário e refugiar-se na casa familiar de Puchkino para cuidar dele. No momento da revolução, tinha 43 anos de idade e 14 de militância revolucionária.

Nessa altura, seu segundo filho, Fiodor Aleksandrovitch, tinha se tornado oficial do exército, mantendo-se alheio às ideias revolucionárias da mãe. Assim, quando, em 7 de novembro, começou a luta de rua pelo controle de Moscou, Fiodor participou combatendo ao lado do governo provisório. Assim, mãe e filho encontraram-se em lados opostos das barricadas.

Nos dias que se seguiram à tomada do poder em Moscou, Armand foi eleita parte da direção do Soviete da cidade. Como sua representante, em novembro, participou de um congresso distrital de camponeses. Dado que esse congresso esteve dominado pelos socialistas-revolucionários de direita, hostis à revolução bolchevique, Armand terminou por organizar a saída da minoria comunista do congresso. Então se dirigiu a Petrogrado para participar de um novo congresso extraordinário de sovietes camponeses, dessa vez de toda a Rússia, seguido de seu segundo congresso ordinário. Assim, com a ajuda de Armand, os bolcheviques obtiveram a maioria. Durante o resto do ano, ficou em Petrogrado assessorando o jovem governo soviético nas questões ligadas ao campesinato.

Em janeiro de 1918 voltou a Moscou. Tal como a maioria dos comunistas dessa cidade, integrou a ala esquerda da qual também fazia parte Bukharin, Iakovleva e Bubnov. Essa ala, contra a opinião de Lênin, opunha-se à ratificação do tratado de paz com a Alemanha e, como uma questão de princípio, exigia a continuação da guerra dando-lhe um carácter revolucionário, mesmo correndo o risco de perder o poder na Rússia. No final, por uma margem muito estreita e com a abstenção de Armand, a posição de Lênin prevaleceu.

Em abril, Armand foi nomeada presidente do Conselho Superior de Economia da província de Moscou (cidade para a qual o governo havia se mudado), cargo que ocuparia durante os nove meses seguintes. Era um posto-chave naquele período em que aconteceu a expropriação da maior parte da indústria russa e a passagem ao chamado "comunismo de guerra".

Sem abandonar seu posto no Conselho de Economia, Armand colaborou durante 1918 com a seção francesa do Partido Comunista Russo, encarregada de fazer propaganda entre os soldados franceses prisioneiros em território soviético. Com o oficial francês Jacques Sadoul, que tinha aderido ao comunismo, editou, a partir de outubro, o jornal em francês *Troisième Internationale*.

Ao longo desse ano, promoveu seções locais do trabalho partidário entre as operárias e camponesas e organizou, com Aleksandra Kollontai e o apoio de Iakov Sverdlov, o primeiro Congresso de Operárias e Camponesas de toda a Rússia, que ocorreu em Moscou entre 16 e 21 de novembro, reunindo mais de mil delegadas que representavam mais de um milhão de mulheres.

No início de 1919, o comissário do povo de assuntos exteriores, Georgui Tchitcherin, convidou Armand para fazer parte da "Cruz Vermelha soviética", uma delegação que devia dirigir-se à França. Liderada por Dimitri Manuilski e incluindo também Iakov Davidov, a delegação devia negociar com o governo de Raymond Poincaré a repatriação dos destacamentos russos que haviam ficado em território francês. Temia-se que esses soldados fossem enviados a portos controlados pelos brancos.

Mas a missão também tinha como objetivo sondar a possibilidade de estabelecer relações diplomáticas entre os países e fazer contatos com a esquerda francesa. Assim, a delegação partiu em 9 de fevereiro. No entanto, quando, no dia 22, os três delegados desembarcaram em Dunquerque, apesar de possuírem passaportes diplomáticos, as autoridades francesas detiveram-nos, confiscaram seus fundos e, em vez de os levarem a Paris, escoltaram-nos até o balneário de Malo-les-Bains, onde tiveram de negociar com os enviados do governo francês na qualidade de detidos. Finalmente, em meados de abril foram deportados de volta à Rússia, sem ter conseguido nada. Aquele, porém, não foi o fim de sua aventura. Em vez de conduzi-los à Rússia soviética, o navio francês em que viajavam levou-os a Hanko, uma cidade portuária finlandesa que se encontrava nas mãos de forças brancas. Assim, os delegados recusaram-se a desembarcar e tiveram de viver no barco durante quase um mês, até que o governo soviético negociasse sua volta à Rússia, aonde chegaram em meados de maio.

No final de abril, a *tcheka* (Comissão de Combate à Contrarrevolução) havia detido em Minsk, como suspeito de traição, o seu filho Fiodor Aleksandrovitch, o mesmo que tinha lutado em Moscou do lado de Kerenski. Apesar de não ser comunista, o jovem oficial entrara para o Exército Vermelho como piloto. No dia seguinte foi libertado graças à intervenção de Lênin.

De volta a Moscou, em meados de maio de 1919, Armand se encarregou de editar as páginas femininas do *Pravda*, que haviam começado a ser publicadas em abril. Durante o ano seguinte, apareceriam nele dezenas de artigos seus.

Em agosto conseguiu o maior êxito de sua vida: convenceu o Comitê Central do partido a centralizar, sob sua direção, os departamentos locais dedicados ao trabalho entre as mulheres em um só Departamento de Operárias e Camponesas (Jenotdel, em russo). Quando este foi fundado em setembro, ela foi eleita sua presidente. O Jenotdel combinava os trabalhos de propaganda política com o estabelecimento de creches, refeitórios, lavanderias etc., para ilustrar a concepção bolchevique da emancipação material da mulher. Apesar da terrível insuficiência de recursos da jovem República Soviética, o Jenotdel afetou, desde o início, a vida de centenas de milhares de famílias russas e constituiu uma das iniciativas mais audaciosas da revolução.

Em 2 de janeiro de 1920, Armand redigiu uma circular em francês dirigida às seções da Comintern[22], propondo que realizassem agitação entre as operárias com uma linha claramente comunista.

Em fevereiro, teve pneumonia, mas se recusou a abandonar seu posto a frente do Jenotdel. Em abril, o Comitê Central e o gabinete do partido convidaram-na a participar de suas reuniões na qualidade de membro consultivo. Também em abril, lançou a revista mensal do Jenotdel, *Kommunistka* (A Comunista). Finalmente, encarregou-se de preparar a primeira Conferência Internacional de Mulheres Comunistas, que ela mesma presidiu em Moscou em julho. Nessa ocasião, polemizou fraternalmente, mas com firmeza, com Clara Zetkin, contrapondo a proposta bolchevique ao modelo social-democrata alemão de trabalho para as operárias. Em julho, seu artigo "A operária na Rússia Soviética" foi publicado na imprensa comunista francesa.

No final da conferência, pediu que não fosse incluída no secretariado feminino internacional, pois seu filho Andrei adoecera novamente e ela queria se dedicar a ele por um tempo. Então, aconselhada por Lênin, solicitou uma licença de descanso no hospital de Kislovodsk, no sul da Rússia. Lá, se encontrou com Liudmila Stal e seu marido, Kotov, com quem havia militado em Paris.

No entanto, seu descanso não durou muito. Em meados de setembro, as tropas brancas do almirante Piotr Wrangel começaram a se aproximar de Kislovodsk. No dia 20, o hospital teve de ser evacuado e todos os hóspedes precisaram partir apressadamente. No trajeto de volta a Moscou, a comitiva passou pelo povoado de Naltchik, para onde iam também as dezenas de famílias operárias que haviam sido deslocadas pelo avanço dos brancos. Nesse ambiente de superlotação e sem condições sanitárias nem alimentação suficiente, eclodiu um surto de cólera. No dia seguinte, quando a comitiva chegou à cidade de Beslan, Armand percebeu que tinha se contagiado. Morreu lá, três dias depois, em 24 de setembro de 1920. Tinha 46 anos.

22 N.T.: Internacional Comunista, também conhecida como 3ª Internacional.

Tanto Andrei como Liudmila Stal e seu marido, Kotov, conseguiram chegar a salvo a Moscou.

De acordo com vários testemunhos, Lênin ficou particularmente devastado com a notícia da sua morte. Ele e Krupskaia assumiram a custódia de seus filhos mais novos até atingirem a maioridade. Inessa Armand foi a primeira mulher cujas cinzas foram depositadas nas muralhas do Kremlin.

De seus filhos, os dois mais velhos mantiveram-se no Exército Vermelho, embora Fiodor Aleksandrovitch nunca tenha ingressado no Partido Comunista. Inna, por outro lado, tornou-se uma revolucionária profissional e manteve viva a memória da mãe. Em 1921, passou a militar na Internacional Comunista e foi enviada à Alemanha, onde se casou com o comunista alemão Hugo Eberlein. Varvara, por sua vez, empreendeu uma carreira bem-sucedida de *designer* na URSS. Andrei, o mais jovem, foi operário e comunista. Quando estourou a Segunda Guerra Mundial, foi convocado e morreu em combate.

O Jenotdel continuou a existir e a obter sucessos notáveis durante uma década, até que, em 1930, o governo stalinista o fechou.

Durante os grandes expurgos que começaram em 1936, foram executados Zinoviev e Kamenev, que, assim como Armand, foram os principais camaradas de Lênin em seu segundo exílio. A mesma sorte tiveram Safarov, Bukharin, Bubnov, Iakovleva e Davidov. Seu genro, o alemão Eberlein, que havia se refugiado na URSS após a ascensão de Hitler, também foi preso e morreu prisioneiro em um campo de trabalho.

Em 1977, a casa de Yeldigino – onde viveu com seu marido – se converteu em museu. Além disso, uma rua de Puchkino e um navio soviético foram batizados em sua honra.

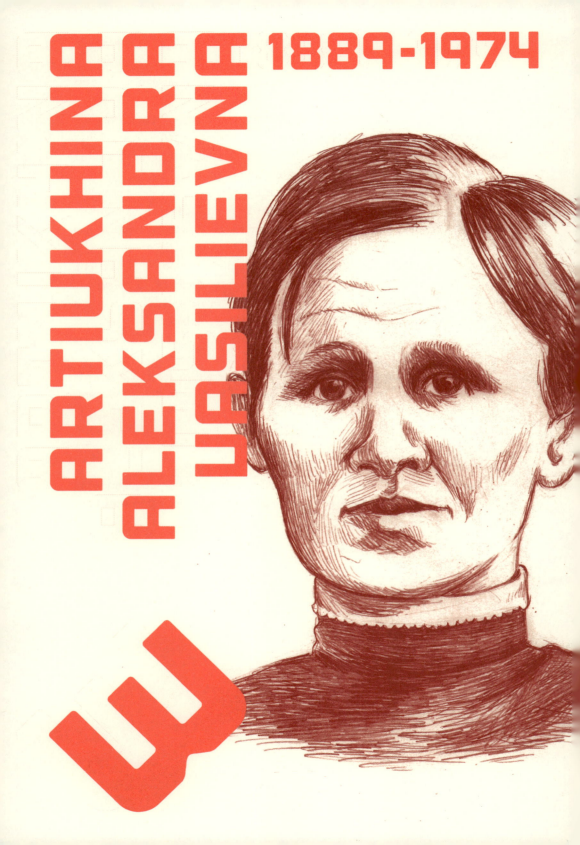

Aleksandra Vasilievna Afanasenkova nasceu em 6 de novembro de 1889, em Vichni Volotchok, província de Tver. Filha de mãe solteira e humilde.[23] Após cursar três anos na escola primária, aos 10 anos de idade, Aleksandra Vasilievna começou a trabalhar na confecção de vestidos e aos 12 foi trabalhar, como a mãe, numa das fábricas têxteis de sua cidade.

Em 1903, quando Aleksandra tinha 14 anos, o comitê social-democrata da província de Tver realizou uma campanha de organização sindical de dois mil operários têxteis de Vichni Volotchok. A campanha, liderada por Ivan Smirnov, culminou numa greve.[24] A mãe de Aleksandra se destacou no movimento e, ao terminar a greve, foi despedida e impedida de trabalhar nas fábricas têxteis da cidade. Desse modo, a fim de encontrar emprego, teve de se mudar para Petersburgo, para onde foi, pouco tempo depois, a filha. Ambas foram trabalhar na indústria têxtil. Por meio de um tio que pertencia ao Partido Socialista Revolucionário, a jovem Aleksandra entrou em contato com as ideias radicais e envolveu-se com a luta de 1905.

Aos 19 anos, Aleksandra uniu-se ao então clandestino sindicato têxtil de Petersburgo, liderado pelo bolchevique Nikolai Ivanovitch Liebedev, e rapidamente fez parte do conselho sindical da cidade. Ao mesmo tempo, juntou-se à Sociedade de Ajuda Mútua para operárias, que a intelectual marxista Aleksandra Kollontai havia organizado, na qual participava também a jovem operária

23 Cf.: Carmen Scheide, "Born in october: the life and thought of Aleksandra Vasilevna Artiukhina", em: Melaine Ilič, *Women in the Stalin era*, Palgrave McMillan, 2001; http://istprof.ru/2233.html; Barbara E. Clements, *Bolshevik women*, Cambridge, 1997. De acordo com esta última referência, seu sobrenome de solteira era Sokorina.

24 Cf.: Georges Haupt e Jean-Jacques Marie, "Iván Nikítovich Smirnov", *Los bolcheviques*, Ediciones Era, 1972, p. 206.

impressora Klavdia Nikolaieva. Ao final daquele ano, Kollontai foi forçada a partir para o exílio.

No entanto, Aleksandra Vasilievna continuou a militar e, em 1909, chegou a ocupar a direção do sindicato têxtil de Petersburgo e do gabinete dos sindicatos da cidade. Sob a influência de Nikolaieva, em março de 1910, ingressou na fração bolchevique do partido social-democrata. Ela foi presa pela primeira vez naquele ano.

Na prisão, conheceu a militante social-revolucionária Natasha Kazantseva, que a introduziu aos clássicos da literatura russa.

Em 1912 mudou-se para sua terra natal, Vichni Volotchok, onde ajudou a reorganizar um comitê bolchevique. Lá, se casou com o jovem operário bolchevique Mikhail Ivanovitch Artiukhin, de quem tomou o sobrenome.

No início de 1913, Aleksandra e Mikhail regressaram a Petersburgo. Ela se empregou na fábrica de máquinas Aivaz, na qual também trabalhava o bolchevique Mikhail Kalinin; ao seu lado, Artiukhina militou no sindicato metalúrgico da cidade, um dos baluartes do bolchevismo. Nessa época, colaborou no *Pravda* sob o pseudônimo de "Chura, a Metalúrgica".

Em 8 de março de 1913, participou da primeira manifestação operária do Dia da Mulher na Rússia, organizada pelas bolcheviques Konkordia Samoilova, Praskovia Kudelli, Anna Elizarova e sua velha amiga Nikolaieva.

No início do ano seguinte, ingressou, com elas, na comissão que preparava o lançamento da revista *Rabotnitsa*. Nas vésperas do Dia da Mulher, quando a revista deveria sair, a polícia invadiu uma reunião de seu comitê editorial e prendeu os presentes, incluindo Artiukhina. Essas militantes tiveram que comemorar o segundo Dia da Mulher na prisão. Lá, no mês de maio, realizaram uma greve de fome, após a qual foram colocadas em liberdade condicional. No entanto, foram proibidas de residir em Petersburgo e em outras grandes cidades. Artiukhina então se estabeleceu no povoado de Bejetsk, não longe de sua cidade natal.

Depois da Revolução de Fevereiro de 1917, pôde voltar a Vichni Volotchok, onde esteve à frente do comitê local do partido bolchevique e participou dos acontecimentos revolucionários. Na véspera à tomada do poder, completou 28 anos. No dia seguinte, um congresso provincial dos sovietes de Tver elegeu-a Comissária do Povo do Trabalho.

Ao estourar a guerra civil, no verão de 1918, serviu com seu marido, Mikhail, como comissária política na frente ucraniana. Em novembro viajou a Moscou para participar do Primeiro Congresso Panrusso de Operárias e Camponesas, organizado por Inessa Armand e Aleksandra Kollontai. Nessa ocasião, conheceu Lênin.

Quando o Jenotdel foi fundado em setembro de 1919, Artiukhina voltou para a província de Tver a fim de dirigir seu trabalho lá. Sem deixar essa função, em 1923 foi eleita presidente do comitê de fábrica da têxtil Proletarka.

Na primavera de 1924, mudou-se para Moscou, onde sua amiga Nikolaieva ocupava a direção central do Jenotdel. Ela a nomeou sua adjunta e a integrou ao comitê de redação da revista *Rabotnitsa*, que havia reaparecido como jornal de massas. Em maio, quando o Partido Comunista celebrou seu XIII Congresso, Nikolaieva foi eleita membro pleno do Comitê Central e Artiukhina foi eleita membro-candidato[25], assim como Viktoria Tseitlin, que dirigia a seção moscovita do Jenotdel.

Em 1925 teve uma filha com Mikhail, a que chamaram Nadejda.

Nesse ano, sua chefe Nikolaieva aderiu à chamada Oposição de Leningrado (liderada por Zinoviev, Kamenev, Sokolnikov e Krupskaia), que se opunha à doutrina do socialismo num só país. Diante disso, Stálin, então secretário-geral do partido, recorreu a Artiukhina para que mobilizasse as massas de mulheres do Jenotdel a fim de ajudá-lo a derrotar a oposição no XV Congresso do partido, que teria lugar em dezembro. Com efeito, com sua ajuda, a oposição foi derrotada no congresso, Nikolaieva foi excluída do Comitê Central e Artiukhina ocupou seu lugar. Um mês depois, em 27 de janeiro, por decreto do gabinete político, Artiukhina substituiu Nikolaieva na presidência do Jenotdel.

Como a oposição reivindicava a velha consigna marxista de salário igual para homens e mulheres, durante os meses seguintes coube a Artiukhina a ingrata tarefa de defender a desigualdade salarial como uma condição natural. Em dezembro de 1927, o XVI Congresso do partido, o mesmo que aprovou a expulsão dos opositores, ratificou Artiukhina em seus postos.

Como presidente do Jenotdel, a partir de 1928, dirigiu a participação das operárias e camponesas nos gigantescos esforços que implicaram a coletivização forçada do campo e a industrialização acelerada, medidas audazes e brutais que estabeleceram a base do desenvolvimento posterior, mas à custa do sacrifício de milhões.

Em janeiro de 1930, o Jenotdel foi fechado durante uma reorganização do partido, quando o porta-voz do governo, Lazar Kaganovitch, afirmou que a questão da mulher já estava resolvida na União Soviética.

Em julho, Artiukhina participou como delegada no XVI Congresso do partido, no qual ajudou a condenar sua ala direita, que incluía Mikhail Tomski, então

*

25 N.T.: Os membros plenos tinham direito a voto, enquanto os membros-candidatos só tinham direito a voz.

dirigente do Conselho Central de Sindicatos. Esse congresso já não a incluiu no Comitê Central, mas sim na Comissão Central de Controle, dirigida por Andrei Andreiev, e a fez membro-candidato de seu *presidium*.

Em 1931, quando Andreiev passou a dirigir a Inspeção Operária e Camponesa, Artiukhina foi trabalhar com ele.

Em 8 de março de 1933, recebeu a Ordem de Lênin, ao lado de outras bolcheviques importantes, e no ano seguinte passou a presidir o Comitê Central do Sindicato de Trabalhadores do Algodão. Nesse posto, em 1936, apoiou o movimento "Mulheres Economicamente Ativas", que assumiu parte das funções do velho Jenotdel, embora sem ênfase na defesa da política igualitária.

Em 1938, no contexto dos grandes expurgos, quando a indústria têxtil não conseguiu cumprir as cotas de produção esperadas, Artiukhina foi acusada de ineficiência administrativa e tolerância com a sabotagem, perdendo a presidência do seu sindicato. No entanto, diferentemente do que ocorreu com outros acusados, não chegou a ser expulsa do partido nem presa. Em troca, foi-lhe atribuída a direção da fábrica têxtil nº 14 "Trabalho Libertado" em Moscou, posto que conservaria durante 14 anos, até sua aposentadoria, em 1951.

Após a morte de Stálin em 1953, foi completamente reabilitada. Em 1959 e 1960 recebeu novamente a Ordem Lênin e, no Dia da Mulher desse ano, foi nomeada Heroína Soviética do Trabalho. Nessa época, escreveu vários artigos sobre a contribuição da mulher para a construção do sistema soviético.

Em 1962, Mikhail Artiukhin[26] morreu aos 70 anos. Aleksandra Vasilievna morreu em Moscou em 7 de abril de 1969, aos 77 anos, e foi enterrada no cemitério Novodevitchi. Sua filha, Nadejda, morreu em 1987 e foi enterrada a seu lado.

*

26 Sobre Mikhail Artiukhin, encontramos somente dados enciclopédicos; cf.: http://region.tverlib.ru/cgi-bin/fulltext_opac.cgi?show_article=37. Nesse artigo, fica claro que sua modesta carreira política se deteve nos anos 1930 e ele não voltou a ter cargos oficiais até os anos 1960. Ignoro se seguiu casado com Artiukhina durante os expurgos, como sobreviveu e por que sua esposa e filha não foram enterradas com ele.

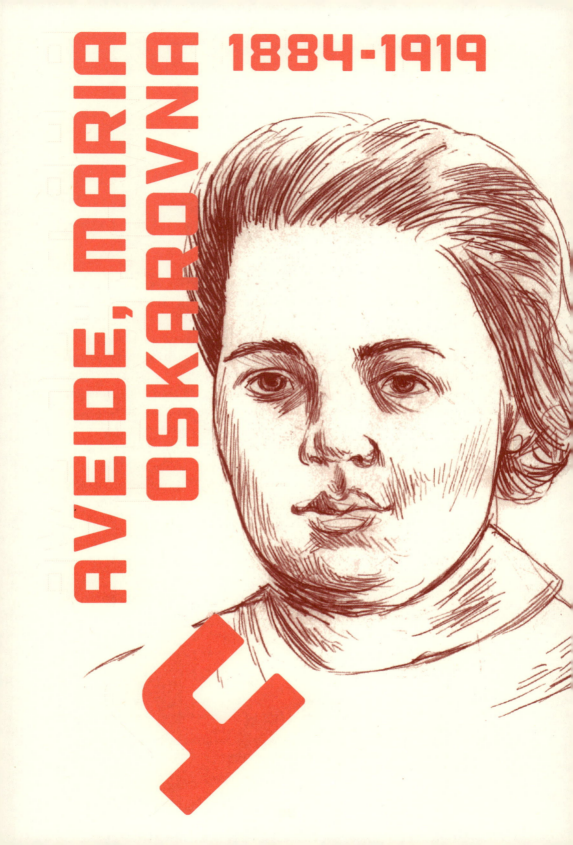

Nasceu na cidade de Viatka (hoje Kirov), no norte da província do Volga, em 25 de fevereiro de 1884.[27] Seu pai, o advogado polonês Oskar Aveide (nascido em 1837), havia participado da chamada "Insurreição de Janeiro" de 1863, uma tentativa independentista da Polônia e Belarus, depois da qual havia sido deportado para Viatka, onde conheceu Maria Babikova, com quem casou e teve dois filhos: Maria e Iaroslav. Oskar Aveide morreu em 1897, quando Oskarovna tinha 13 anos.

Já no ginásio, a jovem entrou em contato com o movimento revolucionário. Depois de obter seu diploma de professora, em 1900, dedicou-se a dar aulas particulares. Em 1902, começou a organizar círculos de estudo marxista para operários jovens e a distribuir a revista *Iskra*[28]. Nessa época, conheceu o militante marxista de 31 anos Nikolai Buchen, com quem iniciou uma relação.

Em março daquele ano, ingressou no partido social-democrata. Pouco depois, mudou-se com Buchen para a cidade de Perm, mais ou menos 200 quilômetros a leste, onde se casaram. Passados poucos meses, participaram de um motim fabril que foi reprimido e tiveram de abandonar a cidade. Depois se mudaram para Ecaterimburgo, capital da província dos Urais, onde ajudaram a dirigir o comitê social-democrata local. Junto com o resto do comitê, tomaram partido pelos bolcheviques. No início de 1905, tiveram seu primeiro filho, Aleksander.

27 Sobre a atividade revolucionária de Aveide e Nikolai Buchen, cf.: Denis Kolchin, "Nikolai e Maria: Amor. Revolução. Ecaterimburgo." [Николай и Мария: Любовь. Революция. Екатеринбург.], https://les.media/articles/873792-nikolay-i-mariya.

28 Do russo Искра, "faísca". O lema da revista era, em tradução livre, "de uma faísca um fogo acenderá" – verso do poeta russo Aleksandr Ivanovitch Odoievski que entrou para a história como um dos principais slogans do movimento revolucionário russo.

Nessa primavera, Aveide colaborou com Klavdia Novgorodtseva na operação de uma gráfica clandestina, onde foi impressa uma tradução do panfleto "Aranhas e moscas", de Wilhelm Liebknecht. Em agosto, a polícia descobriu a gráfica e prendeu Aveide, Novgorodtseva e outras militantes. No entanto, a Revolução de 1905 seguia seu curso e, em outubro, antes do seu julgamento, a greve de toda a Rússia obrigou o czar a conceder uma anistia geral, que permitiu a Aveide ficar em Ecaterimburgo.[29]

Enquanto isso, tinha chegado à cidade o jovem bolchevique Iakov Sverdlov, que logo assumiu a liderança do partido nos Urais. Sob sua direção, Aveide e Buchen participaram – de armas na mão – dos acontecimentos revolucionários do final de 1905. Para isso, Aveide manteve contato com seu irmão mais jovem, Iaroslav, que militava no partido Social-Revolucionário em Viatka.

Em fevereiro de 1906, Aveide, Buchen e outros bolcheviques ativos nos Urais, como Evgueni Preobrajenski, participaram de uma conferência regional do partido, presidida por Sverdlov, na qual Aveide atuou fazendo as atas como secretária.

Naquela primavera, os dois foram novamente presos e, depois de passarem vários meses na prisão, em novembro tiveram de deixar Ecaterimburgo. Então se dirigiram com seu filho recém-nascido a Samara, na região do Volga. Lá, ela foi professora e organizou seus alunos em um grupo revolucionário juvenil, enquanto ele se empregou na edição de um jornal operário. Nessa época, tiveram outra filha, Maria.

Em fevereiro de 1907, Buchen foi preso novamente, no contexto da campanha eleitoral da Segunda Duma, e teve de se mudar de novo, dessa vez para Buzuluk. Aveide, que mais uma vez estava grávida, ficou com seus filhos em Samara, onde deu à luz sua terceira filha, Galina. Em Buzuluk, Buchen rompeu com o bolchevismo, passou a militar no partido menchevique e foi eleito membro do conselho municipal (*Zemstvo*), o que significou também o fim de seu casamento.

Aveide, ao contrário, permaneceu fiel ao partido bolchevique. Em novembro de 1917, colaborou com Valerian Kuibichev no estabelecimento do poder soviético em Samara. No momento da revolução, tinha 33 anos de idade e 15 de atividade revolucionária.

Em maio de 1918, os tchecoslovacos que se encontravam na Rússia como prisioneiros da Primeira Guerra Mundial, constituídos em legião, levantaram-se em armas contra o jovem poder soviético. Em 25 de julho se apoderaram

29 Para recordações de Novgorodtseva, cf.: Noa Rodman, "Yakov Sverdlov – Klavdiya Sverdlova", https://libcom.org/library/yakov-sverdlov-klavdiya-sverdlova, 2017.

de Samara e a entregaram ao governo contrarrevolucionário do chamado Comitê de Membros da Assembleia Constituinte. Em vez de deixar a cidade, Maria Aveide ficou a fim de servir como espiã para o Exército Vermelho atrás das linhas inimigas.

Em 24 de setembro, as forças brancas a capturaram. No dia 5 de outubro, pouco antes de o Exército Vermelho voltar a entrar em Samara, ela foi enviada para o Extremo Oriente no chamado "comboio da morte". Quando este passava perto de Irkutsk, um comando vermelho assaltou o trem e libertou os prisioneiros, entre eles, Aveide.

No início de março de 1919, usando um passaporte falso, dirigiu-se de volta aos Urais, para reintegrar-se à resistência clandestina que o jovem comunista Anton Iakovlevitch Valek liderava em Ecaterimburgo, então ocupada pelos tchecoslovacos, encabeçados pelo futuro líder fascista tcheco Radola Gajda, sob a autoridade do almirante Koltchak.

Depois de vinte dias de trabalho clandestino, na noite de 31 de março, a contrainteligência dos brancos chegou a Valek e a outros treze comunistas, entre eles, Aveide. Uma vez que Valek estava ligado à execução da família real, o ódio que os brancos sentiam por ele era particularmente exacerbado. Assim, uma semana após sua detenção, os catorzes presos foram condenados à morte e, em vez de serem fuzilados, os cossacos do tenente Yermojin os despedaçaram a golpes de baionetas na floresta de Vaskina Gorka, obrigando Valek a ver o suplício de seus camaradas antes de submetê-lo ao mesmo fim. Para não deixar vestígios de sua atrocidade, fizeram desaparecer os corpos em um pântano. No momento em que morreu, Maria Aveide tinha 35 anos.[30]

Três meses depois as tropas vermelhas recuperaram Ecaterimburgo.

Seu filho mais velho, Aleksander, ingressou também no Exército Vermelho e sobreviveu à guerra civil. Cairia lutando contra os alemães na Segunda Guerra Mundial.

Em 1924, Ecaterimburgo foi rebatizada Sverdlovski e uma das suas ruas foi chamada Maria Aveide. Apesar de Ecaterimburgo ter recuperado seu nome czarista em 1991, a rua Aveide ainda existe.

[30] Sobre a atividade e o martírio do grupo de Valek, em entrevista de Alexei Smirnov ao historiador Evgeny Burdenkov, cf.: "Vermelho clandestino nos Urais: mitos e verdades sobre o bolchevique Anton Valek" [Красное подполье на Урале. Мифы и правда о большевике Антоне Валеке], http://www.ural.aif.ru/society/persona/krasnoe_podpole_na_urale_mify_i_pravda_o_bolshevike_antone_valeke.

Nasceu em Tchernigov, no nordeste da Ucrânia, a mais nova dos oito filhos do próspero latifundiário e capitalista de origem judaica Isaac Balabanov e sua esposa, Anna Hoffman.[31] Embora ela mesma afirmasse ter nascido em 8 de maio de 1878, parece que na realidade nasceu em 5 de agosto de 1869. Seu pai morreu quando ela tinha 10 anos. Desde muito jovem, suas preceptoras particulares a educaram em uma variedade de línguas europeias. Graças a isso, e às frequentes viagens ao exterior que realizou com a família, logo desenvolveu uma excepcional aptidão linguística, que lhe seria muito útil ao longo de sua carreira. Adolescente, mudou-se com uma das irmãs mais velhas para Carcóvia a fim de estudar no Instituto Princesa Obolenskaia.

Depois de terminar o curso, voltou a viver em Tchernigov com a mãe. Segundo a biógrafa Maria Lafont, é provável que nessa época tenha se casado com um parente distante seu, cujo sobrenome também era Balabanov. Se tal casamento teve lugar, não durou muito, não deixou filhos e não aparece em nenhuma versão de suas memórias. Em 1896, ainda que sua família tivesse recursos de sobra para mantê-la, o desejo de independência a levou a dar aulas particulares de francês para moças de classe média que desejavam estudar no exterior.

Em outubro 1897, ela deixou a casa materna e se mudou para Bruxelas a fim de estudar na Universidade Nova, uma instituição famosa por suas ideias avançadas. Lá, cursou Letras, sob a direção do poeta socialista belga Célestin Demblon. Depois de uma breve viagem a Londres, em junho de 1899, obteve o título de doutora. Com o objetivo de completar sua educação, decidiu mudar-se para Leipzig e, no ano seguinte, para Berlim, onde fez cursos de economia

31   Cf.: Maria Lafont, *The strange comrade Balavanoff: the life of a communist rebel*, McFarland & Company, 2016.

política. Lá, conheceu personalidades como Clara Zetkin e Rosa Luxemburgo, e viu, pela primeira vez, Lênin.

Nesse ano se mudou para Roma a fim de se inscrever na Universidade da Sapienza, onde, em abril de 1901, conheceu o filósofo marxista Antonio Labriola, que se tornaria uma das maiores influências de sua vida. Foi por sua iniciativa que, na primavera de 1902, Angelica se juntou ao Partido Socialista Italiano (PSI). Dado que a maior parte da sua vida e militância teria lugar na Europa Ocidental, em vez de usar a versão feminina do seu nome, como se faz na Rússia, Angelica adotaria doravante a versão masculina, transliterada segundo o costume italiano, "Balavanoff".

Em fevereiro de 1903, justo antes que expirasse sua autorização de residência na Itália, cruzou a fronteira suíça e, com sua amiga Elena Pensuti, estabeleceu-se na pequena cidade de San Galo, onde se empregou como secretária do conselho sindical local. Em pouco tempo, tornou-se oradora popular na Casa do Povo da cidade, com tanto sucesso que logo começou a dar palestras em outras cidades suíças.

Foi durante uma dessas turnês que, em março de 1904, conheceu em Lausanne um italiano migrante de 20 anos que vivia quase na indigência, chamado Benito Mussolini, com quem estabeleceu uma estreita amizade. Apesar do comportamento antissocial do jovem e de sua condição ilegal no país, Balavanoff ajudou-o a formar-se como jornalista e militante socialista, encorajando-o a se inscrever na Universidade de Genebra.

Nesse verão, com a socialista italiana Maria Giudice, Balavanoff fundou em Lugano um jornal semanal dirigido às operárias que falavam italiano na Suíça. O jornal, intitulado *Su, Compagne!* (Para cima, companheiras!), foi um grande sucesso. Essa experiência precedeu por dez anos a revista *Rabotnitsa*, que os bolcheviques lançariam em 1914 visando às operárias russas.

Em 1904, também publicou seu primeiro panfleto – *A Igreja ao serviço do Capital* –, que lhe valeu o ódio do clero, bem como um convite ao prestigioso Congresso de Livres-Pensadores, que se reuniu em setembro em Roma. Infelizmente, não chegou à capital italiana a tempo de se despedir de seu velho mestre Labriola, que morreu poucos dias antes disso.

Em 1905, organizou na Suíça italiana uma campanha de solidariedade à revolução que se desenvolvia na Rússia. Nesse ano, sua camarada Giudice regressou à Itália, deixando-a sozinha a cargo do jornal semanal.

No dia 1º de agosto de 1906, a polícia de Lausanne prendeu-a com um pretexto trivial (ter se registado no hotel com um nome falso) e expulsou-a do cantão de Vaud. Ela, então, teve de fechar o *Su, Compagne*. Depois de passar por Berna, em dezembro resolveu deixar a Suíça e voltar para a Itália. Assim, no início de 1907 estabeleceu-se em Terni, na região italiana da Úmbria, onde conseguiu emprego como secretária da Câmara de Comércio local.

Na primavera, foi convidada a participar no V Congresso do Partido Social-Democrata Russo, que se realizaria em Londres, como representante dos estudantes universitários marxistas russos no exterior. Ao mesmo tempo, o partido russo atribuiu-lhe a missão de passar por Berlim a fim de recolher os fundos que a social-democracia alemã doaria para financiar o congresso. Em Londres, Balavanoff voltou a se encontrar com Lênin, com quem tinha tido um rápido contato sete anos antes, e conheceu Trótski, Martov, Plekhanov e o escritor Maksim Gorki. Poucos meses depois, voltou a se encontrar com Lênin no VII Congresso da Internacional Socialista, realizado em Stuttgart. Embora naquela época ela se mantivesse independente dos grupos socialistas russos – e em todos tinha amigos –, sua concepção organizativa era mais próxima à dos mencheviques.

De volta à Itália, em junho de 1909, participou dos protestos contra a visita do czar Nicolau II ao país.

No início de 1910, deixou seu trabalho em Terni e mudou-se para Milão, onde se encontrava o gabinete nacional do PSI. No dia 1º de maio participou com Mussolini do comício da cidade de Forli, que foi atacado por uma turba antissocialista, mas ambos saíram ilesos.

No verão, viajou a Copenhague para participar de um congresso internacional de mulheres socialistas, no qual a alemã Clara Zetkin e a russa Aleksandra Kollontai estabeleceram o 8 de março como Dia Mundial da Mulher.

Em julho de 1912, participou do congresso que o PSI celebrou em Régio da Emília. Nesse sentido, apoiou a moção, apresentada por Mussolini, que exigia a expulsão da ala moderada do partido. Esse congresso nomeou Mussolini editor do jornal nacional do PSI, *Avanti!*, e integrou Balavanoff a seu comitê de redação.

Em abril de 1914, o congresso de Ancona do PSI a nomeou secretária internacional do partido. Nessa época, suas relações com Mussolini tinham azedado por motivos pessoais; então, em maio, Balavanoff deixou seu posto no *Avanti*.

Em junho, ela viajou a Bruxelas a fim de participar de uma conferência extraordinária do gabinete da Internacional Socialista, convocada para tratar da iminente Primeira Guerra Mundial. Lá, fez parte da ala esquerda e propôs que se preparasse uma greve internacional contra a guerra. A mesma conferência aprovou uma resolução em que apelava aos bolcheviques russos para que se reconciliassem com os mencheviques, e Balavanoff, que votou a favor da resolução, viu como a representante bolchevique Inessa Armand desafiava as autoridades do socialismo internacional recusando-se a votar.

Quando a Primeira Guerra Mundial efetivamente eclodiu duas semanas mais tarde, Balavanoff, de volta a Milão, apoiou a linha da maioria do partido italiano, que exigia que o país se mantivesse à margem do conflito. Quando, em outubro, seu ex-amigo Mussolini passou a apoiar a entrada da Itália na guerra no lado aliado (assumindo o nacionalismo radical que o caracterizaria dali em diante), ela apoiou sua expulsão do partido e sua substituição por Giacinto Serrati à frente do jornal *Avanti*.

Nos meses seguintes, quando ficou claro que a Itália entraria na guerra do lado aliado, a posição antibélica de Balavanoff tornou-a alvo de acusações de germanofilia e até de espionagem a favor da Alemanha. Assim, a fim de evitar a prisão, em janeiro de 1915 teve de deixar a Itália para se estabelecer de novo na Suíça, que se mantinha neutra, e fixou residência em Berna. Não poderia voltar à Itália nos próximos trinta longos anos.

Em março de 1915, participou da conferência de mulheres socialistas contra a guerra que Clara Zetkin havia organizado em Berna. Diferentemente das delegadas bolcheviques, que exigiam uma definição mais explicitamente revolucionária, Balavanoff apoiou a resolução pacifista redigida por Zetkin.

A partir de abril, ajudou o socialista italiano Oddino Morgari e o suíço Robert Grimm a organizar a famosa conferência de socialistas antibélicos de Zimmerwald, realizada em setembro. Foi lá que os bolcheviques russos Lênin e Grigori Zinoviev concordaram com Trótski (representante da sua revista *Nache Slovo*), bem como com o revolucionário letão Yan Berzin e o búlgaro Christian Rakovski. Na conferência, as posições bolcheviques (o apelo para converter a guerra imperialista em guerra civil e romper totalmente com a Segunda Internacional) ficaram em minoria, mas ainda assim Lênin apoiou o manifesto da conferência, redigido por Trótski, que reivindicava o internacionalismo proletário. No final, a conferência instituiu uma comissão internacional, presidida por Grimm, na qual Balavanoff ingressou na qualidade de secretária, em virtude das suas capacidades linguísticas. Nesse posto, ajudou a organizar a segunda conferência do movimento de Zimmerwald, que se reuniu em abril de 1916 na cidade de Keinthal.

Nessa segunda reunião, as posições esquerdistas de Lênin obtiveram a maioria, graças ao apoio do italiano Serrati e do polonês Radek.

Após a queda do czar na Revolução de Fevereiro de 1917, os governos aliados recusaram-se a deixar que os militantes antibélicos russos regressassem ao seu país através dos seus territórios. Como é sabido, no início de abril, Lênin e seus colaboradores aceitaram uma oferta do governo alemão que lhes permitiu atravessar seu território no famoso "vagão lacrado". Embora Balavanoff não tenha pertencido a essa comitiva, no final do mês juntou-se a um segundo grupo de militantes que tomou a mesma rota, incluindo o dirigente menchevique internacionalista Martov e o bolchevique dissidente Anatoli Lunatcharski.

Quando ela chegou a Petrogrado no início de maio, terminaram seus vinte anos de separação com a terra russa. Tinha 48 anos. Durante os meses seguintes, como Trótski e outros antigos adversários, superou suas diferenças e aproximou-se do partido bolchevique, então rebatizado de Partido Comunista.

Após a repressão das Jornadas de Julho, a imprensa conservadora acusou-a, ao lado de Lênin e outros bolcheviques, de ser uma agente da Alemanha. No seu caso, a acusação complicava-se devido à sua proximidade pessoal com o suíço Robert Grimm, que também estava na Rússia e tinha realmente feito diligências para o governo alemão, embora abertamente. Enquanto Lênin e Zinoviev passavam à clandestinidade e Trótski e outros eram presos, para evitar a mesma sorte, Balavanoff decidiu abandonar o país, mudando-se para Estocolmo no início de agosto. Antes de partir, entregou a sua velha conhecida Aleksandra Kollontai uma solicitação formal de ingresso no Partido Comunista, que foi aceita em sua ausência.

Na capital sueca, Balavanoff e os socialistas de esquerda convocaram uma terceira conferência do movimento de Zimmerwald, a ser realizada no início de setembro. Nessa ocasião, a maioria dos delegados presentes, entre os quais estavam dois bolcheviques russos e vários simpatizantes seus de outros países, pronunciaram-se pela solidariedade com o partido bolchevique e pela tomada do poder para os sovietes na Rússia, condenando os mencheviques por seu apoio ao governo de Kerenski, que apoiava a guerra. Embora a própria Balavanoff tenha apoiado essas decisões e participado da redação do manifesto, acabou por considerar que o número de delegados não era suficiente para dar caráter representativo à conferência e decidiu não divulgar o manifesto que tinha ajudado a redigir, apesar dos protestos dos outros bolcheviques presentes. Essa seria a última reunião do movimento de Zimmerwald. Só no dia 8 de novembro, quando chegaram a Estocolmo as notícias da vitoriosa tomada do poder pelos bolcheviques e seu decreto apelando a uma paz imediata, Balavanoff decidiu publicar a resolução da conferência, que ela própria traduziu para várias línguas.

No dia seguinte, quando o bolchevique Vatslav Voroski ocupou a embaixada russa em Estocolmo como representante do novo poder, Balavanoff instalou-se no edifício para servir como propagandista internacional dos sovietes. Conservaria esse posto durante quase um ano. Nessa época, no contexto da instabilidade e da guerra civil que abalou a Ucrânia, os camponeses da sua região natal expropriaram as terras das suas famílias, matando um dos seus irmãos.

No final de setembro de 1918 foi convocada para ir a Moscou. O Comissário de Relações Exteriores, Gueorgui Tchitcherin, encarregou-a de ir à Suíça, como parte de uma missão da Cruz Vermelha Soviética, liderada pelo comunista letão Yan Berzin, para construir uma ponte entre a Rússia soviética e a Europa Ocidental. Balavanoff e Berzin chegaram a Berna no início de novembro, em meio a uma das raras convulsões operárias da história suíça: apenas dez dias após sua chegada, uma greve geral paralisou o país. Aterrorizadas, as autoridades suíças decretaram a expulsão imediata dos enviados soviéticos, que tiveram de regressar à Rússia.

Em janeiro do ano seguinte, Balavanoff foi enviada a Carcóvia para assumir o cargo de Comissária do Povo para Assuntos Estrangeiros da República Soviética da Ucrânia, então presidida por seu velho conhecido, o búlgaro Christian Rakovski.

No entanto, assim que se instalou em Carcóvia, foi convocada de volta a Moscou, para ajudar a organizar o primeiro congresso da Internacional Comunista, ou Comintern, que se realizaria em março. Nesse evento, a Comintern a elegeu secretária de sua Comissão Executiva Internacional (CEI), estabelecendo assim um ponto de continuidade simbólica com o movimento de Zimmerwald. Como presidente do CEI foi eleito Grigori Zinoviev, por quem Balavanoff não tinha qualquer simpatia.

Apesar de ser a secretária do CEI da Comintern, não ficou muito tempo em Moscou. Em junho, Zinoviev enviou-a para Odessa, a fim de estabelecer um gabinete da Internacional, servindo ao mesmo tempo como comissária dos Negócios Estrangeiros da Ucrânia. Lá, com o francês Jacques Sadoul, publicou jornais dirigidos aos soldados franceses que ocupavam a península da Crimeia. No entanto, algumas semanas após sua chegada, o avanço dos brancos obrigou-a a deixar Odessa e mudar suas atividades para Kiev.

Em novembro, voltou a Moscou para assumir a secretaria do CEI da Comintern. Durante os meses seguintes, foi responsável por corresponder-se com os protagonistas dos acontecimentos revolucionários que abalaram o mundo em 1919-1920, como as fracassadas revoluções soviéticas da Hungria e da Baviera, bem como do "Biênio Rosso" italiano.

No verão de 1920 participou do II Congresso Mundial da Comintern, no qual se reencontrou com seu velho amigo Serrati. Esse congresso não a ratificou na secretaria da Internacional, substituindo-a pelo polonês Karl Radek.

Após a repressão ao levante de Kronstadt e a proibição das frações no interior do Partido Comunista russo em março de 1921, começou a ter diferenças com a direção bolchevique. Solidarizou-se com seu amigo Serrati, que em sua opinião havia sido injustificadamente maltratado pela direção da Internacional. Assim, no início de dezembro daquele ano, pediu autorização para viajar ao exterior a fim de tratar de sua saúde, mudando-se para a Suécia, um dos poucos países dispostos a conceder visto a uma famosa comunista. Antes de partir, por alguns dias, compartilhou moradia com o amigo David Riazanov, pesquisador marxista.

Quando recompôs sua saúde, em vez de regressar à Rússia, mudou-se para Viena, pois alguns de seus conhecidos socialistas, como Fritz Adler, faziam parte do governo austríaco. De Viena continuou a colaborar com o movimento comunista italiano, cujos militantes começaram a chegar exilados à Áustria desde finais de 1922, quando os fascistas tomaram o poder na Itália. Assim, entre novembro de 1923 e maio de 1924, colaborou com o intelectual comunista Antonio Gramsci, que passou esses meses em Viena. Nessa época, também conviveu com o escritor russo-belga Victor Serge, que vivia na capital austríaca trabalhando para a Comintern.

Seu crescente mal-estar com a direção do movimento comunista era já bem conhecida. Em 8 de abril de 1924, o *Pravda* anunciou sua expulsão da Comintern, num artigo assinado por Emelian Iaroslavski em nome da Comissão Central de Controle do Partido Comunista da Rússia.

Já fora do movimento comunista, em 1925 mudou-se para Paris, onde dirigiu a nova edição do jornal *Avanti!*, por meio do qual os socialistas italianos no exílio combatiam o governo de Mussolini. Em 1927, publicou uma primeira versão de suas memórias. Apesar de sua ruptura com o comunismo oficial, ainda reivindicava a experiência da Revolução de Outubro e uma interpretação revolucionária do socialismo.

Nessa época, introduziu-se no seu círculo íntimo um jovem italiano chamado Vittorio Terracini, com quem Balavanoff fez uma viagem de descanso por Barcelona e Maiorca. Antes de terminar a viagem, soube que Terracini era um agente de Mussolini, o que foi um duro golpe pessoal.

Em março de 1930, quando o Partido Socialista Italiano, sob a direção de Pietro Nenni, adotou uma linha abertamente reformista e pediu sua readmissão na Segunda Internacional, Balavanoff se opôs pela esquerda e fundou um pequeno partido próprio, chamado Maximalista, que ocupava um lugar intermediário entre a social-democracia e o comunismo. Esse grupo fez parte de um efêmero Comitê Internacional de Partidos Marxistas, dirigido pelo francês Paul-Louis, ficando conhecido ironicamente como a "Internacional 2ffi". Nessa época, Balavanoff manteve correspondência cordial com Leon Trótski, que tinha sido expulso da URSS, embora sem chegar a identificar-se politicamente com ele.

Em 13 de dezembro de 1935, com 66 anos, embarcou rumo a Nova York, onde viveria os próximos onze anos. Lá, as notícias dos processos de Moscou, onde morreram muitos de seus velhos conhecidos (como Radek, Berzin, Riazanov, Rakovski e Zinoviev), fizeram-na distanciar-se ainda mais do comunismo. Até envolveu-se com uma certa Liga Anticomunista Ucraniana de Nova York.

Em 1938 publicou uma nova versão de suas memórias, que seriam conhecidas em espanhol como *Minha vida de rebelde*. Além de repetir as imprecisões da primeira versão, começando pelo ano de seu nascimento, introduziu sub-repticiamente várias mudanças para pintar o bolchevismo com tons mais negativos.[32]

Em 1943, quando os Estados Unidos já estavam em guerra contra a Itália fascista, publicou um livro contra Mussolini, intitulado *O traidor*. Nessa época fez uma viagem ao México e outra à Argentina.

Em janeiro de 1947, voltou para a Itália e se instalou nos arredores de Roma. Nesse ponto, o Partido Comunista Italiano gozava de uma grande influência, motivo pelo qual o Partido Socialista tinha decidido se unir a ele. Diante disso, uma ala liderada por Giuseppe Saragat se separou para fundar o Partido Socialista dos Trabalhadores Italianos, com uma política antissoviética e pró-Estados Unidos. Balavanoff juntou-se a esse partido e, se em 1930 tinha se oposto à reunificação do socialismo italiano com a social-democracia, opôs-se então à sua reunificação com o comunismo soviético.

Nessa época, publicou *Impressões sobre Lênin*, um livro bem crítico do comunismo.

Em 1962, visitou Israel, onde foi recebida pelo primeiro-ministro, o trabalhista Ben Gurión.

Em dezembro de 1964, Giuseppe Saragat, o líder de seu partido, foi eleito presidente da Itália. No entanto, Balavanoff já não estava em condições de festejar o fato. Tinha 95 anos e desde o verão tinha perdido a lucidez. Estava internada num asilo (curiosamente administrado por comunistas), onde morreu em 25 de novembro de 1965.

32 Sobre as modificações politicamente motivadas que Balavanoff introduziu na segunda versão de suas memórias, em resenha polêmica do trotskista estado-unidense, cf.: Max Schachtman "Balabanoff's memoirs", https://www.marxists.org/archive/shachtma/1938/11/balabanoff.htm, 1938.

Nasceu em 19 de setembro de 1873, na aldeia de Velij, na província bielorrussa de Vitebsk.[33] Foi a primeira filha do contador judeu Samoilo Zelikson, um estudioso do Talmud, e de sua segunda esposa, uma mulher humilde e analfabeta. Teve uma irmã (Rosa) e um irmão (Lazar) que também se tornariam revolucionários. Tendo herdado de seu pai o amor pela leitura, educou-se a si mesma na casa paterna.

No inverno de 1894, com 21 anos de idade e influenciada pelo romance *O que fazer?*, de Nikolai Tchernichevski, mudou-se por sua conta para Varsóvia, na parte da Polônia então submetida ao império czarista. Lá, foi trabalhar numa pequena indústria têxtil. No entanto, devido às suas tentativas de mobilizar suas colegas em defesa de seus direitos, a proprietária despediu-a pouco tempo depois. Então teve de ganhar a vida trabalhando em vários empregos precários. Nesse meio-tempo, frequentou cursos de ciências, literatura e economia entre os judeus em que falavam russo em Varsóvia e se integrou a um círculo de estudos para operários, no qual leu obras como *Ensaio sobre o Desenvolvimento da Concepção Monista da História*, de Gueorgui Plekhanov, que lhe deram uma visão marxista do mundo. Também ajudou a organizar um refeitório popular, no qual se reuniam os jovens de mentalidade revolucionária. Pouco depois, ela própria organizou círculos de estudo entre as costureiras e os alfaiates. Nessa época, sua irmã, Rosa, chegou a viver com ela em Varsóvia, ingressando no movimento.

Embora desejasse fazer propaganda entre os operários fabris, as leis raciais do império czarista proibiam-na de viver fora do gueto, onde na maior parte os trabalhadores eram artesãos. Só os judeus com formação profissional podiam

33 Sobre sua vida até 1914, cf.: "Twenty years in underground Russia: memoirs of a rank-and-file bolshevik", https://www.marxists.org/archive/bobrovskaya/twenty-years/index.htm, 1934.

circular livremente e as universidades russas em geral não aceitavam mulheres. Assim, Cecilia decidiu partir para o estrangeiro a fim de estudar. Então voltou a sua aldeia natal para registrar seu passaporte, processo que levaria vários meses. Quando por fim o conseguiu, no início de 1897, partiu rumo a Viena para fazer um curso de obstetrícia como bolsista de Evguenia Tuchinskaia, uma mulher rica, de ideias afins, que havia conhecido em Varsóvia.

Na capital austro-húngara, ela conheceu Vera Akselrod, uma estudante de medicina russa que, no verão de 1897, convidou-a a passar as férias em Zurique, onde vivia seu pai, o veterano marxista Pavel Akselrod. Lá, Cecilia conheceu as principais figuras do socialismo de então, que viviam perto, como Vera Zasulitch, ou que tinham ido a Zurique visitar Akselrod, como Gueorgui Plekhanov – cujas obras Cecilia havia lido em Varsóvia – e os alemães Kautsky, Bebel e Bernstein.

Ao completar seu curso de obstetrícia (ofício que nunca praticou) na universidade de Viena, no verão de 1899, voltou ao Império Russo e, após uma passagem por sua cidade natal, estabeleceu-se em Carcóvia. Lá organizou círculos de estudo para os ferroviários, enquanto ganhava a vida trabalhando na biblioteca municipal. Ela também ajudou a distribuir o jornal marxista regional *Yujni Rabotchi*,[34] que foi publicado em Ekaterinoslav. Nessa altura, seu irmão, Lazar, veio viver com ela. No 1º de maio de 1900, seu grupo organizou uma greve geral dos ferroviários em Carcóvia e uma grande manifestação. Embora tenha sido atacada pelos cossacos, a manifestação causou um grande impacto no público e os participantes escaparam ilesos.

Naquele ano, o jovem dirigente marxista Iuli Tsederbaum (que depois seria conhecido como Martov), que vivia na cidade vizinha Plotava, visitou Carcóvia e ajudou a desenvolver as concepções marxistas de Cecilia e seus camaradas. Em particular, ajudou-os a superar a ideia, então em voga, de que o trabalho sindical apolítico bastaria por si mesmo para gerar uma consciência socialista entre os operários.

A manifestação de 1º de maio atraiu a atenção da polícia, que começou a vigiar os militantes. Finalmente, no outono, a polícia caiu sobre o comitê social-democrata e prendeu todos os membros, incluindo Cecilia, que foi detida em sua casa e enviada para a prisão de Carcóvia. Lá, embora o resto dos membros do comitê tenham sido liberados em poucas semanas, ela ficou detida por dez meses sem acusação legal. A polícia contava que, sendo mulher, ela se quebraria sob as difíceis condições do confinamento e daria informações que levassem

34 Do russo Южный рабочий, "Trabalhador do Sul".

a novas prisões. Quando percebeu isso, Cecilia declarou-se, sozinha, em greve de fome. Três dias depois, as autoridades permitiram que se mudasse para sua cidade natal a fim de aguardar o julgamento sob liberdade condicional.

Ela viveu em Velij por três meses esperando a primeira oportunidade para fugir do país. Esta chegou quando, com a saúde afetada pela prisão e greve de fome, obteve permissão para se deslocar a uma cidade vizinha sob o pretexto de procurar atendimento médico. Conseguiu escapar de seus vigilantes e, depois de obter o passaporte de uma simpatizante em Dvinsk (hoje em dia Daugavpils, na Letônia), no início do verão de 1902, deixou a Rússia com destino a Zurique.

Lá, voltou a hospedar-se na casa de Akselrod e juntou-se à organização em torno da revista *Iskra*. Nesses mesmos dias, chegaram à cidade onze militantes que haviam fugido da prisão em Kiev, entre eles, Maksim Litvinov, Martin Liadov, Nikolai Bauman, Ossip Piatnitski e o veterinário de 29 anos Vladimir Semionovitch Bobrovski, com quem Cecilia simpatizou especialmente.[35]

No final do verão, a organização a enviou de volta à Rússia, onde entrou assumindo a identidade de uma atriz austríaca. Passaria o ano seguinte estabelecendo contatos em Petersburgo, Tver, Moscou – onde se hospedou no apartamento da jovem estudante Varvara Iakovleva – Kostroma e, finalmente, Iaroslav. Lá notou que a polícia a seguia e decidiu voltar a Petersburgo para contatar o partido e receber instruções e uma nova identidade. No entanto, os agentes a seguiram no trem e a prenderam assim que chegou à capital, em março de 1903.

Depois de passar três semanas detida na esquadra da polícia, foi enviada para a prisão de Petersburgo. Lá ele encontrou várias militantes, incluindo Praskovia Kudelli. Com elas, no princípio do mês de maio, iniciou outra greve de fome, que duraria cinco dias, por melhores condições de confinamento. Logo a greve de fome levou a um motim. Após cinco meses de prisão, ela foi autorizada a aguardar a sentença em liberdade condicional. Como estava proibida de morar em grandes cidades, decidiu mudar-se para Tver, juntamente com Kudelli.

Em Tver, que estava a meio caminho entre Moscou e Petersburgo, conseguiu um trabalho temporário como secretária do *Zemstvo*[36] e assim ganhou a vida enquanto se organizava para militar entre os operários têxteis da cidade, evitando a vigilância policial. No final do ano, obtve um passaporte falso e saiu do

---

*

35 Sobre Bobrovski, cf.: https://dic.academic.ru/dic.nsf/enc_biography/11368/Бобровский; https://es.wikipedia.org/wiki/Vladímir_Bobrovski.

36 N.T.: Sistema de administração local introduzido em 1864 pelo czar Alexandre II da Rússia que incluía as vias de comunicação e trânsito, comércio, assistência médica e educação.

país. No cruzamento clandestino da fronteira com a Prússia, encontrou Rosalia Zemliatchka, que havia sido cooptada para o Comitê Central do partido.

Depois de uma passagem por Berlim e Zurique, dirigiu-se a Genebra, onde conheceu os detalhes da cisão que naquele verão tinha separado o partido social-democrata em duas facções: os bolcheviques de Lênin e os mencheviques de Martov. Para os primeiros, só os militantes clandestinos, dedicados inteiramente à causa, deviam ter direito a determinar a linha da organização; para os outros, esse direito devia se estender a todo aquele que aceitasse o programa do partido. Embora parecesse trivial, essa diferença organizacional tinha um contexto mais profundo: apesar de ambas as facções se considerarem marxistas, os bolcheviques tinham declarado guerra à sociedade de forma mais radical que os mencheviques. Martov, Akselrod e, pouco tempo depois, Plekhanov, que haviam sido importantes influências na formação de Cecilia, encabeçaram a facção menchevique e tentaram convencê-la a fazer o mesmo, mas ela hesitou. Em Genebra, encontravam-se os jovens militantes que tinha conhecido em Zurique dois anos antes, entre eles, Litvinov, Piatnitski, Bauman e seu amigo íntimo Vladimir Bobrovski, que argumentaram a favor da causa bolchevique e conseguiram convencê-la. No processo, Cecilia formalizou sua relação com Bobrovski e se casou com ele. A partir de então usaria o sobrenome Bobrovskaia. Pouco depois, o próprio Lênin e sua esposa, Krupskaia, mudaram-se para Genebra, e Bobrovskaia pôde conhece-los de perto. Eles acabaram por convencê-la da justeza de sua posição.

No início de 1904, Bobrovski voltou à Rússia para reintegrar-se ao trabalho clandestino. Ela, por sua vez, mudou-se para Berlim, onde já viviam Liadov e Piatnitski. Não estava bem o bastante de saúde para enfrentar um novo período de clandestinidade. Na capital alemã, pôde estudar de perto o trabalho do prestigiado partido social-democrata, ouviu Bebel[37] falar na manifestação do 1º de maio e conheceu Clara Zetkin, que dirigia o setor de trabalho feminino.

Com a saúde recuperada, Cecilia voltou à Rússia naquele verão (usando o passaporte de uma estudante socialista alemã) e foi para Tbilisi, capital da Geórgia, onde se reencontrou com o marido. Lá, os dois militaram ao lado dos bolcheviques Mikhail Tskhakaia, Sacha Tsulukidze e Joseph Stálin, bem como do jovem Kamenev e sua esposa, Olga. Em poucas semanas, para evitar a polícia, Bobrovski se deslocou ao porto petroleiro de Baku, no Azerbaijão (um dos países caucasianos submetidos ao Império Russo), onde Cecilia o alcançou no outono,

37 August Bebel (1840-1913), um dos fundadores e principais dirigentes do Partido Social-Democrata Alemão.

adotando o pseudônimo de Olga Petrova, que usaria durante os próximos anos. Em novembro, ambos participaram de uma greve geral em Baku, focada nas centrais petrolíferas, que durou um mês e foi a primeira a conseguir um contrato coletivo na história da Rússia.

Quando, em janeiro do ano seguinte, começou a Revolução de 1905 (que sacudiria durante dois anos o império), Bobrovskaia se encarregou do armazenamento de armas para os destacamentos operários no distrito de Cherny Gorod, de Baku. Nessa época, os operários tiveram de fazer frente às reacionárias "Centenas Negras",[38] que manipulavam a população tártara em *pogroms* contra a população armênia. Em março, Bobrovskaia foi nomeada secretária do comitê local do partido.

Naquele verão, após alguns dias de descanso numa chácara perto de Kostroma, Cecilia mudou-se para Moscou e instalou-se na casa de sua sogra, que também era solidária à causa. Logo após sua chegada, foi a uma conferência regional do partido nos bosques de Obiralovka, mas ao chegar à estação foi presa juntamente com outros catorze camaradas que se dirigiam para lá.

Foi então enviada para a prisão moscovita de Butirka, onde soube que o marido também havia sido detido em Baku.

Enquanto isso, o acenso revolucionário de 1905 seguia seu curso, e em 18 de outubro uma greve geral conseguiu arrancar do czar várias concessões, entre elas, a anistia para os presos políticos. Assim, nesse dia, Bobrovskaia viu-se livre e pôde reintegrar-se à atividade do partido em Moscou, liderada por dois conhecidos, Martin Liadov e Rozalia Zemliatchka. No entanto, nem todas as notícias daquele dia foram felizes. Nikolai Bauman, outro conhecido seu que então também havia sido libertado, foi linchado pelas Centenas Negras na saída da prisão. Assim, uma das primeiras tarefas de Bobrovskaia, Liadov e Zemliatchka foi organizar cortejo fúnebre para Bauman no cemitério Vagankovo.

Enquanto isso, seu marido, Vladimir, que havia sido condenado à deportação no Ártico, conseguiu fugir quando o comboio dos deportados passava por Rostov graças a uma manifestação operária, e também se dirigiu a Moscou para se reunir com Bobrovskaia. Lá participaram do levante de dezembro. Ela, em particular, ocupou-se de organizá-lo no distrito de Lefortovo, junto com sua irmã, Rosa. Lá encontrou também o operário bolchevique Ivan Smirnov.

*

38 Do russo Черносотенцы (lê-se *Tchernosotenstsi*), foi um movimento político paramilitar pró-czarista de caráter ultra-nacionalista e católico ortodoxo.

Apesar de ter sobrevivido à repressão, após a derrota, teve de voltar à clandestinidade. Então deixou o distrito de Lefortovo e passou ao de Zamoskvoretski. Em março de 1906, adoeceu de gripe e, enquanto se recuperava, recebeu uma visita inesperada de Lênin, que passava por Moscou.

Em abril, mudou-se para sua cidade natal a fim de obter documentação legal, mas foi presa. Apesar de ter ficado sob custódia apenas por algumas horas, isso a convenceu de que era preferível continuar vivendo com documentos falsos. De lá passou a Kostroma, a uns 200 quilômetros a nordeste de Moscou, onde trabalhou como secretária do comitê local até o fim do ano, quando retornou a Moscou para servir como secretária do Escritório Regional do partido.

Em fevereiro de 1907, mudou-se com o marido para o centro têxtil de Ivanovo-Voznesiensk, perto de Moscou. Lá, militou com bolcheviques como Olga Varientsova, Andrei Bubnov e Mikhail Frunze. No 1º de maio daquele ano ajudou a organizar uma manifestação liderada por seu marido, num bosque próximo à cidade. A manifestação foi atacada pelos cossacos. Bobrovskaia e seu marido foram gravemente feridos, a tal ponto que os cossacos os deram por mortos. No entanto, sobreviveram e conseguiram chegar a um hospital.

Pouco depois, a polícia invadiu uma reunião na sede sindical da cidade, e Bobrovskaia só se salvou da prisão fingindo ser a encarregada da limpeza. Em junho, participou da preparação de uma greve geral, que acabou sendo cancelada: havia começado o refluxo do movimento de massas. Naquele ano, o governo de Piotr Stolipin aumentou a repressão, e o partido social-democrata teve de regressar à mais dura clandestinidade.

Naqueles dias, Bobrovskaia precisou se deslocar para Nijni Novgorod a fim de comparecer a uma audiência a favor de seu irmão, Lazar, que tinha sido preso por ter proferido um discurso bolchevique durante a campanha eleitoral da Segunda Duma.

Em agosto, Bobrovskaia voltou a Moscou para participar de uma conferência regional do partido. Essa reunião decidiu integrá-la ao comitê regional moscovita, conhecido como Okrujka (do russo окружка, círculo), do qual também faziam parte Konkordia Samoilova e seu companheiro. Arkadi. Esse comitê se encarregou de publicar o jornal clandestino *Boriba* (do russo Борьба, "A Luta"). Na época, Bobrovskaia se encontrou com militantes como seu velho amigo Piainski, Grigori Sokolnikov, Victor Noguin, Emelian Iaroslavski e o casal Smidovitch.

Em novembro, o Okrujka enviou Bobrovskaia a Helsinque, para participar na Quarta Conferência (a terceira "de toda a Rússia") do partido social-democrata, onde encontrou com Lênin, Liadov e outros dirigentes.

De volta a Moscou, em junho de 1908, participou de uma conferência regional do partido realizada nas florestas de Obiralovka, na periferia da cidade. Como já havia ocorrido três anos antes no mesmo local, a conferência tinha sido descoberta pela polícia, sendo dessa vez atacada pelos cossacos. Embora Bobrovskaia pudesse escapar e chegar a salvo a Moscou, ela foi presa, com outros sete militantes.

Assim, foi enviada à prisão moscovita de Suschevskaia, onde passaria três meses. Depois de participar de um motim, foi transferida para a prisão de Pretchistenka. Foi, então, condenada a dois anos de deportação no oriente siberiano, mas, em consideração à sua saúde, mudou-se seu lugar de exílio para a província de Vologda, no noroeste da Rússia. Na pequena cidade de Veliki Ustiug, seu marido foi encontrar-se com ela e se dedicou a cuidar de sua saúde, deteriorada. Lá, os dois continuaram a militar entre os deportados e até montaram uma tipografia clandestina, cujas publicações enviavam a Moscou.

Uma vez cumprida sua sentença de dois anos, no outono de 1910, Cecilia pôde voltar a Moscou com o marido. Nessa altura, a organização partidária clandestina na cidade tinha colapsado e, ao lado do bolchevique Frumkin, ela recomeçou a fazer contatos. Em 1911, Bobrovskaia se inscreveu na universidade Shankyasky, enquanto tentava restabelecer contato com os militantes que voltavam da deportação.

Em dezembro, seu irmão, Lazar, chegou do exterior, mas, delatado por Malinovski, um agente provocador, foi preso.

Em junho de 1913, os bolcheviques de Moscou puderam fundar um jornal legal local, *Nash Put*[39], e Bobrovskaia ingressou na redação como responsável pela correspondência operária. Em fevereiro de 1914, o *Nash Put* foi fechado, mas em seu lugar apareceu o *Rabotchi Trud* (Obra). Três meses depois, com a entrada da Rússia na Primeira Guerra Mundial em agosto de 1914, todos os jornais bolcheviques foram fechados, entre eles, o *Rabotchi Trud*, de Moscou. Além disso, Vladimir Bobrovski foi enviado para o *front* como veterinário militar.[40]

Em 1915, Bobrovski foi designado para a cidade de Serpukhov, cerca de 100 quilômetros ao sul de Moscou, onde Bobrovskaia se reuniu a ele. Foi lá que os acontecimentos revolucionários de 1917 os encontraram. Após a queda do czarismo em março, ambos ingressaram no comitê local do partido em Serpukhov,

*

39 Do russo Наш Путь, "Nossa rota",

40 Sobre suas atividades a partir desse ponto, consultem os verbetes sobre ela e seu marido em: Grande Enciclopédia Soviética [Большая советская энциклопедия], 1969.

bem como no *presidium* do soviete da cidade. No momento da revolução, Bobrovskaia tinha 44 anos e 23 de atividade revolucionária.

Após a tomada do poder pelos bolcheviques em novembro, os Bobrovski voltaram a estabelecer-se em Moscou. Em março de 1918, enquanto ele se encarregava dos matadouros da cidade, submetidos ao controle operário, Cecilia assumiu a secretaria regional do partido. Também participou do Conselho Regional do Controle Operário, posto em que colaborou diretamente com Inessa Armand. Em março de 1919, no auge da Guerra Civil, passou a chefiar o Departamento de Assuntos Militares do comitê distrital moscovita do partido.

Em maio de 1920, começou a trabalhar no gabinete de Organização do Comitê Central.

Em 1921, integrou-se à Comissão de História do partido, liderada por Kamenev, e no ano seguinte, à Sociedade de Velhos Bolcheviques, sob o comando de seu amigo Mikhail Olminski. Em janeiro de 1924, passou a trabalhar no recém-fundado Instituto Lênin, dirigido por Iaroslavski.

Nessa época, redigiu o volume de memórias que seriam publicadas em 1934 e a tornariam célebre: *Vinte Anos de Clandestinidade na Rússia: Memórias de uma Bolchevique de Base*. Esse texto cobre com detalhe os anos desde o início de sua militância, em 1894, até o início da Primeira Guerra Mundial.

Em 1928, começou a trabalhar como correspondente política do Comitê Executivo Internacional da Comintern, então encabeçado por Nikolai Bukharin. Lá, voltou a colaborar com seu antigo camarada Piatnitski, que também se tornaria famoso como memorialista.

Foi em seu posto da Comintern que a encontraram os grandes expurgos de 1936-1939, nos quais morreram antigos colaboradores seus do comitê de Moscou, como Ivan Smirnov, Muralov e Iakovleva, e da Internacional, como Bukharin e Piatnitski. Zemliatchka, por outro lado, estava entre os carrascos.

Bobrovskaia sobreviveu sem ser detida e, em 1940, voltou a trabalhar no Instituto Marx-Lênin.

Morreu em Moscou, em 6 de julho em 1960, aos 87 anos. Foi enterrada no cemitério moscovita de Novodevitchi.

Nasceu em 11 de agosto de 1879, na província de Kherson, no sul da Ucrânia.[41] Embora seu nascimento tenha sido registrado em Ockaviv, a propriedade da família, chamada Petropavlivka, estava perto de Kakhovka, na margem sul do Dnieper. Sua mãe, Maria Krusser, era descendente da nobreza moldava arruinada, e seu pai, Gottlieb Meisch, era um emigrante de origem luxemburguesa.

Depois de ter trabalhado como mecânico e como lavrador de terras arrendadas, Gottlieb havia adquirido a propriedade de Petropavlivka, que, com seu irmão, Teodor, explorava com eficácia, ainda que às custas de muitos esforços e sacrifícios. Antes de nascer Evguenia, o casal Meisch já tinha tido outra filha (Natasha) e outro filho (Aleksei), e depois tiveram ainda outros dois: Fiodor e Aleksandr.

Quando Evguenia Bogdanova tinha seis anos,[42] seu pai adoeceu e morreu e, quase imediatamente, sua mãe se casou de novo com o irmão mais novo do finado marido, Teodor Meich. Pouco depois, Maria deu à luz a uma terceira filha, Elena Fiodorovna.[43]

Se as crianças Meich tinham crescido submetidas a uma educação severa, as coisas pioraram então. Teodor nunca aceitou seus sobrinhos convertidos em enteados. No entanto, houve entre os jovens uma constante cumplicidade: socialmente sensíveis, os mais velhos, Natasha e Aleksei, logo foram influenciados pelo humanismo social de Leon Tolstói. Quando Evguenia era criança, Natasha, então com 19 anos, deixou a fazenda paterna para trabalhar como professora em uma

[41] Cf.: Clements, *op. cit.*; as memórias de sua irmã, Elena Rozmirovitch (em russo), http://ru.rodovid.org/wk/Запись:394429; e na Wikipédia, em diferentes idiomas (sobretudo a entrada completa em russo, https://ru.wikipedia.org/wiki/Бош,_Евгения_Богдановна), além dos artigos (em ucraniano): Nadia Tsendra, "A revolução proletária era seu objetivo: a comissária Bosch" [Перемога пролетаріату була її метою. Комісар Бош], http://www.istpravda.com.ua/articles/2011/08/1/48355/, 2011; Vladimir Skatchko, "O caminho Bosch" [Путь Бош], http://www.telegrafua.com/country/13496/.

[42] Gottlieb e Theodor Meich "russificaram" seus nomes alemães para Bogdan e Fiodor. Por isso, suas filhas receberam respectivamente os patronímicos (N.T.: sobrenome cuja origem onomástica está no nome do pai) Bogdanova e Fiodorovna.

[43] Ver capítulo: "Rozmirovitch, Elena Fiodorovna", p. xx

escola camponesa, mas o frio e a fome não demoraram a matá-la. Pouco depois, Evguenia Bogdanova quis suicidar-se, e foi o seu irmão Aleksei quem a dissuadiu.

Aos 12 anos, Evguenia foi enviada para viver com parentes na cidade de Voznesensk, a cerca de 150 quilômetros a oeste, para que pudesse frequentar o ginásio. No entanto, antes que pudesse completar o curso, seu estado de saúde a obrigou a voltar à casa paterna, onde seu tio-padrasto a colocou para trabalhar na contabilidade da fazenda. Quando completou 16, a jovem soube que sua mãe e seu padrasto tinham a intenção de casá-la com um velho nobre da região. Então, desesperada para evitar esse destino e deixar Petropavlivka, aceitou a proposta de casamento de um amigo de seu irmão mais velho, o estudante de engenharia Piotr Bosch, cujo pai possuía um negócio de carruagens. Com ele voltou a Voznesensk, onde se casaram.

Antes de completar 20 anos, Evguenia já tinha tido duas filhas com Piotr Bosch: Olga, em 1897, e Maria, em 1899. Assim que as tarefas de mãe permitiram, voltou ao ginásio para completar o curso e obteve seu certificado de professora. Ao mesmo tempo, procurou elevar o nível cultural dos trabalhadores da fábrica de carruagens que seu marido tinha herdado lendo em voz alta literatura russa e folhetos sociais. Em 1900, ela mesma já lia e distribuía literatura política clandestina.

Enquanto isso, sua irmã mais nova, Elena Fiodorovna, havia ido a Paris estudar Direito e entrado em contato com o movimento social-democrata. Assim, quando Elena voltou à Ucrânia em 1904, logo convenceu Evguenia a colaborar com o partido social-democrata. Evguenia tinha então 25 anos e Elena 19.

Em 1906, a polícia invadiu a casa dos Bosch em busca de literatura ilegal. Apesar de não ter encontrado nada, sua tentativa convenceu Evguenia de que era impossível continuar levando uma vida familiar convencional. Nesse ponto, sua filha Olga adoeceu e ela a levou a um sanatório no Cáucaso, mas, logo que se recuperou, mãe e filha retornaram a Carcóvia, onde Evguenia decidiu dedicar-se totalmente à militância e deixou seu marido, que não partilhava suas ideias políticas, mudando-se com a filha para Kiev, onde vivia sua irmã Elena.

Entre 1909 e 1910, muitos militantes do comitê bolchevique de Kiev, entre eles Elena, foram presos e tiveram de abandonar a cidade, motivo pelo qual o comitê ficou praticamente destruído. No início de 1911, chegou a Kiev o militante de 21 anos Georgui Leonidovitch Piatakov, que havia sido expulso de Petersburgo por sua participação no movimento estudantil. Com ele, Bosch reconstruiu o comitê de Kiev. No processo, iniciaram uma relação amorosa. Na época, Bosch foi eleita secretária técnica do comitê social-democrata de Kiev e Piatakov secretário de organização, de modo que os dois dirigiam o trabalho do partido na cidade, onde também militavam quadros como Aleksandr Rosnovski, David Schwartzman e os jovens operários Lazar Kaganovitch e Rafail Farbman.

Foi, aliás, nesse período, em setembro de 1911, que o social-revolucionário Dmitri Bogrov executou o primeiro-ministro Stolipin na Ópera de Kiev. Embora os sociais-democratas não estivessem de modo algum envolvidos nesse atentado, isso não deixou de agravar o clima repressivo que todas as tendências de esquerda enfrentavam na cidade. Nessa época, Bosch foi identificada e começou a ser vigiada pela polícia.

Em janeiro de 1912, em uma conferência em Praga, a facção bolchevique resolveu constituir-se como partido e cortar seus últimos laços organizativos com os mencheviques e outras correntes sociais-democratas. Embora Bosch e Piatakov fossem bolcheviques convictos, ambos estiveram entre os quadros russos que consideraram desnecessário romper a colaboração com os mencheviques, acreditando que as decisões da conferência de Praga se deviam às disputas demasiadamente exacerbadas entre os imigrantes.

Em 12 de abril de 1912, após cinco anos de trabalho clandestino, Bosch foi presa e transferida para a prisão de Ekaterinoslav. Piatakov teve o mesmo destino dois meses depois.

Cinco dias depois da prisão de Bosch, no outro extremo do império, teve lugar o massacre dos operários do Lena. Seu irmão mais velho, Aleksandr, que havia ingressado no exército, foi enviado à região para fazer um relatório, percebeu o que tinha acontecido e ajudou a denunciar. Com isso, tanto ele quantos seus superiores perderam seus postos. Desconcertado pela brutalidade do fato, terminaria por suicidar-se.

Bosch, por sua vez, passou 18 meses na prisão de Ekaterinoslav. Foi lá que contraiu a tuberculose, doença que, combinada com sua debilidade cardíaca crônica, minaria sua saúde a partir de então.

Finalmente, em abril de 1914, ela foi julgada. Entre outros acusados estava o bolchevique Evgueni Preobrajenski e, entre seus defensores, o advogado Aleksandr Kerenski (o mesmo que anos depois chefiaria o governo provisório que os bolcheviques derrubariam). Durante o julgamento, quando, para defender os acusados, Kerenski alegou que estes não pertenciam ao proscrito partido social-democrata, eles protestaram, preferindo prejudicar o caso a negar a filiação. No final do julgamento, Bosch foi condenada à perda de direitos políticos e à deportação para toda a vida. Foi então enviada com Piatakov à cidade de Katchug e, depois, à aldeia de Usolie, à beira do rio Angara, ambas na região da província siberiana de Irkutsk. Lá, Bosch recebeu certa quantia de dinheiro que sua família lhe enviava para sustentar-se.

Deportados em Usolie, Bosch e Piatakov receberam as terríveis notícias da eclosão da Primeira Guerra Mundial e da capitulação da social-democracia europeia. Ansiosos por participar no rearmamento teórico do movimento socialista, em outubro conseguiram fugir de Usolie e, levando consigo os fundos da família Meich, dirigiram-se ao leste. Usando passaportes falsos, em Katchug tomaram um trem que os levou a Irkutsk e, de lá, outro, que os levou a Vladivostok, no extremo sudeste da Rússia. Então embarcaram num navio que os levou para o Japão e, depois, em outro, que os levou para a Califórnia. Após cruzar os Estados Unidos por terra, embarcaram rumo à Europa e finalmente, em fevereiro de 1915, chegaram à Suíça. Pelo fato de os dois terem passado pelo Japão na fuga, Lênin, em sua correspondência privada, passaria a chamá-los de "os japoneses".

Em fevereiro de 1915, Bosch e Piatakov chegaram a Berna, onde ocorria a Conferência de Organizações Bolcheviques no exterior. Nela, conheceram Lênin e o ouviram expor suas teses sobre a guerra. Bosch e Piatakov foram os únicos delegados presentes vindos diretamente da Rússia, pois os outros participantes moravam em cidades suíças ou em Paris. Nessa conferência, decidiu-se que Bosch usaria os fundos que trouxera consigo para estabelecer uma nova revista revolucionária internacional, intitulada *Kommunist*, ao lado de Piatakov, Lênin e Zinoviev.

Terminada a conferência, Bosch e Piatakov instalaram-se no subúrbio de Baugy com Elena Rozmirovitch, que vivia lá com seu companheiro, Nikolai Krilenko, e com o jovem teórico Nikolai Ivanovitch Bukharin. Esse grupo de militantes já tinha tido alguns atritos políticos com Lênin: além de certas diferenças teóricas sobre as características da época imperialista (que, segundo eles, tornava anacrônicas as reivindicações da democracia burguesa em qualquer parte do mundo), haviam tentado convencê-lo, em vão, que Malinovski era um agente provocador (o que Lênin considerava rumores irresponsáveis) e queriam publicar um jornal próprio, o que Lênin desautorizou. A esse núcleo (chamado de Grupo de Baugy) juntaram-se Bosch e Piatakov, logo acrescentando suas próprias diferenças com Lênin.

Para estar mais perto da Rússia, em junho, Bosch, Piatakov e Bukharin decidiram se mudar para Estocolmo, passando pela França e Inglaterra. Nesse país tiveram de ficar algumas semanas, pois as autoridades britânicas detiveram Bukharin. Uma vez em Estocolmo, em setembro, publicaram o primeiro número duplo da revista *Kommunist*, incluindo artigos de marxistas de vários países e de diversas tendências afins às teses de Lênin, como o polonês Radek, o holandês Panekoek e a russa Aleksandra Kollontai, que à época havia se aproximado do bolchevismo. Entretanto, nesses meses, suas diferenças com Lênin se agravaram. Em primeiro lugar, contra a vontade deste, convidaram Trótski (que então ainda estava associado aos mencheviques) a colaborar na revista, convite que Trótski declinou. Além disso, consideraram que, embora a palavra de ordem de Lênin de "transformar a guerra imperialista em guerra civil" fosse correta como perspectiva estratégica, não havia nada de errado em usar *slogans* como "abaixo a guerra", que Lênin rejeitava nesse momento.

Essas diferenças se prolongaram durante vários meses e afinal impediram que aparecesse outro número do *Kommunist*. Mais profundamente, assumiram uma posição teórica semelhante à de Rosa Luxemburgo – e contrária à de Lênin – sobre a questão nacional, rejeitando o direito das nações à autodeterminação por considerá-la uma reivindicação anacrônica. Em novembro, Bukharin, Piatakov e Bosch elaboraram onze teses nas quais expunham sua posição teórica a esse respeito.[44] Apesar de Lênin ter mantido essas diferenças no âmbito interno do partido, ele estava particularmente incomodado por Bosch ter se sentido no direito de determinar a linha política da revista pelo fato de ter contribuído com os fundos, chamando-a mordazmente, em sua correspondência, de "a senhora editora".

Foi nessa época que a mãe de Bosch morreu. Suas duas filhas, que então eram adolescentes, passaram a viver na Rússia de maneira independente.

No final de março de 1916, Bosch, Piatakov e Bukharin participaram como observadores num congresso que a juventude socialista sueca, dominada por sua ala radical, realizou em Estocolmo. Isso chamou a atenção da polícia, que prendeu Bukharin e depois Piatakov. Assim que foram libertados, eles e Bosch foram expulsos da Suécia e escoltados até a fronteira norueguesa, instalando-se em Cristiana (então nome da cidade de Oslo), onde viviam Aleksandra Kollontai e seu companheiro, o operário bolchevique Aleksandr Chliapnikov. Em setembro, Bukharin e Kollontai partiram para os Estados Unidos, e Chliapnikov para Petrogrado, mas Bosch e Piatakov permaneceram na capital norueguesa. Lá, em fevereiro de 1917, Kollontai voltou a reunir-se com eles. Duas semanas depois, em meados de março, receberam a notícia da revolução que havia eclodido na Rússia.

Aleksandr Kerenski, que tinha sido seu advogado em 1914 e era então ministro da Justiça do governo provisório, enviou-lhe um telegrama pessoal convidando-a a voltar à Rússia... ignorando que ela não demoraria em somar-se às forças que o derrubariam.

Assim, em meados de março, Bosch, Piatakov e Kollontai se apressaram a voltar a Petrogrado. Kollontai permaneceu lá, mas Bosch e Piatakov foram para Kiev, aonde chegaram no início de abril. Lá, integraram-se ao comitê bolchevique da cidade, bem como à redação de seu jornal, *Golos sotsial-demokrata* (do russo Голос социал-демократа, "A Voz Social-Democrata"). No final do mês, os dois viajaram a Petrogrado para participar da conferência do partido, na qual Lênin expôs suas

*

44 Cf.: https://www.revleft.space/vb/group.php?do=discuss&gmid=37336.

famosas "Teses de Abril". Nelas, ele negava qualquer apoio político ao governo provisório e pregava sua derrubada e substituição por um governo operário. De certo modo, isso o aproximava das perspectivas teóricas que Bukharin, Piatakov e Bosch vinham defendendo desde 1915. Além disso, Lênin, que passara a aceitar *slogans* como "abaixo a guerra", logo começou a buscar uma aproximação com Trótski e outros elementos radicalizados (de fato, Trótski integrou-se formalmente ao partido bolchevique em agosto, para se tornar um de seus principais porta-vozes).

No entanto, a maior parte do comitê bolchevique de Kiev, incluindo Piatakov, opôs-se à perspectiva insurrecional de Lênin por considerar que a situação internacional não estava madura para que a Rússia seguisse pelo caminho da revolução operária, decidindo participar do parlamento nacional burguês que havia se estabelecido na Ucrânia, o chamado Rada. Bosch, pelo contrário, foi convencida pelas "Teses de Abril" de Lênin e, consequentemente, exigiu que o comitê de Kiev rompesse toda relação com o Rada.

Assim, Bosch e Piatakov se viram encabeçando facções opostas, o que os levou a terminar o casamento.

No verão, as filhas de Bosch, então com 20 e 18 anos, ingressaram também no partido bolchevique.

Em setembro, infringindo a proibição do governo provisório, Bosch percorreu a frente sudoeste para incentivar os soldados a adotar a causa bolchevique. Na aldeia de Jmerinka (no sudeste da Ucrânia), dirigiu-se ao 2º Corpo de Guardas do regimento de Keksgolm e, depois de um longo discurso, conseguiu ganhá-lo ao bolchevismo.

Com o triunfo da revolução em Petrogrado em 7 de novembro, a Rússia renunciou à posse da Ucrânia, que se declarou independente. Seu parlamento, o Rada, foi constituído como governo nacional. No entanto, os trabalhadores ucranianos queriam seguir o exemplo russo e instaurar um governo soviético. Foi então decidido que, em 11 de dezembro, os bolcheviques de Kiev e outras cidades se levantariam em armas. Assim, no dia anterior, Bosch levou o leal 2º Corpo de Guardas à cidade de Vinnitsia para apoiar o levante. No entanto, o plano foi descoberto, e durante a noite as forças fiéis ao Rada desampararam as tropas que se preparavam para o levante em Kiev, mantendo o controle da cidade. Diante disso, Bosch e suas tropas tiveram que abandonar Vinnitsia.

Quatro dias depois de fracassada a revolta, delegados dos grupos comunistas dispersos de toda a Ucrânia reuniram-se em Kiev para se constituir num único partido, ao qual nomearam Partido Operário Social-Democrata (bolchevique) da Ucrânia. Nesse encontro, foi eleito um comitê central de nove pessoas, no qual Bosch figurava como membro pleno e Piatakov como membro-candidato.

No dia 17 de dezembro, enquanto o congresso bolchevique ainda estava reunido, foi inaugurado na mesma cidade o primeiro congresso dos sovietes de toda a Ucrânia. Visto que essa assembleia não dava aos sovietes operários uma representação preferencial, os delegados bolcheviques decidiram abandoná-lo e transferi-lo para Carcóvia, onde ocorria um congresso regional dos sovietes do oriente ucraniano. Entretanto, um destacamento do Exército Vermelho, liderado por Vladimir Antonov-Ovseienko, havia ocupado Carcóvia. Assim, sob a proteção do Exército Vermelho russo, os delegados vindos de Kiev juntaram-se aos que se encontravam em Carcóvia para constituir um novo Congresso Soviético de toda a Ucrânia, em que os operários tinham uma representação preferencial e os bolcheviques obtiveram uma clara maioria.

No dia 25, o congresso decidiu ignorar o governo do Rada, proclamar na Ucrânia uma república soviética e estabelecer um pacto federal com a Rússia de Lênin. Também elegeu um governo, ao qual chamou Secretariado do Povo. Nele, Bosch foi eleita secretária do Interior. Considerando que na facção maioritária não havia muitos candidatos etnicamente ucranianos (Bosch, por exemplo, era etnicamente alemã), o congresso decidiu não nomear um presidente definitivo e encarregar Bosch para coordenar o governo provisoriamente. Assim, Evguenia Bosch, aos 38 anos de vida e 14 de atividade revolucionária, tornou-se, ao mesmo tempo, a primeira chefe de governo da Ucrânia soviética e a primeira mulher eleita para liderar um governo nacional moderno.[45]

Além de Bosch, o governo soviético incluiu Fiodor Segueiev (conhecido como Companheiro Artiom) como secretário de Comércio e Indústria e Nicolai Skripnik como secretário do Trabalho. Em janeiro, juntou-se a eles o jovem bolchevique ucraniano Iuri Kotsiubinski, como secretário de Assuntos Militares e comandante-chefe do Exército Soviético Ucraniano. Na época, Kotsiubinski iniciou uma relação com Olga Petrovna, a filha mais velha de Bosch.

Em 7 de fevereiro, quando as tropas vermelhas tomaram Kiev, o governo do Secretariado Popular liderado por Bosch decidiu se transferir para essa cidade.

Enquanto isso, o governo russo negociava com as potências centrais os termos da paz no povoado de Brest-Litovsk. Como Trótski, então comissário de Relações Exteriores, adiava o máximo possível a assinatura da paz (procurando ganhar tempo para ver se a revolução explodia no Império Austro-Húngaro e na Alemanha), em 16

45 Uma descrição detalhada (ainda que telegráfica) de sua atuação em 1917 pode ser encontrada em: http://www.hrono.ru/biograf/bio_b/bosh_eb.php. Dados baseados no livro de Lev G. Protasov [Л. Г. Протасов], *Personalidades da Assembleia Constituinte: retrato interno de uma época* [Люди Учредительного собрания: портрет в интерьере эпохи], Rosspen [Росспэн], 2008.

de fevereiro, as tropas alemãs romperam a trégua e avançaram sobre os territórios ocidentais do antigo Império Russo. Quando, três dias depois, os alemães se aproximavam de Kiev, o governo soviético ucraniano resolveu evacuar a cidade e se mudar para Ekaterinoslav. Como Bosch se negara a abandonar voluntariamente Kiev, seus próprios camaradas tiveram de levá-la à estação praticamente à força.

Em 3 de março, o governo russo viu-se obrigado a assinar a paz em termos muito piores, os quais, entre outras coisas, permitiam à Alemanha ocupar a Ucrânia. Como o tratado ainda devia ser ratificado pelo congresso dos sovietes russos, a irredutível Bosch voltou a aliar-se com Piatakov e seu velho amigo Bukharin em uma nova dissidência de esquerda, que se opunha à ratificação da paz de Brest-Litovsk e pregava a continuação da guerra, dando-lhe um caráter revolucionário. Paradoxalmente, o mesmo grupo que em 1915-1916 havia se chocado com Lênin pedindo que se aceitasse a palavra de ordem popular de "paz", então pedia a guerra revolucionária, enquanto Lênin, que na época se opusera à palavra de ordem, então considerava necessário ceder ao desejo popular de uma paz imediata. Quando a opinião de Lênin finalmente se impôs no VII Congresso do Partido Comunista Russo e no IV Congresso Panrusso dos Sovietes que se seguiu, Bosch renunciou a seus cargos no governo ucraniano e foi substituída por Skripnik na presidência e por Kotsiubinski na secretaria do Interior.

Uma vez livre de responsabilidades governamentais, Bosch se deslocou ao norte da Ucrânia para juntar-se, como comissária política, ao regimento de cossacos vermelhos, que, sob o comando de Vitali Primakov, havia sido formado para resistir à ocupação alemã. Então, com Antonov-Ovseienko, Kotsiubinski e Piatakov, serviu na cidade de Bakhmatch e logo, um pouco mais ao leste, em Merefa.

Depois de dois meses de luta, no início de maio, Bosch sofreu um ataque de sua doença cardíaca, motivo pelo qual teve de se deslocar a Taganrog, do outro lado da fronteira russa, onde havia se estabelecido o governo soviético da Ucrânia, para receber atendimento médico.

No verão, a penetração alemã obrigou os comunistas ucranianos a se mudar de Taganrog para Moscou. Lá, celebraram um novo congresso do partido, adotando o nome de Partido Comunista da Ucrânia. Nesse congresso, Piatakov foi reeleito secretário-geral.

No início de agosto, Lênin e Sverdlov enviaram Bosch para a cidade de Penza, a cerca de 650 quilômetros a sudeste de Moscou, com a difícil missão de confiscar os excedentes de grãos dos camponeses locais para poderem alimentar as cidades e evitar a fome. Depois de ter sido eleita presidente do comitê local de Penza, Bosch fez a requisição com grande energia e denunciou a indecisão dos outros líderes soviéticos locais. Segundo uma lenda, ela pessoalmente matou um *kulak* (pequeno fazendeiro) que se recusou a entregar seus grãos. O certo é que suas medidas detonaram um motim dos *gulags*,[46] que ela teve de reprimir. Foi um dos primeiros episódios do chamado "terror vermelho".[47] Em meados de agosto, Bosch havia conseguido sufocar o motim e organizar o envio de grãos, o que lhe conferiu grande autoridade como quadro militar. Ficou em Penza até outubro, presidindo o comitê regional do partido.

Em dezembro, quando o Exército Vermelho abriu o *front* do Cáucaso e do Baixo Cáspio sob o comando de Mikhail Svetchnikov, Bosch foi enviada à sua sede, o porto de Astracã, para atuar como comissária política do *front* e como presidente do comitê local do partido. Durante os três meses de sua missão em Astracã, ela enfrentou tanto o comando militar do *front*, liderado por Svetchnikov, quanto o Comitê Militar Revolucionário local, liderado por Chliapnikov (com quem Bosch já havia tratado durante seu exílio na Noruega).[48] A razão do conflito era que Bosch estava defendendo o direito dos quadros comunistas de conduzir a guerra, independentemente dos especialistas militares. Isso a levou a apoiar mais uma ala esquerda do partido, liderada por Bukharin, e a opor-se à tática geral de Trótski, então delegado do povo para a guerra. Para restabelecer a concórdia no *front*, Sverdlov teve de convocar Bosch de volta a Moscou, mas ela se recusou a abandonar seu posto. Foi em janeiro de 1919, quando Lênin em pessoa a ameaçou com a expulsão do partido se insistisse em ficar em Astracã, que Bosch decidiu deixar o *front*.

Em março daquele ano, participou do VIII Congresso do partido, em Moscou, como delegada do comitê local de Astracã. Nele, Trótski conseguiu derrotar os comunistas de esquerda em relação à questão do uso de especialistas militares. Foi igualmente decidido o encerramento do *front* do Cáucaso e do Cáspio.

Embora no inverno de 1918 o exército alemão tivesse se retirado da Ucrânia, permitindo o restabelecimento de um novo governo soviético, na primavera do ano seguinte, o general branco Denikin invadiu o país pelo sul. Assim, após o congresso, Bosch dirigiu-se à cidade bielorrussa de Gomel, onde o Comitê Militar Revolucionário ucraniano tinha se refugiado, e durante os meses seguintes participou da luta pela reconquista da Ucrânia, que começou lá. Durante a segunda metade do ano, o Exército Vermelho conseguiu reconquistar a maior parte do país.

[46] Sigla derivada da contração de *Glavnoie Upravlenie Lagerei*, "Administração Principal dos Campos", que designa centros de trabalho forçado estabelecidos ainda no governo de Vladimir Lênin.
[47] Os historiadores anticomunistas exageraram na crueldade com que Bosch agiu em Penza, em agosto de 1918. Veja o pós-escrito que o historiador ucraniano Vladimir Skatchko anexou a seu artigo "O caminho Bosch", anteriormente citado.
[48] Clements afirma que Chliapnikov foi aliado de Bosch na luta interna em Astracã; na realidade, foi seu adversário.

Nesses meses, Bosch colaborou estreitamente com Christian Rakovski, então presidente da Ucrânia soviética, e com Adolph Joffe, representante do Partido Comunista russo em Gomel.

Naquele ano, sua filha mais nova, Olga, casou-se com Iuri Kotsiubinski. Diz-se que todo o governo soviético ucraniano compareceu ao casamento.

Em dezembro de 1919, Bosch voltou a Moscou para participar, como delegada, no VII Congresso dos Sovietes de Toda Rússia. No inverno, sofreu uma nova crise de saúde. Quando pediu que fosse enviada ao *front* da guerra com a Polônia, seu pedido foi negado, tendo que permanecer em Moscou. Não voltaria a ocupar um cargo militar.

Em março de 1920, ingressou na Comissão de História do partido, no Comissariado do Povo para a Educação e na direção do sindicato panrusso de lenhadores. Nesse cargo, no início de 1921, apoiou a proposta de Trótski integrar os sindicatos à disciplina do Exército Vermelho. Graças à oposição de Lênin, essa proposta não se concretizou, mas a disputa serviu para que Bosch se reconciliasse com Trótski.

Em 1922, seu estado de saúde a obrigou a se tratar na Alemanha, tendo que deixar seus postos. Então se dedicou a escrever artigos sobre sua experiência na Revolução e os primeiros meses da Guerra Civil na Ucrânia, os quais publicou ao longo dos dois anos seguintes na revista *Revolução Proletária*, e a preparar um livro sobre o mesmo tema, *Um Ano de Luta*.

A gravidade da sua condição médica não a impediu de analisar a conjuntura política. No verão de 1923, os pequenos e médios proprietários rurais, que em 1921 tinham sido autorizados a desenvolver suas atividades econômicas, ganharam um peso tão grande na economia soviética que conseguiram provocar uma crise de subsistência nas cidades. Ao mesmo tempo, a proibição das frações no interior do partido, adotada como medida temporária de segurança em 1921, levou a uma grande concentração de poder nas mãos de uma troica[49] composta de Zinoviev, Kamenev e o secretário-geral, Stálin, à custa de todos os seus rivais internos. Naquele verão, Rakovski, que havia conquistado a inimizade da troica por suas críticas à sua política nacional ucraniana, teve de deixar o governo da Ucrânia e foi enviado como embaixador a Londres. Nesse contexto, em 11 de outubro de 1923, Bosch se juntou aos signatários da chamada "Declaração dos 46", uma carta ao gabinete Político redigida pelo economista Evgueni Preobrajenski, na qual se advertia para o perigo de a tolerância à agricultura privada ter se estendido por tanto tempo e exigia maior democracia interna no partido. Além de Preobrajenski e Bosch, assinaram

---

49 Do russo тройка, designa um comitê composto por três membros com mesmo nível de autoridade; triunvirato.

a carta seu antigo companheiro Piatakov, Varvara Iakovleva, Vladimir Antonov-Ovseienko, Ivan Smirnov, Andrei Bubnov, Lazar Kaganovitch, Rafail Farbman e outros comunistas renomados.[50] Embora nem Trótski nem Rakovski estivessem entre os signatários, naquela época, eles começaram a comandar a ala do partido que compartilhava essas preocupações.

Duas semanas após a data da carta, ocorreu na Alemanha uma tentativa de insurreição operária que foi derrotada, cancelando assim a última esperança de estender a revolução à Europa no curto prazo. Isso fez com que a linha da troica dirigente (liberal no âmbito econômico e rígida no político) parecesse tanto mais prudente. Bukharin, que até então havia compartilhado as posições esquerdistas de Bosch, tornou-se o teórico da ala direita do partido. Bosch, ao contrário, manteve-se fiel às suas críticas.

Sob o impacto da derrota da Alemanha, o gabinete Político recusou-se a convocar a conferência extraordinária plural que os 46 pediam. Em vez disso, em janeiro do ano seguinte (1924), celebrou-se a XIII Conferência Ordinária, cujos delegados foram designados em sua maioria pela Secretaria Geral (ou seja, por Stálin). Assim, essa conferência condenou as posições dos críticos de esquerda, encabeçados por Trótski, que passaram a formar a chamada Oposição de Esquerda. Nesses mesmos dias, morreu Lênin, depois de um ano de paralisia incapacitante.

Após a derrota da oposição na XIII Conferência, a troica dirigente lançou uma campanha de acusações e expulsão contra os dissidentes de esquerda, que começaram a ser chamados "trotskistas". Em maio, a virulência dessa campanha levou ao suicídio do líder operário Iuri Litvinov e, em setembro, de Mikhail Glazman, um dos secretários de Trótski, que no dia anterior havia sido expulso do partido. No final do ano, Trótski foi forçado a renunciar ao Comissariado do Povo para a Guerra, substituído pelo zinovievista Mikhail Frunze.

Ao tomar conhecimento disso, em 5 de janeiro de 1925, Bosch, que até então continuava lúcida, mas estava praticamente paralisada pela tuberculose e pela debilidade cardíaca, decidiu seguir os passos de Litvinov e Glazman e suicidou-se com um tiro na têmpora, em seu quarto em Moscou. Ela tinha 45 anos.

Apesar dos protestos da oposição (e em particular de Preobrajenski), o partido decidiu não dar a Bosch um funeral de Estado nem colocar seus restos mortais nas muralhas do Kremlin. Foi enterrada no cemitério moscovita de Novodevitchi. No entanto, sua popularidade ainda era grande: seu livro *Um Ano de Luta* foi

*

50 O texto da declaração e a lista completa dos signatários podem ser consultadas (em inglês) em: https://en.wikipedia.org/wiki/The_Declaration_of_46.

publicado naquele ano, e deram seu nome a uma ponte que foi construída sobre o rio Dnieper, em Kiev.

Conforme se intensificava a perseguição aos opositores, em 1927, seu livro foi retirado de circulação. Em novembro desse ano, outro dos líderes da oposição, Adolph Joffe, também se suicidou, depois de ter sido expulso do partido. Os outros opositores, incluindo Trótski, Piatakov, Preobrajenski, Olga Petrovna Bosch e seu marido, Iuri Kotsiubinski, foram expulsos em dezembro.[51]

Embora, no ano seguinte, Piatakov e Kotsiubinski tenham se retratado de suas críticas e voltado a ocupar gabinetes (Kotsiubinski, além disso, separou-se de Olga para casar-se com a filha do stalinista Petrovski), isso não os salvou. Em janeiro de 1937, Piatakov compareceu como principal réu do Segundo Processo de Moscou e foi executado. Kotsiubinski foi executado três meses depois. A maioria dos colaboradores de Bosch que chegaram vivos a essa época sofreriam a mesma sorte, como seu ex-cunhado Krilenko e seu velho amigo Bukharin, assim como Rakovski, Primakov, Antonov-Ovseienko, Preobrajenski e Chliapnikov.

Sua filha Olga também foi presa em março de 1937 e deportada para um campo de trabalho, mas sobreviveu. Trótski seria assassinado no exílio em 1940.

A sua filha mais nova, Maria Petrovna Bosch, manteve-se à margem da oposição e fez uma carreira discreta no partido.

Os dois jovens recrutas operários do velho comitê social-democrata de Kiev, que tinham assinado a declaração dos 46 em 1923, Lazar Kaganovitch e Rafail Farbman, teriam destinos muito diferentes. Rafail se juntou à Oposição de Esquerda trotskista, pelo que foi enviado ao *gulag* em 1935. Sobreviveu, no entanto, e após a morte de Stálin pôde voltar a Moscou. Lazar, por sua vez, rapidamente deixou de lado as críticas e juntou-se à facção stalinista dominante, com a qual se elevou aos escalões mais altos do partido. Na época de Khruschov foi expulso do partido por cumplicidade com os crimes do stalinismo e morreu em 1991.

Em julho de 1941, quando os alemães invadiram a Ucrânia, o próprio Exército Vermelho explodiu a Ponte Bosch para dificultar o avanço dos invasores. Quando, depois da guerra, uma ponte similar foi construída em seu lugar, já não levou seu nome.

Seu neto, Oleg Kotsiubinski, sobreviveu ao stalinismo. O livro de Evguenia Bosch, *Um Ano de Luta*, foi reeditado na União Soviética em 1990.

51 Segundo Chkatchko, em 1933, o dramaturgo soviético Vsevold Vishnevsky fez uma referência velada a Bosch em sua obra *A tragédia otimista* (adaptada para o cinema em 1963), em que uma heroica comissária bolchevique enfrenta um motim de marinheiros e mata um deles com sua pistola quando tentam violentá-la, dizendo: "Alguém mais quer provar o corpo de uma comissária?".

1886-1985

BICHKOVA, ANNA NIKOLAIEVNA

Nasceu na aldeia de Niazepetrovski, na província de Perm, em 18 de junho de 1886.[52] Seu pai era um pregador pertencente à seita dos chamados "Crentes velhos"[53]. No ano de seu nascimento, nasceu também sua irmã, Maria. Quando as duas eram pequenas, seu pai morreu e sua mãe teve que emigrar à cidade de Ecaterimburgo, capital da província dos Urais.

Em Ecaterimburgo, Anna e Maria ingressaram no ginásio para mulheres, onde conheceram uma jovem professora chamada Klavdia Novgorodtseva, que as introduziu às ideias marxistas. Sob sua influência, em 1904, as duas irmãs entraram em um círculo estudantil ilegal do Partido Social-Democrata.

Ao se formar no ginásio em 1905, Anna se mudou para a aldeia de Chemakha, perto de sua cidade natal, onde trabalhou como professora rural durante um ano. Depois de regressar a Ecaterimburgo, no início do ano seguinte, juntou-se ao comitê local do Partido Social-Democrata, então liderado por Iakov Sverdlov. No ano seguinte, militou ao lado de Sverdlov, Novgorodtseva, Maria Aveide e Aleksandr Eremeievitch Minkin, jovem militante chegado de Perm, com quem iniciou um romance.

Em agosto de 1907, foi presa com o resto do comitê social-democrata dos Urais. Depois de um ano e meio na prisão da cidade, em 1909, foi condenada à deportação para toda a vida e enviada à aldeia de Belskoie, na província

52 Cf.: S. A. Korepanova, V. P. Mikityuk e E. S. Zashikhin, "Bitchkova, Anna Nikolaievna: presidente da Câmara Municipal de Trabalhadores, Camponeses e Deputados do Exército Vermelho, 1929-1930" [Бычкова Анна Николаевна председатель горсовета рабочих, крестьянских и красноармейских депутатов 1929-1930], em *Chefes do governo municipal de Ecaterimburgo: ensaios históricos* [Главы городского самоуправления Екатеринбурга: исторические очерки], Sokrat [Сократ], 2008, p. 190, http://elib.uraic.ru/handle/123456789/99.

53 Dissidência tradicionalista da Igreja Ortodoxa Russa.

siberiana de Ienisseisk. No ano seguinte, fugiu. Com um passaporte falso, chegou a Petersburgo e de lá saiu para o estrangeiro.

Depois de uma passagem pela França, embarcou em um navio que a conduziu aos Estados Unidos e se estabeleceu em Nova York, onde a esperava Minkin, que havia fugido da Sibéria pelo oriente. Nos Estados Unidos se casaram e em 1913 tiveram um filho, Evgueni. Nos anos seguintes, eles colaboraram com *Novy Mir* (do russo Новый мир, "Novo Mundo"), o jornal socialista russo publicado em Nova York.

Ao receber a notícia da queda do czarismo em março de 1917, Anna apressou-se a voltar à Rússia com o marido e o filho.

Em Petrogrado, Bichkova se separou de Minkin, que ficou na capital enquanto ela voltava para Ecaterimburgo. Lá, foi eleita secretária do sindicato metalúrgico local. Nesse posto, ajudou a estabelecer o poder soviético nos Urais. Na época da Revolução de Outubro tinha 31 anos de idade.

Em março de 1918, viajou a Moscou para participar como delegada no IV Congresso Panrusso dos Sovietes.

Quando, em julho, Ecaterimburgo caiu nas mãos da legião tchecoslovaca, ela abandonou a região e estabeleceu-se em Moscou, onde trabalhou na secretaria geral do partido, então encabeçada por dois amigos dela: Iakov Sverdlov e Novgorodtseva, companheira deste. Em março de 1919, Sverdlov morreu e foi substituído na secretaria do partido por Elena Stassova. Durante os três anos seguintes, Bichkova continuou a trabalhar na secretaria geral, que depois foi comandada por Nikolai Krestinski e finalmente por Josef Stálin.

Em 1922, retornou a Ecaterimburgo, onde atuou como secretária do partido no Primeiro Distrito da cidade. Em 1923 participou como delegada no XII Congresso do partido.

Em 1924, um congresso provincial dos sovietes nos Urais a integrou ao *presidium* de sua comissão de controle, encarregando-a da comissão de assuntos culturais e sociais. Nesse ano, Ecaterimburgo foi rebatizada de Sverdlovski.

Em 1929, foi eleita presidente do Soviete de Sverdlovski, tornando-se a chefe do governo da cidade. Durante o ano e meio seguinte, presidiu a fundação de um sistema de bondes, um instituto de estudos mineiros, uma fábrica de calçado e uma pista aérea.

Enquanto isso, participou como delegada no V Congresso Panrusso dos Sovietes, celebrado em maio de 1929, e no XVI Congresso do partido, celebrado no verão de 1930, no qual foi aprovada a coletivização total do campo. Naquele ano, marcado pelo giro à esquerda do regime, Bichkova ordenou a demolição de vários templos religiosos de Sverdlovski, como a catedral de Santa Catarina e a igreja do Espírito Santo.

Em novembro de 1930, deixou o governo de Sverdlovski e passou a dirigir o Instituto Pedagógico da cidade.

Em 1931, foi convocada a Moscou para trabalhar no Comitê Central do Sindicato de Educadores, que logo a elegeu presidente de sua seção de professores de pré-escola.

Em 1937, escreveu uma biografia de sua antiga amiga e professora Klavdia Novgorodtseva, intitulada *Ao Lado do Camarada Andrei*, em referência ao pseudônimo de seu esposo, Sverdlov.

Ao longo desses anos, Bichkova manteve-se à margem das lutas internas do partido. Sua irmã, Maria (agora com o sobrenome de casada Ufimtseva), diferentemente, fez parte da Oposição de Esquerda e, durante os grandes expurgos, foi presa e fuzilada. Sendo irmã de uma trotskista, em 1938, Anna foi acusada de "falta de vigilância", expulsa do partido e despedida de seu posto no sindicato de educadores. Então teve de se empregar como operária em uma fábrica têxtil de Moscou. Tinha 52 anos. Seu ex-marido Minkin, por sua vez, foi preso em janeiro de 1939 e, depois de uma longa prisão, deportado para o Cazaquistão.

Quando a invasão da Alemanha nazista ameaçou Moscou em outubro de 1941, boa parte da população foi evacuada da cidade, incluindo Bichkova. Ela então se restabeleceu em Sverdlovski com seu filho, Evgueni, que na época era engenheiro militar. Em 1942 conseguiu trabalho como bibliotecária no hospital da cidade. Depois de alguns anos decidiu inscrever-se em um curso de biblioteconomia por correspondência, que em 1949 completou com honras.

Em fevereiro de 1953, com a morte de Stálin, os expurgos de velhos bolcheviques cessaram. No ano seguinte, Bichkova foi aceita novamente no partido. Então começou o lento processo de repatriação dos comunistas deportados, entre eles seu ex-marido Minkin. No entanto, antes de poder regressar, em janeiro de 1955, ele morreu no local de deportação.

Em março de 1956, um mês depois de o XX Congresso reconhecer os piores crimes cometidos durante os expurgos, Bichkova recebeu a Ordem de Lênin. Em 1958, quando completou 72 anos, reformou-se com honras do seu posto de bibliotecária.

Apesar da idade avançada, durante as décadas seguintes continuou ativa na política e participou como delegada nos XXI e XXII Congressos do PCUS, em que, com Elena Stassova, contribuiu para desvendar novas injustiças do stalinismo e ajudou Khruschov em sua luta interna contra a velha guarda stalinista.

Nos anos seguintes, os reconhecimentos oficiais não deixaram de se acumular: em 1966, em conexão com seu 80º aniversário, foi nomeada a primeira cidadã honorária de Sverdlovski e recebeu uma segunda Ordem de Lênin. Em junho de 1976, em homenagem a seu aniversário de 90 anos, recebeu sua terceira Ordem de Lênin e lhe foi concedido o título de Heroína Socialista do Trabalho. Em 1980, recebeu a medalha Tchupin[54] do governo local.

Bichkova faleceu em 5 de junho de 1985, aos 99 anos, em Sverdlovski, cidade onde foi enterrada, no cemitério de Chirokoretchenskoie.

*

54 N.E.: a medalha, concedida anualmente desde 1970, leva o nome do etnógrafo ural Narkiz Konstantinovitch Tchupin e visa prestigiar os esforços de preservação do patrimônio histórico e cultural dos Urais.

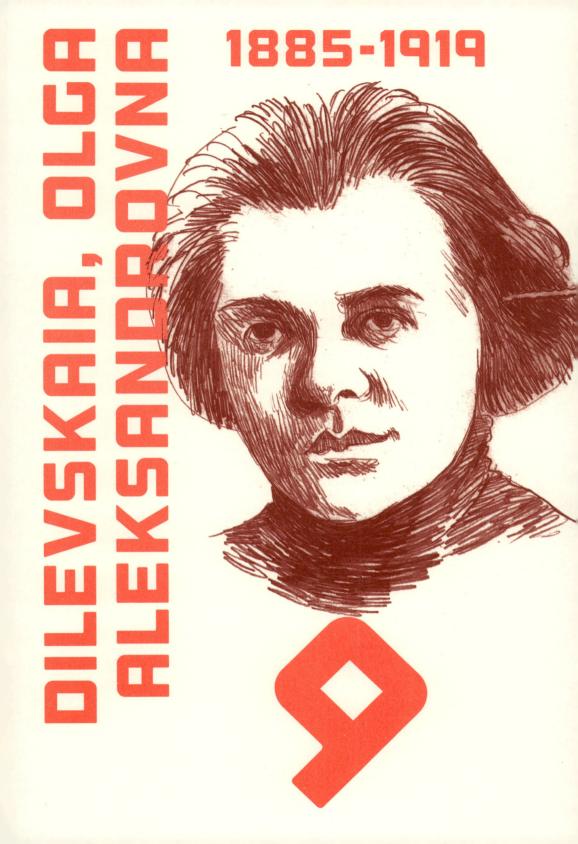

Nasceu na aldeia de Ribsti, na província ucraniana de Poltava, em 1886, filha do engenheiro agrônomo de ascendência nobre Aleksandr Ignatievitch Dilevski e sua esposa, Liubov Nikolaievna Leontieva. Olga teve pelo menos quatro irmãs mais novas.[55]

Após a morte do pai, quando tinha 12 anos, em 1898, Olga mudou-se para Moscou a fim de frequentar o ginásio, que terminou em 1903. Em Moscou entrou no movimento revolucionário e, em 1904, foi presa pela primeira vez. Foi na prisão moscovita de Taganskaia que conheceu o militante de 25 anos Nikolai Nikolaievitch Avdeiev, com quem iniciou um romance.

Durante a Revolução de 1905, participou da distribuição de armas aos grupos de combate operários de Moscou e, em meados desse ano, foi detida, mas em setembro saiu sob fiança sob a condição de abandonar Moscou.

Então se dirigiu a Ekaterinoslav (hoje Dniproó), na Ucrânia, sua terra natal. Lá, se encontrou com Avdeiev, com quem se casou. Nos três anos seguintes, foi secretária do comitê social-democrata local. Depois de uma nova prisão, em 1907 mudou-se com Avdeiev para Moscou, onde – em 1910 – deu à luz uma filha, Rina Nikolaievna.

Em 1911, foi novamente detida e condenada a quatro anos de deportação na aldeia de Kolpachevo, província siberiana de Narim, onde se tornou professora. Para lá seguiram sua mãe e sua irmã, Vera Aleksandrovna (nascida em 1888), que também era militante. Ao lado delas, organizou a vida política e cultural dos deportados e até tentou abrir um teatro, mas as autoridades a impediram. Em 1912, ajudou Iakov Sverdlov – que estava confinado em uma aldeia próxima – a fugir da deportação.

55 Cf.: https://ru.wikipedia.org/wiki/Дилевская,_Ольга_Александровна; https://ru.wikipedia.org/wiki/Авдеев,_Николай_Николаевич.

Em 1914, foi publicado legalmente em Moscou um estudo seu sobre os países do Báltico.

Concluída sua condenação de deportação, em 1915, mudou-se para Tiumen, no território dos Urais, onde se juntou ao marido, que trabalhava lá como professor de um instituto comercial.

E foi em Tiumen que os acontecimentos de 1917 os encontraram. Após a queda do czarismo em março, ela foi nomeada secretária do gabinete local dos sindicatos, enquanto ele publicava os jornais *Nash Put* e *Golos Rabotnika*[56]. Nessa época, tal como outros velhos bolcheviques dissidentes, como Solomon Lozovski e Maria Essen, ambos pertenciam a uma organização chamada "social-democrata internacionalista" que, ainda que crítica ao Partido Bolchevique, apoiou a Revolução de Outubro. Olga tinha então 29 anos de idade e 14 de atividade revolucionária.

No verão de 1918, sua organização finalmente se reunificou com o bolchevismo. Em dezembro, Tiumen caiu nas mãos do Exército Branco de Aleksandr Koltchak, mas Dilevskaia e o marido decidiram ficar na cidade para participar da resistência. Sua filha, Irina, ficou em Moscou, sob os cuidados de sua camarada Maria Noguina.

Em março de 1919, a propaganda do comitê comunista clandestino destinada aos camponeses que Koltchak mantinha como conscritos em seu exército em Tiumen conseguiu, com a participação de Dilevskaia, que uma centena deles se amotinasse. Mas o motim fracassou, e os rebeldes foram executados.

Pouco depois, em 31 de março, tanto ela como o marido foram capturados. Nesse mesmo dia, os dois foram fuzilados na praça do mercado de Tiumen, com outros dois camaradas. Ela tinha 33 anos.[57]

Milagrosamente, Nikolai Avdeiev sobreviveu ao fuzilamento e foi internado no hospital da prisão. Em julho, saiu sob fiança e conseguiu chegar a Moscou, onde seguiu militando no Partido Comunista até sua morte, em 1926. Sua filha, Irina Nikolaieva, cresceu na URSS.

Sua irmã e companheira de exílio Vera Aleksandrovna se casou com Veniamin Sverdlov, militante comunista e irmão do célebre Iakov Sverdlov. Ignoro que destino teve Vera, mas Veniamin foi executado durante os grandes expurgos.

56 Do russo Голос работника, "Voz do trabalhador".
57 Antes de ser capturada, Dilévskaya havia escrito uma carta excepcionalmente terna a sua camarada Aleksandra Nóguina, antecipando sua própria morte e pedindo que ficasse responsável por sua filha Irina e que a criasse com carinho. Cf.: Anna Hillyar, *Revolutionary women in Russia, 1870-1917: a prosopogrpaphical study* [tese de doutorado em filosofia], Universidade de South Hampton, 1999, https://eprints.soton.ac.uk/43752/1/0000352.pdf.

Nasceu em 16 de dezembro de 1901 em Bruxelas,[58] Bélgica. Foi a única filha dos revolucionários russos Iakov Davidovitch Drabkin – que se tornaria famoso como Serguei Ivanovitch Gusev (nascido em 1876) – e Feodosia "Feiga" Ilinitchna Drabkina (nascida em 5 de janeiro de 1883 com o sobrenome Kapelevitch). Ambos haviam se conhecido militando em Rostov do Don, no sul da Rússia, a cidade natal de Feiga. Depois de se casarem, exilaram-se primeiro na Alemanha e depois na Bélgica, onde nasceu Elizaveta. Seis meses depois, os Drabkin regressaram a Rostov com a filha.

Em Rostov, Gusev e Feodosia participaram da greve geral que paralisou a cidade em novembro de 1902 e da manifestação operária de março de 1903. Como nessa manifestação morreu um delegado de polícia, Gusev teve de fugir de Rostov e sair do país para evitar sua prisão e, possivelmente, uma sentença de morte. No verão, participou do histórico Segundo Congresso do POSDR (Partido Operário Social-Democrata Russo), em que o partido se separou em mencheviques e bolcheviques, e se juntou a estes últimos. Entretanto, Feiga ficou em Rostov até conseguir um passaporte falso e, no final de 1904, também foi para o exterior com a filha. Em Genebra, reuniu-se com o marido, que era um dos principais quadros bolcheviques. Lá, a menina de 2 anos conviveu com Lênin e sua esposa, Krupskaia.

No final de 1904, Gusev foi enviado a Petersburgo, onde sobreviveu à repressão da manifestação de 22 de janeiro de 1905. Depois de algumas semanas, Feiga o alcançou com a pequena Elizaveta. Nesse ano, o casal participou, com Nikolai Bruenin e Leonid Krasin, do grupo de combate de Petersburgo. No

58   Cf.: Elizaveta Drabkina, *Pan duro y negro*, https://www.marxists.org/espanol/drabkina/panduro/index.htm, [19–]; sobre Feodosia Drabkina, cf.: https://bonbonvivant.livejournal.com/7964.html.

meio do ano, Gusev foi enviado a Odessa, onde participou do famoso motim do Encouraçado Potemkin. Embora continuasse casado com Feiga, por razões de clandestinidade nunca mais pôde viver com ela nem com a filha, a qual só viu em visitas esporádicas e fugazes. Durante esses anos, Feiga usou frequentemente o berço da pequena Elizaveta para transportar literatura clandestina, sabendo que a polícia não suspeitaria de uma mãe com seu bebê.

Após a repressão ao soviete de Petersburgo, em novembro de 1905, Feiga se mudou para Moscou levando um carregamento de explosivos e a filha, de 4 anos, para participar da insurreição de dezembro. Quando a insurreição foi derrotada, as duas se mudaram para Rostov. Entretanto, Gusev foi preso e deportado, mas fugiu da deportação e passou à clandestinidade.

Quando Elizaveta tinha 9 anos, no verão de 1911, voltou a acompanhar a mãe no exílio e estabeleceu-se com ela em Berlim. Lá, a pequena conheceu personagens como Karl Kautsky e Rosa Luxemburgo, que era amiga de Feiga. Com ela passaram férias na costa. Depois, mãe e filha mudaram-se para Paris, onde o operário bolchevique Aleksandr Chapovalov e sua família ajudaram a cuidar de Elizaveta para que sua mãe pudesse se ocupar dos assuntos do partido. Na capital francesa voltaram a conviver com Lênin, que sempre fazia amizade com as crianças dos camaradas. Durante essas estadias no exterior, Elizaveta desenvolveu seu conhecimento de francês e alemão e se familiarizou com outras línguas europeias.

Na primavera de 1912, Feiga voltou a Petersburgo com a filha para colaborar com o recém-fundado *Pravda*. No início de 1914, fez parte da comissão de redação que preparava a revista *Rabotnitsa*. Com o resto de seus integrantes, no final de fevereiro foi presa após a invasão de uma reunião no apartamento de Praskovia Kudelli. Depois de dois meses presa, em maio, participou com as outras prisioneiras da greve de fome da prisão feminina de Petersburgo. Durante esse período, a pequena Elizaveta ficou aos cuidados de Anna Elizarova, a irmã mais velha de Lênin, que por acaso não fora detida. No final de maio, Feiga foi libertada e expulsa de Petersburgo, motivo pelo qual foi transferida para Vilnius. A perseguição policial e a necessidade de mudar-se de uma cidade para outra impediram-na de tomar conta da filha, que enviou para viver com sua família em Rostov.

Lá, Elizaveta viveria durante os próximos três anos, cursando o bacharelado. Nesse meio-tempo, enquanto seguia com a militância clandestina, sua mãe iniciou uma relação com o dirigente bolchevique Vladimir Miliutin, com quem teve um filho, Vladimir Drabkin.

Quando Elizaveta tinha acabado de completar 15 anos, recebeu a notícia da revolução de fevereiro e da queda do czarismo. Ofereceu-se imediatamente para distribuir a imprensa bolchevique entre os operários de Rostov e, apesar de tão jovem, logo foi admitida no partido.

Em junho, quando terminou o curso no ginásio, encontrou-se com a mãe em Petrogrado. Lá, depois de presenciar o Primeiro Congresso Panrusso dos soviéticos, a jovem ingressou na União Socialista Juvenil de Petrogrado, que havia sido fundado por sua xará Elizaveta "Liza" Pilaieva, e foi enviada ao bairro de Viburgo para trabalhar no projeto educativo dirigido por Nadejda Krupskaia. Ela cuidava das crianças dos operários e dos Guardas Vermelhos.[59] Com outras três jovens comunistas, em setembro, entrou para a equipe de assistentes de Iakov Sverdlov, então secretário-chefe do partido.

Na noite da insurreição, em 7 de novembro, com 15 anos, estava ao lado de Jenia Iegorova, então secretária do comitê de Viburgo, e Nadejda Krupskaia.

Naquela época, seu pai, Gusev, foi secretário do Comitê Militar Revolucionário do Soviete de Petrogrado, órgão da tomada do poder. Miliutin, por sua vez, foi eleito comissário do povo de Agricultura do primeiro governo soviético (embora tenha renunciado poucos dias depois, exigindo um governo de coalizão). A própria Elizaveta, que ainda não tinha 16 anos, passou a ajudar Moisei Uritski nos trabalhos da *tcheka*[60] de Petrogrado.

Em janeiro de 1918, testemunhou o fechamento da Assembleia Constituinte, em fevereiro alistou-se na reserva do Exército Vermelho e em março mudou-se para Moscou, com a mãe e o resto do governo soviético. Em agosto, devido à eclosão da Guerra Civil, mobilizou-se com outros jovens comunistas na região do Volga para participar da dramática batalha de Sviiajsk, onde o V Exército Vermelho – liderado por Trótski, Arkadi Rosengolts, Ivan Smirnov e Gusev – deteve os brancos de Boris Sakharov e lançou-se na reconquista de Kazan. Lá, encontrou-se com outra jovem intelectual e combatente comunista, Larissa Reisner. Cada uma em seu estilo, ambas escreveriam crônicas daquela batalha-chave.

Em novembro desse ano, ao receber notícias da revolução que havia eclodido na Alemanha, juntou-se a um comboio internacional de jovens comunistas que se dirigiu ao país para entregar um donativo simbólico – farinha – ao proletariado alemão, por parte do proletariado soviético, levando também saudações da União Socialista da Juventude russa aos jovens alemães. No entanto, na aldeia

59 Do russo Красная гвардия (lê-se *krasnaia gvardia*), eram grupos paramilitares organizados pelos bolcheviques para defender seus interesses e objetivos.
60 N.E.: do russo ЧК, abreviatura de Чрезвычайная Комиссия (*Tchrezvitchainaia Komissia*), que significa "Comissão extraordinária" ou "Comitê de emergência.

fronteiriça de Orsha, os enviados souberam que o novo governo social-democrata alemão não aceitaria a doação soviética. Diante disso, a comitiva se dispersou. Alguns de seus membros, entre eles, a jovem Drabkina, decidiram entrar clandestinamente na Alemanha.

Em dezembro, Drabkina chegou a Berlim, onde se integrou ao recém-fundado Partido Comunista Alemão, ouviu Karl Liebknecht e encontrou-se com Rosa Luxemburgo, que havia conhecido quando criança. Em janeiro de 1919, participou da fracassada revolta espartaquista[61], sobrevivendo à sua repressão. Após o assassinato de Luxemburgo e Liebknecht, esteve com Leo Jogiches, antes de ele também ser preso e assassinado.

Em março, voltou a Moscou, onde soube da morte de seu antigo chefe, Iakov Sverdlov. Instruída por Elena Stassova, que tinha substituído Sverdlov na secretaria do partido, naquele ano, trabalhou como intérprete com um diplomata inglês.[62]

Em 1920, inscreveu-se na Universidade Comunista – chamada "Sverdlov" em homenagem ao secretário-geral falecido –, onde sua mãe trabalhava como professora.

Quando, no final de fevereiro de 1921, chegaram a Moscou notícias de que a guarnição naval da ilha de Kronstadt, na costa de Petrogrado, havia se amotinado contra o poder soviético, ela se ofereceu para se juntar ao destacamento de voluntários comunistas que apoiaria sua supressão, marchando sobre as águas congeladas da baía, sob as ordens do marechal Mikhail Tukhatchevski. Aquela missão foi moralmente difícil, pois os embarcados eram marinheiros de origem humilde e não estavam dirigidos por contrarrevolucionários assumidos, mas por anarquistas sinceros.

Naquele ano, terminou seu curso na Universidade Sverdlov e começou uma pós-graduação no Instituto de Professores Vermelhos. Nessa altura, casou-se com o jovem comunista Aleksandr Iosilevitch, que então trabalhava na *tcheka*.

Entretanto, sua mãe, Feiga, ocupou diversos cargos políticos, educativos e culturais, entre os quais, a direção do departamento de radiodifusão.

Em 1925, terminou o casamento com Iosilevitch, depois de completar a pós-graduação, e partiu em uma nova viagem pela Alemanha e França. Quando voltou, em 1926, instalou-se em Kiev, onde se casou de novo, dessa vez com o militante comunista Aleksander Ivanovitch Babenets, então secretário do partido na cidade.

61 N.E.: Também conhecido como levante de janeiro, foi uma greve geral em Berlim de 5 a 12 de janeiro de 1919.
62 Suas memórias chegam até esse ponto. O resto de sua biografia deve ser reconstruída usando outras fontes, como as abundantes citações enciclopédicas em russo que se encontram *online*.

Ao contrário dos outros líderes do V Exército, seu pai, Gusev, tinha se distanciado de Trótski durante a Guerra Civil e, na luta interna de meados dos anos 1920, foi partidário de Stálin; em 1925, a Comintern o enviou aos Estados Unidos, onde transmitiu ao Partido Comunista a necessidade de denunciar o "trotskismo". Apesar disso, Drabkina simpatizou com Trótski, e em 1926 juntou-se com Babenets à Oposição Esquerda. Assim, em março de 1928 ambos foram expulsos do partido, e Babenets inclusive foi preso e condenado à deportação, embora a sentença tenha sido suspensa.

Em agosto de 1929, à medida que o regime virava à esquerda, fazendo suas muitas das exigências da oposição, tal como muitos trotskistas, Drabkina retirou suas críticas e pediu a readmissão ao partido, o que lhe foi concedido no ano seguinte.

Seu pai, Gusev, faleceu de morte natural em junho de 1933. No ano seguinte, Drabkina mudou-se para Baku, onde continuou a trabalhar como professora universitária e publicou sua primeira obra literária, uma novela intitulada *Pátria*[63].

Em 1936, começou o expurgo de velhos bolcheviques; em agosto desse ano, Drabkina foi novamente expulsa do partido e, em dezembro, presa e condenada a cinco anos de prisão e quinze de deportação. Tinha sido denunciada por um de seus camaradas da Juventude Comunista, Andrei Sverdlov. Filho do falecido Iakov Sverdlov, ele então trabalhava como agente provocador para o NKVD[64], de Nikolai Iejov.

Enquanto ela estava presa, em maio de 1937, seu ex-marido Iosilevitch foi preso e executado. A mesma sorte teve Vladimir Miliutin, que foi companheiro de sua mãe e pai de seu meio-irmão. Sua mãe também foi presa e até seu falecido pai, Gusev, foi "postumamente expulso".[65]

Após cumprir a pena de cinco anos de prisão, foi deportada para o *gulag* carbonífero de Nordisk, na província siberiana de Krasnoiarsk, onde trabalhou numa mina. Lá, organizou com outros deportados um círculo clandestino de estudos marxistas. Nessa época, os golpes dos vigilantes fizeram com que perdesse a audição. Com o tempo, pôde dedicar-se a outros empregos, como tradutora, revisora de provas e assessora legal e econômica.

63 Tradução livre do original Отечество.
64 N.T.: Do russo НКВД, abreviatura de Народный комиссариат внутренних дел (Narodni komissariat vnutrennikh diel), que significa "Comissariado do povo para assuntos internos", foi o Ministério do Interior da URSS. Criado em 1934, o NKVD incorporou o GPU, com funções policiais, de segurança e o serviço secreto, prestando contas ao Comitê Central. Foi o órgão criador dos *gulags*.
65 Cf. Clements, op. cit., p. 281.

Em dezembro de 1946, lhe foi permitido abandonar o campo, mas, banida da academia e da administração, não conseguiu emprego e, passado um ano e meio, foi novamente enviada para Nordisk. Lá, em 1949, foi presa de novo por mais três meses. Ela tinha 47 anos.[66]

Após a morte de Stálin, em fevereiro de 1953, voltou a estabelecer-se em Moscou.

Em 10 de janeiro de 1957 morreu sua mãe, Feiga Ilinitchna, aos 73 anos. Como uma homenagem a ela, nesse ano, Elizaveta publicou o que seria seu livro mais famoso, *Migalhas de Pão Preto*[67]. Esse volume de memórias, cativante e maravilhosamente detalhado, reflete um traço típico da história oficial soviética desse período: já não se repetem os elogios a Stálin nem as calúnias aos bolcheviques expurgados, mas tampouco são mencionados. Assim, por exemplo, consegue narrar a batalha de Sviiajsk sem mencionar o nome de Trótski e de outros comandantes do V Exército. Da mesma forma, em toda a obra não menciona o nome de Stálin.

Nos anos seguintes, Drabkina publicou dois livros sobre o proletariado norte-americano: *Onde os Robôs Substituem Pessoas*[68] (1958) e *Preto e Branco*[69] (1959). Então retomou a narrativa literária e publicou os romances *A História do Livro Não Escrito*[70] (1961) e *Passagem de Inverno*[71] (1968). Nesse ano, morreu seu marido, Babenets.

Em 1970, publicou uma biografia de Anna Elizarova, a irmã mais velha de Lênin, que tinha cuidado dela depois da prisão de sua mãe em 1914.

Após uma doença prolongada, morreu em Moscou, em 12 de fevereiro de 1974, aos 72 anos, e foi enterrada no cemitério de Novodevitchi. Seu meio-irmão, Vladimir Vladimirovich Drabkin, morreu em 1983.

*

66 Sobre sua repressão em 1936-1949 veja o registro da Sociedade "Memorial" de Krasnoiarsk, cf.: http://www.memorial.krsk.ru/DOKUMENT/People/D/Drabkina.htm.

67 Tradução livre do original russo Чёрные сухари, traduzido para o espanhol como *Pan duro y negro*.

68 Tradução livre do original russo Где роботы вытесняют людей.

69 Tradução livre do original russo Чёрным по белому.

70 Tradução livre do original russo Повесть о ненаписанной книге.

71 Tradução livre do original russo Зимний перевал.

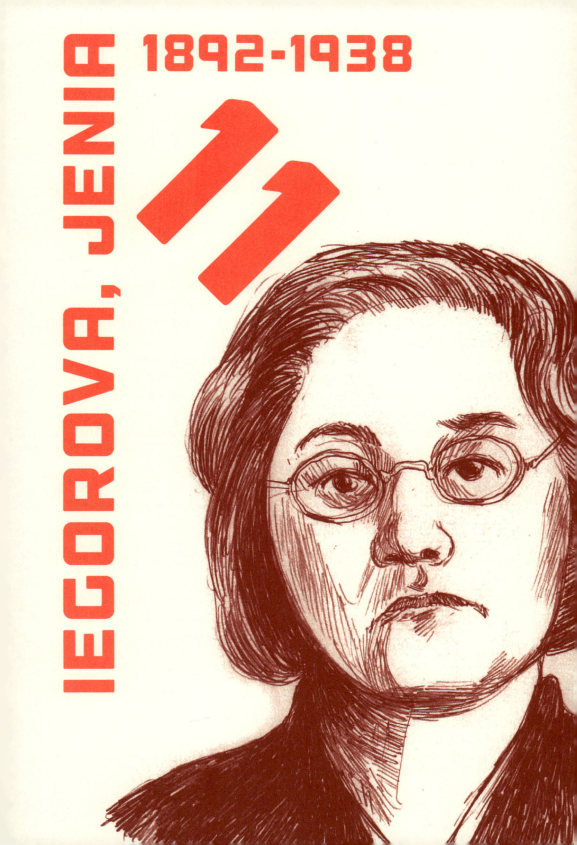

Nasceu em 7 de março de 1892 na aldeia de Rūjiena, na Letônia, que então fazia parte do Império Russo, com o nome de Marta-Ella Iakovlevna Lepin.[72] Seu pai foi carpinteiro, e sua mãe lavadeira. Ela teve de trabalhar desde muito jovem como costureira.

Em 1911, aos 19 anos, começou a militar no comitê de Riga da Social--Democracia do Território Letão, um partido "nacional" liderado por Yan Berzin que, desde 1906, tinha se integrado ao Partido Social-Democrata Operário da Rússia e em geral se aliava à facção bolchevique. Na época, o comitê de Riga se ocupava de receber literatura ilegal procedente da Europa e enviá-la a outras cidades do império.

Em agosto daquele ano, a polícia descobriu o depósito de literatura e prendeu Berzin, mas a jovem Lepin conseguiu escapar. Então se mudou para Moscou, onde militou com o pseudônimo de Ella Krastin. Nunca voltaria a viver na Letônia.

Entre 1913 e 1914 foi presa e encarcerada por breves períodos. Em 19 de agosto de 1915, foi detida pela terceira vez e, após seis meses de prisão, deportada para a província siberiana de Irkutsk.

Depois de viver lá por quase um ano, no início de novembro de 1916, fugiu usando o passaporte da esposa de um camarada, chamada Evguenia Nikolaievna Iegorova. Assim, dessa época em diante foi conhecida por esse nome, embora mais frequentemente pelo apelido de Jenia.

72 Cf.: https://murzim.ru/nauka/istorija/istorija-sssr/30648-egorova-Yevgueniya-nikolaevna-1892-1938.html; https://ru.wikipedia.org/wiki/Женя_Егорова.

Então se estabeleceu no subúrbio operário de Viburgo, em Petrogrado, onde voltou a trabalhar na indústria têxtil. Lá, ajudou a estabelecer a tipografia clandestina na qual se imprimia o *Pravda*.

Em 8 de março de 1917 ajudou a organizar a greve de mulheres que detonou a chamada Revolução de Fevereiro. Durante os cinco dias que se seguiram à insurreição, participou da luta de rua com as mulheres de seu bairro e fez um discurso aos cossacos que contribuiu para convencê-los a depor as armas, o que foi decisivo para o triunfo da insurreição e a queda do czarismo.

Nos dias seguintes foi nomeada secretária do partido para o bairro de Viburgo, coração da revolução proletária, que dirigiu ao lado do operário Vasili Kaiurov.

Quando Lênin chegou a Petrogrado no início de abril, ela fez parte da delegação que foi recebê-lo.

Nos dias de repressão que se seguiram às Jornadas de Julho, um homem se apresentou no local bolchevique de Viburgo pedindo que o deixasse trabalhar lá, mas ela não o reconheceu e o impediu de entrar. O homem insistiu, o que levou a uma discussão entre os dois. O homem acabou por ser Josef Stálin, então editor do *Pravda*.[73]

Em agosto, Nadejda Krupskaia foi eleita vereadora do distrito de Viburgo e empreendeu um projeto educacional radical. Então Iegorova se juntou a sua equipe de colaboradores.

Nos dias anteriores à Insurreição de Outubro, foi ela a encarregada por conseguir um alojamento clandestino a Lênin, na casa de Valentina Fofanova, uma militante de Viburgo. Naqueles dias, apenas Iegorova, Fofanova e Krupskaia conheceram o esconderijo de Lênin e serviram de ligação entre ele e o partido.

Passou a noite da insurreição ao lado de Krupskaia e da adolescente Elizaveta Drabkina, servindo de elo entre o distrito de Viburgo e a sede do Comitê Militar Revolucionário, no Instituto Smolni. Ela tinha 25 anos.

Uma de suas primeiras missões após a tomada do poder foi encontrar alojamento para as crianças dos combatentes caídos, que acabaram ocupando a mansão do capitalista Singer.

Quando o governo soviético se mudou para Moscou, em março de 1918, ela ficou em Petrogrado como presidente provincial do Departamento de Agitação e Propaganda do partido.

---

73 Cf.: Anton Antonov-Ovseyenko, *The time of Stalin: portrait of a tyranny*, Harper Collins, 1981.

Nesse ano se casou. Durante os anos 1920 teria dois filhos. Ignoro o nome de seu cônjuge.[74]

Em março de 1919, viajou a Moscou para participar, como delegada, do VIII Congresso do Partido Comunista.

Em maio, mudou-se para Saratov, na região do Volga, onde ficava a sede do comando da Frente Sul do Exército Vermelho. Lá, foi nomeada secretária do comitê do partido na província. Nesse posto participou da luta contra os exércitos brancos de Denikin e Koltchak.

Em janeiro de 1920, retornou a Petrogrado, onde atuou como organizadora distrital do partido, e, em março, foi delegada ao IX Congresso do partido.

Em setembro de 1922, foi eleita presidente do Sindicato Têxtil do distrito de Petrogrado.

Em maio de 1924, foi delegada ao XIII Congresso do partido. Nesse ano, começou a atuar como secretária da célula comunista da fábrica de borracha Triângulo Vermelho, de Leningrado.

Em 1927, o IX Congresso do Sindicato do Vestuário de toda a União Soviética integrou-a ao seu Comitê Central. Nessa ocasião, colaborou com Mikhail Tomski, então presidente do Conselho Central de Sindicatos de toda a União. Nessa época, Tomski fazia parte, ao lado de Bukharin e Rikov, da ala direita do partido, então aliada a Stálin. No entanto, na primavera de 1929, Stálin aderiu abruptamente à esquerda, virou-se contra a ala direita do partido e obrigou Tomski a se demitir de seu cargo no Conselho Central dos Sindicatos, no qual foi substituído por Aleksandr Dogadov. Nesse contexto, em junho de 1929, Iegorova foi eleita presidente do comitê central do Sindicato do Vestuário da URSS. Em maio de 1930, o fiel stalinista Nikolai Chvernik passou a dirigir o Conselho Central de Sindicatos de toda a URSS.

No verão, Iegorova participou novamente como delegada no XVI Congresso do partido, o mesmo que aprovou a coletivização total do campo.

Em 30 de abril de 1932, o X Congresso do Conselho Central de Sindicatos a integrou a seu *presidium*.

Em 22 de março de 1933 recebeu a Ordem de Lênin.

Em janeiro de 1934 participou do XVII Congresso do partido, conhecido como "congresso dos vencedores", por ter sido composto exclusivamente de delegados da facção vitoriosa, ou seja, a de Stálin. Sem deixar seu posto de

74 Jane McDemid e Anna Hillyar, *Midwives of the revolution: female Bolsheviks and women workers in 1917*, UCL Press, 1999. As autoras citam como fonte o livro de Elena A. Vetchtomova [Елена Андреевна Вечтомова], *Jenia Iegorova: a história de uma vida* [Женя Егорова. История одной жизни], Lenizdat [Лениздат], 1981.

presidente do Conselho Central de Sindicatos, nesse ano Iegorova passou a dirigir o Sindicato de Trabalhadores da Borracha de toda a URSS.

Então começaram os grandes expurgos. Em 1935, seu velho camarada de Viburgo, Vasili Kaiurov, foi preso e deportado para um campo de trabalho, onde morreria no ano seguinte. Durante o primeiro processo de Moscou, em agosto de 1936, o ex-presidente do Conselho Central de Sindicatos, Mikhail Tomski, foi apontado como cúmplice e, para evitar a prisão, suicidou-se. Na primavera de 1937, quatro dos cinco secretários do Conselho Central de Sindicatos haviam sido presos. Em maio, o único secretário remanescente, Chvernik, cooptou outros quatro secretários para substituí-los – entre eles, Iegorova e a velha bolchevique Klavdia Nikolaieva, as duas primeiras mulheres a entrar nesse órgão desde sua fundação, em 1918.

Em junho foi preso Dogadov, que era chefe de Iegorova no Conselho Central de Sindicatos, e em novembro, Berzin, que era seu camarada no movimento revolucionário letão. Os dois foram executados.

Em dezembro, Iegorova foi também detida e, por ordem de Chvernik, demitida dos seus cargos na secretaria e como presidente do Conselho Central dos Sindicatos.[75] Em seguida, foi acusada de terrorismo, sabotagem e trotskismo.

Em 8 de abril do ano seguinte, foi executada na prisão de Moscou. Tinha 46 anos.

Após a morte de Stálin, em 1953, e as revelações do XX Congresso em 1956, Nikita Khruschov ordenou que se estabelecesse uma comissão para reabilitar os comunistas injustamente expurgados, incluindo Iegorova. Ironicamente, o homem que colocou a cargo da comissão e a quem, portanto, coube assinar o decreto de sua reabilitação, foi seu ex-chefe Nikolai Chvernik, o mesmo que havia assinado sua destituição em 1937. A partir de então, Iegorova reintegrou a história oficial da revolução. Em 1975, a escritora soviética Elena Vetchtomova escreveu um livro sobre ela, *A Camarada Jenia*. Uma rua do distrito de Viburgo leva seu nome até hoje.

*

75 Dos 1.966 delegados que haviam participado do "congresso dos vencedores" de 1934, mais de mil haviam sido presos até 1940; a maioria seria executada ou morreria na deportação.

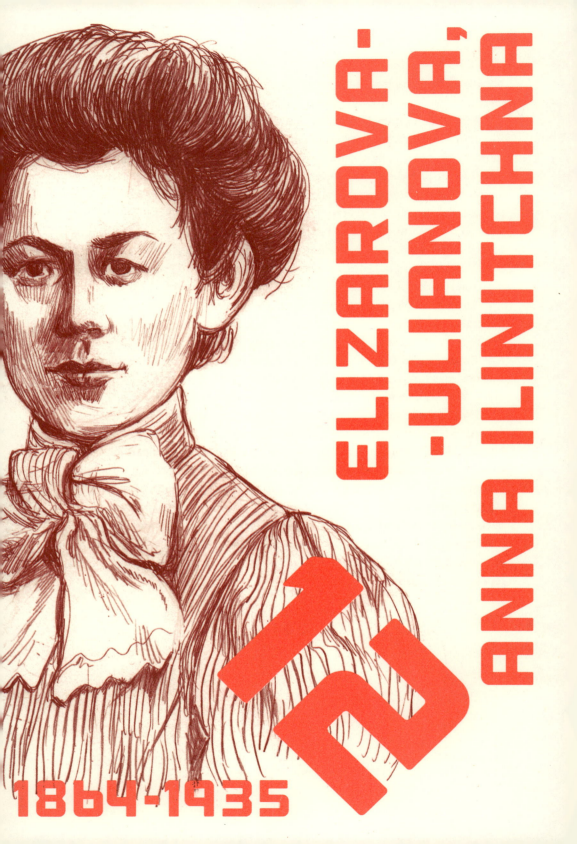

Nasceu em 26 de agosto de 1864 em Nijni Novgorod, na região do Volga. Foi a primeira filha do supervisor escolar Iliá Nikolaievitch Ulianov e sua esposa, Maria Aleksandrovna Blank.[76]

Quando Anna Ilinitchna tinha 2 anos, nasceu o primeiro de seus irmãos, Aleksandr. Quando tinha 5 anos, a família Ulianov mudou-se para a cidade de Simbrisk, cerca de 500 quilômetros Volga abaixo. Lá nasceriam seus outros quatro irmãos: Vladimir (1870), Olga (1871), Dimitri (1874) e Maria (1878).

Em Simbrisk, Anna Ilinitchna cursou o bacharelado no Ginásio Marinski para mulheres, enquanto participava, como voluntária, em campanhas de alfabetização de camponeses. Em 1883, depois de completar o curso com medalha de prata e obter o seu diploma de preceptora, mudou-se, por sua conta, para Petersburgo a fim de estudar pedagogia nos cursos superiores Bestujev para mulheres. Nessa altura, iniciou uma relação com um estudante de engenharia chamado Mark Timofeievitch Elizarov.

No ano seguinte, seu irmão Aleksandr mudou-se também para a capital, com o objetivo de inscrever-se no curso de química da Universidade de Petersburgo. Lá, em janeiro de 1886, Anna e Alexandr receberam a notícia da morte do pai. Em novembro, Anna participou de sua primeira manifestação estudantil: a comemoração do 25º aniversário do escritor radical Dobroliubov. Seu irmão, Aleksandr, já fazia parte então de um círculo revolucionário.

Durante os dois primeiros meses de 1887, sem que sua irmã soubesse, Aleksandr participou de uma conspiração para assassinar o czar Alexandre III. O plano é que o atentado acontecesse em 1º de março. No entanto, a ação falhou.

76 Existem informações abundantes sobre a vida de Anna e do resto da família Ulianov. Cf.: Katy Turton, *Forgotten lives: the role of Lenin sisters in the Russian Revolution*, Palgrave McMillan, 2007.

Aleksandr e seus camaradas foram descobertos e dois dias depois foram presos. No dia seguinte, Anna apareceu no apartamento do irmão e, apesar de não estar envolvida na conspiração, foi presa também. Expulsa dos cursos Bestujev, ficou presa durante dois meses. Nesse período, Aleksandr foi julgado e condenado. Em 8 de maio foi executado. Tinha 21 anos. Três dias depois, no dia 11, Anna foi libertada, com a condição de viver longe das grandes cidades por cinco anos.

Depois, mudou-se para a propriedade que sua família materna tinha em Kokuchkino, onde sua mãe havia se estabelecido com os filhos mais novos. Seu então noivo Elizarov, que também havia sido expulso da capital, estabeleceu-se na vizinha Samara, podendo assim visitá-la com frequência. Em dezembro, seu irmão Vladimir Ilitch, que então tinha 17 anos, e que no verão havia sido admitido na Universidade de Kazan, foi expulso por participar de uma manifestação estudantil e se reuniu com a família em Kokuchkino. Lá, apesar de ser seis anos mais novo que Anna, começou a influenciá-la. De fato, ele se converteria na influência dominante de sua vida.

Em julho de 1889, Anna se casou com Mark Elizarov, de quem tomou o sobrenome. Então, mudou-se com ele para Samara, levando a mãe e os irmãos.

Nessa época, a irmã que seguia em idade a Vladimir, Olga, então com 18 anos, mudou-se para Petersburgo, mas logo contraiu tuberculose e morreu em 1890.

Em 1893, Vladimir despediu-se da família e mudou-se para Petersburgo, a fim de se dedicar totalmente à atividade revolucionária.

Em 1894, quando se cumpriram os cinco anos da condenação que os impedia de viver nas capitais, Anna e a família deixaram Samara e se mudaram para Moscou, onde Elizarov se empregou como engenheiro numa empresa ferroviária. No ano seguinte, Anna e Mark se integraram aos círculos da União Operária de Moscou, dirigida por Serguei Mitskevich. Entre outras coisas, Elizarova ajudou a organizar a marcha ilegal do 1º de maio de 1895. Na época, traduziu o drama social *Os Tecelões*, do dramaturgo alemão Gerhart Hauptmann, e redigiu um resumo popular do livro *A Fábrica: o que dá à população e o que tira dela*[77] do médico sanitarista Evstafi Mikhailovitch Dementiev.

Em dezembro de 1896, quando soube que seu irmão Vladimir, que acabara de fundar a União de Luta pela Emancipação da Classe Operária em Petersburgo, havia sido preso nessa cidade, mudou-se para lá a fim de atuar como ligação com o exterior.

*

77 Tradução livre do original Фабрика, что она дает населению и что она у него берет. Para consultar o livro original, cf.: http://www.hist.msu.ru/Labour/Dementev/index.html.

Em maio de 1897, Anna decidiu viajar por conta própria ao exterior para estabelecer contato com o grupo marxista liderado por Georgui Plekhanov em Genebra e conseguir literatura ilegal. Lá, passou os meses seguintes. No início de 1898, voltou a Moscou e ingressou no primeiro comitê moscovita do partido social-democrata, no qual militava também Anatoli Lunatcharski.

Naquele ano, coordenou a publicação legal do livro O *Desenvolvimento do Capitalismo na Rússia*, que seu irmão Vladimir havia escrito durante a deportação na Sibéria. Nessa época, seus irmãos menores que sobreviveram, Dimitri e Maria, também viviam como estudantes em Moscou e começaram a militar no movimento revolucionário. Ambos foram detidos em diferentes momentos e tiveram de abandonar Moscou. Então, a família se estabeleceu na vizinha cidade de Podolsk.

No verão de 1900, quando Vladimir cumpriu sua pena de deportação e partiu para o exterior, Elizarova decidiu segui-lo, deixando o marido em Podolsk. Depois de uma passagem por Zurique e Munique, no final do ano, estabeleceu-se em Berlim, onde ajudou Vladimir a preparar a revista *Iskra*. Foi nessa época que ele começou a usar o pseudônimo com que se tornaria famoso: Lênin.

Depois de percorrer várias cidades europeias, em agosto de 1902, Elizarova voltou à Rússia e se estabeleceu, com o marido, na cidade siberiana de Tomski, para onde ele havia sido deportado após uma prisão em 1901. Lá, os dois estabeleceram um centro para a distribuição da *Iskra* na Sibéria. Em meados de 1903, Anna reuniu-se com seus irmãos Dimitri e Maria em Samara, onde os três receberam a notícia da cisão entre bolcheviques e mencheviques, tomando partido pela facção de seu irmão Lênin. No outono, Ana, Dimitri e Maria mudaram-se com a mãe para Kiev, onde o comitê central do partido havia fixado sede.

Em 1º de janeiro de 1904, a polícia realizou uma série de incursões em toda a cidade, prendendo mais de cinquenta militantes – entre eles, os três irmãos Ulianov. Após seis meses de prisão, Anna foi libertada e se instalou, com o marido e a mãe, em Sablino, subúrbio de Petersburgo.

Durante o ano revolucionário de 1905, Elizarova militou no comitê de Petersburgo, ao lado de Aleksei Rimov e outros quadros, como correspondente do jornal operário bolchevique *Vperiod*,[78] dirigido por Lênin. No verão, sua irmã Maria, que desde o outono anterior ajudava Lênin em Genebra, veio encontrar-se com ela. Em outubro, Mark Elizarov participou na condução da poderosa

78 Do russo Вперёд, adiante.

greve dos ferroviários, tendo sido preso e condenado, no final do ano, a três anos de deportação na Sibéria. Anna, por sua vez, ficou em Petersburgo.

Durante o período seguinte, enquanto cuidava de sua mãe, colaborou com a imprensa bolchevique e traduziu três novos livros marxistas: *A Revolução Alemã de 1848*, de Wilhelm Liebknecht, *A Repartição dos Despojos* de Anton Pannekoek, e *A Questão Nacional e a Social-Democracia*, de Otto Bauer.

Em janeiro de 1907, quando passava por Moscou depois de visitar o marido na Sibéria, foi presa e encarcerada durante um mês, antes de poder voltar a Petersburgo. No outono, viajou ao exterior e percorreu Paris, Genebra e Estocolmo recolhendo documentos para estabelecer o arquivo central da fração bolchevique. Também ajudou seu irmão Lênin a compilar uma seleção de seus escritos, que seria publicada sob o título *Doze Anos*.

Em meados de 1908, estabeleceu-se com Mark em Moscou, onde coordenou a publicação legal e ajudou a editar *Materialismo e Empirocriticismo*, o volumoso trabalho filosófico de Lênin.

Em agosto de 1909 instalou-se, com a mãe e o marido, em Saratov, na região do Volga. Nessa época, Anna e Mark se ofereceram para participar da criação do filho mais novo de uns amigos, Georgui Lozgatchev, então com 5 anos, a quem, depois de alguns anos, acabaram adotando.[79]

Na primavera de 1911, sua irmã Maria chegou a viver com eles. Com sua ajuda, puderam publicar legalmente um jornal político-cultural, o *Privoljskaia Gazeta*[80], para o qual Elizarova traduziu do alemão várias peças de literatura social.

Em 8 de maio de 1912, Anna e Maria foram pegas em uma batida policial, com outros onze militantes. No final do mês, Anna foi libertada, mas Maria foi deportada para a região de Vologda.

Em junho, Anna decidiu se mudar com a mãe, o marido e o filho recém-adotado para Petersburgo. Lá ingressou no comitê editorial do *Pravda* e aproximou-se com a ala conciliadora dos bolcheviques, encabeçada por Mikhail Olminski e Praskovia Kudelli. Em março de 1913, ajudou Konkordia Samoilova e Kudelli a organizar a primeira manifestação operária do Dia da Mulher na Rússia, na sede da Bolsa de Petersburgo. Também trabalhou como secretária de redação da revista cultural dos bolcheviques, *Prosveschienie*[81], editada por Olminski.

79 Parte das memórias que Lozgáchev publicou podem ser consultadas (em russo) em: https://leninism.su/private/4160-neIlínichnazabyvaemoe.html?showall=&start=5.
80 Do russo Приволжская Газета, "Gazeta do Volga".
81 Do russo Просвещение, "Educação". O termo no russo é utilizado para o conceito de iluminismo e também na acepção de esclarecimento.

No inverno, as militantes bolcheviques de Petersburgo, incluindo Elizarova, começaram a preparar uma revista especial para operárias, que se chamaria *Rabotnitsa*. Pouco antes do lançamento do primeiro número, no final de fevereiro, quando a polícia invadiu uma de suas reuniões no apartamento de Kudelli, as integrantes do comitê foram detidas, com exceção de Elizarova, que, por chegar tarde, conseguiu se salvar. Então foi ela quem dirigiu a revista semanal nos meses seguintes, com a ajuda da jovem Nina Agadjanova. Em suas páginas, publicaram o conto "Da vida de uma menina", que havia escrito quando jovem. Nos meses seguintes, a revista alcançou uma tiragem de doze mil exemplares, mas em julho foi proscrita após a entrada da Rússia na Primeira Guerra Mundial.

Depois da deserção do provocador Malinovski em maio de 1914 e da detenção dos outros deputados bolcheviques e de Kamenev no final do ano, o trabalho bolchevique em Petersburgo ficou acéfalo. Apenas em setembro de 1915, foi decidido restabelecer o gabinete Russo do Comitê Central (o órgão encarregado de, do interior do país, coordenar o trabalho) sob a direção de Aleksandr Chliapnikov. Elizarova, então, se integrou a ele. Pouco tempo depois, Chliapnikov teve de sair do país para cumprir novas missões no exterior, e os outros dois membros foram presos, motivo pelo qual Elizarova foi obrigada a dirigir o gabinete sozinha.

No início de julho de 1916, sua mãe faleceu. Dias depois, Elizarova foi presa. Sua irmã Maria, que tinha ido a Petersburgo para se despedir da mãe, ficou na cidade para cuidar do sobrinho adotivo enquanto Elizarova estava presa. Na sua ausência, Chliapnikov reconstituiu o gabinete russo com Viatcheslav Molotov e Piotr Zalutski.

Após passar três meses presa, foi libertada em outubro, mas em 5 de março do ano seguinte (1917) foi presa novamente, pela última vez. Três dias após sua prisão, eclodiu a revolução que deveria derrubar o czarismo. Libertada pela revolução, imediatamente integrou-se à direção do partido na Rússia, então encabeçada por Chliapnikov e Molotov.

Quando Lênin e Krupskaia chegaram a Petersburgo em meados de abril, instalaram-se no apartamento dos Elizarov. Após a repressão que se seguiu às Jornadas de Julho, Lênin teve de passar à clandestinidade e deixou o apartamento da irmã antes que este fosse localizado pela polícia de Kerenski.

Em outubro, quando surgiu o Sindicato Têxtil de Petrogrado, com sua forte componente feminina, Elizarova passou a dirigir seu jornal, *Tkatch*[82].

*

82 Do russo Ткач, "Tecelão".

Em 7 de novembro, participou da insurreição bolchevique que transferiu todo o poder para os sovietes e elevou seu irmão Lênin a presidente do soviete de comissários do povo. Nesse momento, Elizarova tinha 53 anos e 30 de militância revolucionária. Então, passou a comandar o Departamento de Proteção à Infância, que fazia parte do Comissariado de Bem-Estar Social, dirigido por Aleksandra Kollontai. Em março do ano seguinte, seu departamento foi transferido para o Comissariado para Educação Pública, comandado por Lunatcharski e Krupskaia. Mark, por sua vez, foi nomeado Comissário do Povo das Comunicações e dos Transportes.

Em maio, ela e o marido se mudaram para Moscou com o resto do governo soviético.

Nas condições difíceis da guerra civil, Mark Elizarov adoeceu de tifoide e morreu durante uma viagem a Petrogrado, em 10 de março de 1919.

Em maio de 1921, convidada por Olminski, Elizarova integrou-se à Comissão de História do Partido e à sua revista, *Proletarskaia Revoliutsia*[83].

Durante a doença de Lênin entre 1922-1924, foi responsável pela compilação dos seus escritos, juntamente com Emelian Iaroslavski. Depois da morte do irmão, em janeiro de 1924, Anna ajudou a fundar o Instituto Lênin e no ano seguinte, publicou a primeira biografia oficial dele.

Nos anos que se seguiram, permaneceu alheia às lutas internas do partido, apoiando passivamente a facção dominante. Sua irmã Maria seria um pouco mais ativa no apoio a Stálin.

Nesse ínterim, em 1925, enquanto a revolução se desenvolvia na China, Elizarova hospedou em sua casa, como pupilo, o jovem de 15 anos Chiang Ching-kuo, que estudava na Universidade Comunista de Moscou e era o filho mais velho do general nacionalista chinês Chiang Kai-shek, então aliado dos comunistas. Em 1927, Chiang Kai-shek trairia seus aliados e levaria a cabo um massacre antes de se tornar ditador militar de direita. Seu filho deixou Moscou naquele momento, mas ficou na URSS trabalhando como engenheiro nos Urais.

Em 1932, enquanto Elizarova preparava um livro sobre suas origens familiares, descobriu que a família Ulianov tinha antecedentes judeus e escreveu a Stálin pedindo-lhe que publicasse essa descoberta para ajudar a combater o ressurgimento do antissemitismo na URSS, mas foi ignorada. Em 1934, seu livro apareceu sem essa informação.

83 Do russo Пролетарская революция; "Revolução Proletária".

Nessa época, já sofria de arteriosclerose, que a levou a perder a mobilidade e depois a lucidez. Em 19 de outubro de 1935 morreu na cidade de Gorki, perto de Moscou, aos 71 anos.

Foi enterrada no cemitério de Volkovo, em Leningrado, com o resto da família Ulianov (exceto Lênin, cujo corpo foi conservado num mausoléu).

No ano de sua morte, sua irmã mais nova, Maria, foi integrada ao Comitê Central. Morreria em 1937. O último dos irmãos Ulianov, Dimitri, morreu em 1943, depois de ter tido um filho e uma filha.

O filho adotivo de Anna e Mark Elizarov, Georgui, viveu em Samara ocupando vários postos menores e morreu em 1972. O filho de Chiang Kai-shek, Chiang Ching-kuo, voltou à China em 1935, repudiou o comunismo e juntou-se ao exército de seu pai. Em 1978 herdou a presidência de Taiwan.

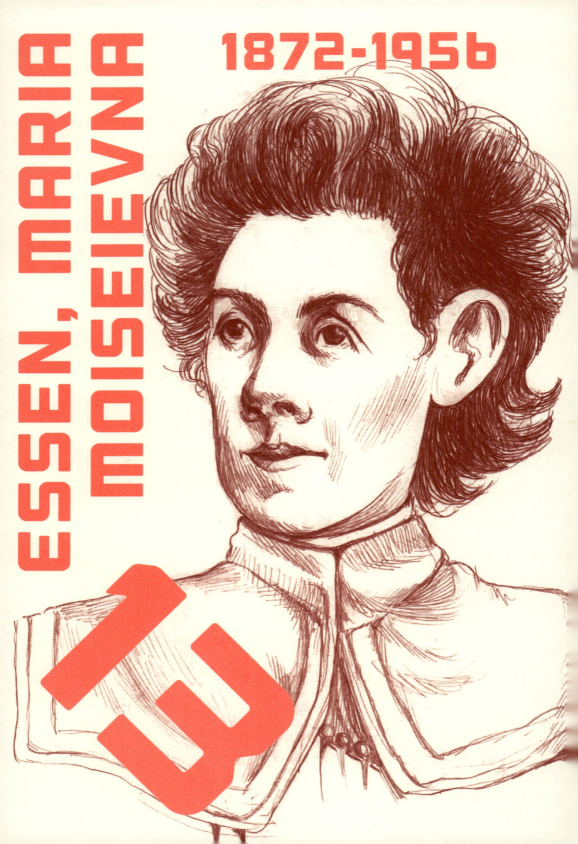

Nasceu em 3 de dezembro de 1872 em Brest-Litovsk, na Bielorrússia (então parte do Império Russo), filha de um funcionário ferroviário judeu e de uma mãe alemã.[84] Embora seu sobrenome paterno fosse Bertsinski, sempre usou o sobrenome alemão da mãe, Essen, assim como seus quatro irmãos.

Sendo jovem, para poder residir legalmente fora das áreas reservadas aos judeus, cursou enfermagem.

Começou a militar na Ucrânia, fazendo trabalho ilegal em Ekaterinoslav, Odessa e Kiev. Lá, em 1897 ingressou no comitê local da União de Luta pela Emancipação Operária.

Em fevereiro de 1898, com Ina Kamener e outros, integrou-se à delegação que a União de Kiev enviou para reforçar o trabalho na cidade de Ecaterimburgo, nos Urais, onde, ao lado de Nikolai Kudrin e Fiodor Siromolotov, liderou o grupo social-democrata da região e ajudou a organizar uma greve e uma manifestação no 1º de maio. Descoberto pela polícia, o grupo se escondeu na aldeia de Bichkil, na qual, no outono, instalou uma gráfica clandestina e imprimiu um jornal chamado *Luta Proletária*.

Em janeiro de 1899, Essen teve que deixar os Urais e refugiar-se no povoado de Melekes (hoje Dimitrovgrado), na província do Volga, onde vivia uma de suas irmãs. No entanto, a polícia não perdeu sua pista e, em junho de 1899, foi presa, sendo então enviada de volta para Ecaterimburgo, onde foi encarcerada.

Após um ano e meio de prisão, em janeiro de 1901, foi deportada para a aldeia siberiana de Olekminsk, na remota região de Iakutsk. Viveu lá pouco mais de um ano. Finalmente, em fevereiro de 1902, em pleno inverno, com a ajuda de

84 Cf.: https://ru.wikipedia.org/wiki/Эссен,_Мария_Моисеевна; Vera Morozova, *Fuga de Olekminsk* [Побег из Олекминска], Detskaya Literatura [Детская литература], 1986. Segundo esta biografia romanceada, Essen não nasceu em Brest, e sim em Samara, e seu sobrenome não era Bertsiski, e sim Rosemberg.

seu camarada Kudrin, que havia sido deportado para o mesmo lugar, fugiu escondida na caixa de um trenó. Essen então saiu clandestinamente para o exterior.

Depois de percorrer várias cidades europeias, onde se reuniu com os círculos social-democratas no exílio, no final do ano voltou ao Império Russo e instalou-se em Kiev.

Lá, no verão de 1903, soube da cisão que havia separado o partido durante seu II Congresso. Optou por aderir à facção bolchevique. Esse mesmo congresso havia eleito um Comitê Central composto de três partidários de Lênin, entre eles, Gleb Krjijanovski. Em outubro, esse comitê a cooptou, junto com Leonid Krasin e Rozalia Zemliatchka. Assim, Essen e Zemliatchka foram as primeiras mulheres a fazer parte do Comitê Central do Partido Operário Social-Democrata Russo.

No entanto, nenhuma das duas pôde permanecer nele por muito tempo: em 1º de janeiro de 1904 a polícia realizou uma repressão maciça em Kiev (onde caíram, entre outros, os três irmãos de Lênin) e Essen teve de fugir apressadamente da cidade, acompanhada da jovem militante Elena Stassova, dirigindo-se a Minsk, em sua terra natal, a Bielorrússia.[85] Na sua ausência, vários membros do Comitê Central, incluindo Krasin e Krjijanovski, começaram a procurar a reconciliação com os mencheviques, motivo pelo qual Zemliatchka renunciou a seu posto.

No verão de 1904, Essen deixou mais uma vez a Rússia e foi para Genebra, onde se encontrou com Lênin e Krupskaia para passar, com eles, férias nos Alpes. De volta a Genebra, em setembro participou da reunião em que 22 dirigentes bolcheviques assinaram uma declaração redigida por Bogdanov e Lênin pedindo um novo congresso do partido.

No outono, quando regressou a Petersburgo, integrou-se ao gabinete dos Comitês da Maioria, como se chamava então a direção da fração bolchevique na Rússia, juntamente com Martin Liadov, Aleksei Rikov, Serguei Gusev, Maksim Litvinov e Zemliatchka. Foi lá que a Revolução de 1905 começou.

Embora não tenha participado pessoalmente do III Congresso (puramente bolchevique) do partido, que ocorreu em Londres em abril de 1905, este a elegeu membro-candidato de um Comitê Central que incluía Lênin, Krasin e Rikov. Com esse último, representou o tipo de militante que Lênin chamava ironicamente de *komitetchiki* (ou "homens de comitê"), caracterizado por seu orgulho organizativo e sua desconfiança pelo movimento de massas. Na época, Essen

*

85 Em suas memórias, Stassova diz que, para custear a viagem, Essen precisou empenhar seu anel de casamento. Não consegui nenhum dado sobre sua vida pessoal, inclusive sobre esse suposto casamento.

usava como pseudônimo o apelido "Besta"[86], motivo pelo qual Lênin se dirigia a ela em suas cartas como "Minha querida bestinha".

Em 14 de maio, Essen, Rikov e outros membros do Comitê de Petersburgo foram detidos. Em outubro, após cinco meses de prisão, Essen foi condenada a cinco anos de deportação na província de Arkhangelsk, mas, quando estava prestes a partir, a greve geral obrigou o czar a conceder uma anistia, e ela pôde permanecer em Petersburgo.

Em outubro, ficou sabendo do surgimento do soviete de deputados operários de Petersburgo, que viu com maus olhos, por ser independente do partido. Lênin teve de intervir para corrigir esse erro, primeiro por carta e depois pessoalmente.

No início de 1906, foi com Rikov para Moscou. No verão, o IV Congresso do partido, composto tanto de bolcheviques como de mencheviques, já não a incluiu no Comitê Central.

Assim como várias centenas de revolucionários, na época de reação, que começou em 1907, afastou-se da militância. Não encontrei dados sobre o que fez durante os próximos dez anos, onde viveu, no que se empregou, se casou ou se teve filhos.

A Revolução de Fevereiro de 1917 surpreendeu-a em Tbilisi, capital da Geórgia. Lá, voltou a aproximar-se da política e foi eleita congressista do soviete da cidade. Nesse momento, não se uniu imediatamente ao partido bolchevique, mas a uma organização intermediária entre bolcheviques e mencheviques chamada "social-democratas internacionalistas", liderada por Solomon Lozovski. Esse grupo se opôs ao governo exclusivamente bolchevique emanado da Revolução de Outubro e ao tratado de paz com a Alemanha assinado em março do ano seguinte, mas depois começou a aproximar-se do Partido Comunista.

Após a revolução, foi criada na Geórgia uma república democrática independente, liderada desde 1919 pelo menchevique Noi Jordania.

Em maio de 1920, Essen reintegrou-se ao bolchevismo ao unir-se ao Partido Comunista Georgiano, dirigido por Mamia Orakhelachvili.

Em fevereiro de 1921, o Exército Vermelho ocupou a Geórgia, onde se instaurou um governo soviético sob a direção de Orakhelachvili. A partir de então, Essen coordenou o trabalho de propaganda do partido no país, incluindo a publicação do jornal do soviete local, bem como da revista do partido *Kavkazski*

---

*

86 Do russo Зверь (lê-se *zber*).

Rabotchi[87]. Nesse posto colaborou sobretudo com Vissarion Lominadze, que na época era secretário do partido na Geórgia.

Em dezembro de 1922, participou da integração da República Soviética da Geórgia à URSS, dirigida pelo polonês Feliks Dzerjinski e pelos georgianos Stálin e Ordjonikidze. Essa campanha foi levada a cabo com tão pouca consideração pela dignidade nacional georgiana que Lênin, antes de perder a consciência para sempre, repreendeu Dzerjinski e Stálin e exigiu a expulsão de Ordjonikidze, embora não tenha sido escutado.

Em 1923, Essen foi nomeada reitora do Instituto Politécnico de Tbilisi.

Em 1925, mudou-se para Moscou, onde foi nomeada presidente adjunta da *Gosplan*[88], então presidida por Gleb Krjijanovski, seu velho camarada do Comitê Central de 1903.

A partir de 1927, trabalhou em instituições culturais, como a editora do estado, o Instituto Lênin, o Instituto Comunista de Jornalismo, a Editora de Literatura de Ficção e a União de Escritores. Em 1934, publicou uma história do bolchevismo.

Manteve-se alheia às lutas internas e sobreviveu aos expurgos dos anos 1930. Diferentemente dela, os líderes do comunismo georgiano com quem colaborou no início da década de 1920 não tiveram tanta sorte: Lominadze e Ordjonikidze suicidaram-se, e Orakhelachvili foi executado em 1937. Rikov, com quem dirigiu o comitê de Petrogrado em 1905, foi julgado no terceiro processo de Moscou e executado em março de 1938.

Em 1955, aos 83 anos, Maria Essen aposentou-se. Morreu em Moscou, em 4 de fevereiro de 1956, dias antes de Khruschov entregar seu relatório "secreto" ao XX Congresso do PCUS em que começariam a ser expostos os crimes do stalinismo.

*

87 Do russo Кавказский рабочий, "Trabalhador caucasiano".

88 Do russo Госплан, é o aglutinamento de *Gossudarstvenni Komitet po Planirovaniu* [Государственный Комитет по Планированию], que significa "Comitê Estatal de Planejamento".

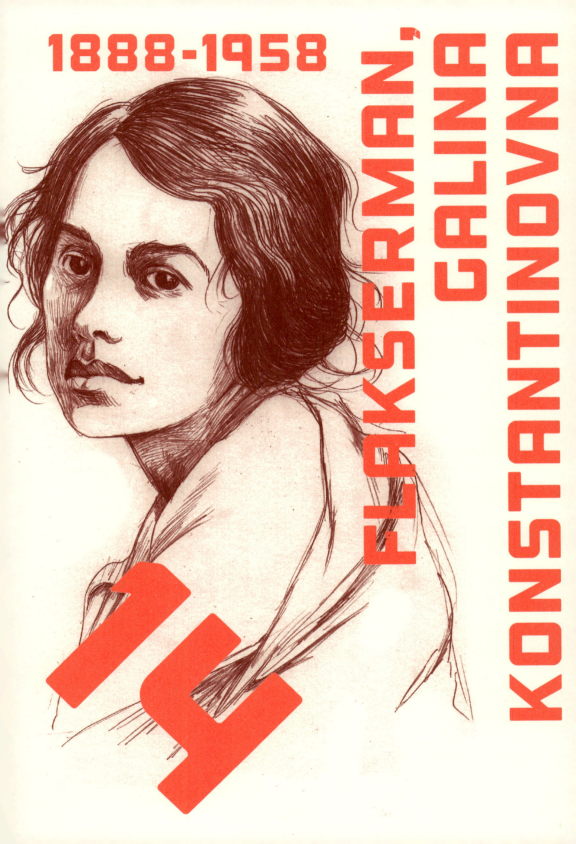

Nasceu em 1888 na cidade de Iaroslavl (cerca de 250 quilômetros a nordeste de Moscou), com o nome de Lia Abramovna Flakserman, a terceira de cinco irmãos de uma família judaica e revolucionária.[89] Quando tinha 12 anos, o irmão mais velho foi preso por usar a casa da família para armazenar literatura ilegal; ele morreria na prisão. A partir de então, ela também passou a colaborar com o trabalho clandestino.

Como os pais também foram presos e deportados, aos 16 anos mudou-se para a cidade vizinha Rostov com um tio que servia como oficial do exército. Lá, cursou o ginásio enquanto dava aulas particulares para se sustentar. Nessa época, começou a organizar círculos de estudo marxistas para jovens operárias. No contexto da Revolução de 1905, quando cursava o último ano do ginásio, foi morar com outra jovem camarada, Elena Lutovinova, e com ela uniu-se ao comitê social-democrata da cidade. Durante aquele ano revolucionário, fez propaganda entre os soldados e recolheu dinheiro para a insurreição em Moscou. Nessa época, a ameaça de represálias por parte das reacionárias Centenas Negras impediu-a de se seguir no ginásio.

Identificada pela polícia, no outono de 1906, foi obrigada a fugir de Rostov. Teve de passar, então, alguns meses na aldeia de Griazovets, província de Vologda, para onde sua irmã mais velha fora deportada. Quando voltou a Rostov, foi presa. No entanto, só esteve detida por alguns meses, pois não foram encontradas provas contra ela.

89 Cf.: Elena I. Krestyaninova [Елена И. Крестьянинова], "Memórias de Galina Konstantinovna Flaksermann" [Воспоминания Галины Константиновны Флаксерман], em: *Relatórios do Museu Rostov* [Сообщения Ростовского Музея], edição XVI, 2003, https://www.rostmuseum.ru/museum/biblioteka/soobshcheniya--rostovskogo-muzeya/vypusk-xiv-rostov-2003/publikatsiya-krestyaninovoy-e-i-rostov-vospominaniya-galiny-konstantinovny-flakserman-c-47/. Este é um texto autobiográfico que Flakserman escreveu para o Museu de Lênin, em Leningrado.

No início de 1907, mudou-se para Moscou, a fim de estudar Direito nos Cursos Superiores para Mulheres e assistir, como ouvinte, às aulas da Universidade de Moscou. Lá, militou no movimento estudantil, onde conheceu Varvara Iakovleva e Nikolai Bukharin. Nessa época, trabalhou no café da Universidade de Moscou, que usou como depósito de literatura ilegal.

Ela foi presa de novo naquele ano, mas foi libertada quando a mãe pagou a fiança. Então foi expulsa da cidade, mas decidiu ficar e passou à clandestinidade.

Em 1908, foi detida pela terceira vez e enviada para uma cela de castigo na prisão de Butirka, onde participou de uma greve de fome. Após dois anos encarcerada, foi condenada à deportação na aldeia ziriana de Petchora, no extremo norte da Rússia; mas, por motivos de saúde, foi autorizada a residir na cidade de Arkhangelsk, onde deu aulas de literatura e trabalhou como assistente em um censo.

Em 1911 chegou a Arkhangelsk, deportado, o intelectual de 28 anos Nikolai Nikolaievitch Gimmer, mais conhecido como Sukhanov, um militante marxista independente que tentava reconciliar as diferentes correntes revolucionárias.[90] Foi lá que conheceu Flakserman e pouco depois se casou com ela.

Graças à anistia parcial decretada pelo tricentenário da dinastia Romanov, em março de 1913, Flakserman e Sukhanov puderam se instalar em Petersburgo. Lá, os dois ingressaram na equipe da revista literária *Sovremennik*[91], do escritor esquerdista Maksim Gorki, que também ocupava um lugar intermediário entre as diferentes facções social-democratas. Embora Sukhanov nunca tenha se unido ao partido bolchevique, em 1914, compartilhou com Flakserman sua oposição à guerra. Em 1915, quando Gorki fundou a revista *Letopis*[92], ambos se integraram à sua equipe de redação, onde trabalharam com a talentosa escritora adolescente Larissa Reisner.

Depois da Revolução de Fevereiro de 1917, Sukhanov tornou-se um dos intelectuais mais influentes no soviete de Petrogrado, apoiando criticamente o governo provisório e seu ministro socialista da Justiça, Aleksandr Kerenski. Em seguida, faria parte do novo jornal de Gorki, o *Novaia Jizn*[93]. Embora se tenha tornado cada vez mais crítico em relação ao governo provisório, nunca chegou a apoiar a sua deposição.

Flakserman, ao contrário, manteve-se fiel ao partido bolchevique e participou de sua conferência de abril e de seu congresso em agosto. Nesse momento,

90 Sobre Sukhanov, cf.: Israel Getzler, *Nikolai Sukhanov: chronicler of the Russian Revolution*, Palgrave McMillan, 2002.
91 Do russo Современник, "Contemporânea".
92 Do russo Летопись, "Crônicas".
93 Do russo Новая Жизнь, "Vida Nova".

ingressou na equipe de apoio técnico do Comitê Central, sob a direção de Iakov Sverdlov e Elena Stassova. Em setembro, quando Trótski, já integrado ao bolchevismo, foi eleito presidente do soviete de Petrogrado, ela entrou para o comitê de redação de seu jornal, o *Izvestia*[94].

Em outubro, surgiu a necessidade urgente de reunir o Comitê Central eleito no congresso de agosto para resolver as divergências sobre a necessidade de tomar o poder e fixar uma data para a insurreição. Encontrar um lugar seguro para essa reunião era particularmente difícil, já que havia ordens de prisão contra Lênin e outros líderes, e todos os outros estavam sendo vigiados de perto. Assim, Flakserman ofereceu seu apartamento ao secretário do partido, Sverdlov. No dia da reunião, ela conseguiu manter Sukhanov afastado, para que o comitê central bolchevique pudesse se reunir (tenha em conta que Sukhanov era partidário "crítico" do governo, cuja derrubada estava sendo preparada). Nessa reunião histórica, na qual ela esteve presente, os oponentes da insurreição foram derrotados e se fixou a data da Revolução de Outubro.

Naquele momento, Flakserman tinha 29 anos, e seus dois irmãos mais novos, Aleksandr e Iuri, também ingressaram no Partido Comunista.

Após a tomada do poder, ela se integrou ao Comissariado do Povo para o Trabalho, liderado por Aleksandr Chliapnikov, onde foi nomeada chefe de Propaganda e Publicações. Em março de 1918, com o resto do governo soviético, mudou-se para Moscou, onde colaborou com Maria Ulianova na organização do VII Congresso do partido.

Ao contrário de Gorki e de outros opositores do bolchevismo, seu marido, Sukhanov, não abandonou a Rússia após a revolução e, embora não se tenha juntado ao Partido Comunista, aceitou colaborar com o regime soviético como assessor em assuntos agrícolas. Na época, Sukhanov começou a escrever uma história da revolução russa, contada de uma perspectiva socialista, mas não bolchevique.

Em junho de 1919, Flakserman integrou-se ao departamento de assuntos internos do Comitê Central do partido, sob a direção de Elena Stassova e Nikolai Krestinski.

Ao fim de dois anos, exausta, ela contraiu asma, tendo que mudar de posto. Então, em outubro de 1921, convidada por seu velho chefe Gorki, passou a trabalhar na editora do estado e a dirigir a revista *Nauka i Jizn*[95]. Dali em diante, trabalharia em diversos projetos relacionados à divulgação científica.

94 Do russo Известия, "Notícias".
95 Do russo Наука и жизнь, "Ciência e Vida".

Em fevereiro de 1924, seu casamento com Sukhanov terminou. No ano seguinte, partiu para a Alemanha, a fim de integrar a delegação comercial soviética em Berlim, onde voltou a colaborar com Krestinski, então embaixador soviético na cidade e partidário da Oposição de Esquerda.

Depois de uma passagem por Roma, em 1928 voltou a Moscou, onde foi nomeada secretária do Instituto Lênin, então dirigido por Emelian Iaroslavski.

Em junho de 1930, vários mencheviques que ainda viviam na URSS, incluindo Sukhanov, foram presos. Flakserman também foi detida, mas liberada depois de um interrogatório.

A partir de 1931 voltou a trabalhar em diversas instituições editoriais públicas, ainda que seu estado de saúde a tenha impedido de manter seu nível de atividade política. Em 1936, morreu seu amigo e ex-chefe Maksim Gorki.

Em 1937, no contexto dos grandes expurgos, seus dois irmãos mais jovens, Iuri e Aleksandr, ambos cientistas e militantes comunistas, foram presos. Iuri foi torturado e condenado a oito anos de prisão; Aleksandr desapareceu nos campos de trabalho. Seu ex-chefe Krestinski foi julgado no Terceiro Processo de Moscou e executado em 1938.

Naquele ano, Flakserman foi privada de sua pensão de velha militante. Paradoxalmente, no mesmo ano, seu apartamento de Leningrado tornou-se museu. Em 29 de junho de 1940, seu ex-marido, Sukhanov, preso em Omsk desde setembro de 1937, foi executado, assim como Chliapnikov, que fora seu superior no primeiro Comissariado do Povo para o Trabalho. Dos doze membros do Comitê Central que se reuniram em seu apartamento em outubro de 1917, só sobreviveram aos expurgos Kollontai e Stálin.

Ela, no entanto, manteve seu trabalho na publicação de livros e revistas de divulgação científica.

Durante a Segunda Guerra Mundial, foi para Sverdlovski. Como, pouco antes, havia tido um grave acidente e estava com o corpo engessado, precisou ser transportada em maca. Em Sverdlovski, serviu no Instituto de Tecnologia da cidade.

Depois da guerra, voltou a Moscou, onde se encarregou de editar a obra poética de Vladimir Maiakovski. Aposentou-se em 1952.

Após a morte de Stálin, seu irmão Iuri foi libertado, reabilitado e reintegrado à administração soviética. Em 1956, depois das revelações do XX Congresso, ela voltou a receber sua pensão. Em 1957, redigiu um texto de memórias para o museu de Leningrado.

Galina Flakserman morreu em Moscou em 1958, aos 80 anos. Seu irmão Iuri morreu em 1995, aos 100 anos de idade.

Nasceu em Kherson, no sul da Ucrânia, em 7 de abril de 1880, filha de um pequeno comerciante judeu.[96] Quando jovem, estudou Direito nos Cursos Avançados para Mulheres do Porto de Odessa.

Depois de se formar, foi professora e, em 1901, começou a participar em círculos social-democratas. Em 1903 ingressou no comitê do partido em Ekaterinoslav, ao lado de militantes como Grigori Petrovski e Fiodor Sergueiev (conhecido como Camarada Artiom). Em 1905, tornou-se secretária do comitê local e foi presa pela primeira vez.

Durante os anos seguintes, militou em várias cidades ucranianas. Em 1910, abandonou o império czarista e se estabeleceu em Paris, onde então vivia Lênin com seu círculo de colaboradores. Lá, Gopner fez um mestrado em Ciências Sociais e militou no Partido Socialista francês. Quando, em 1912, Lênin se mudou para Cracóvia, ela ficou em Paris, onde se integrou ao chamado "grupo de apoio" bolchevique, liderado por Kamenev, que incluía também Liudmila Stal e Ossip Piatnitski.[97]

Após a eclosão da Primeira Guerra Mundial, no verão de 1914, ajudou a difundir mensagens antiguerra entre as tropas russas na França e, em março de 1915, participou da conferência de mulheres socialistas em Genebra como parte da delegação bolchevique.

Em 1916, voltou para a Rússia, mas logo foi presa e deportada para o vilarejo de Malonkova, na província siberiana de Irkutsk. Lá, ela conheceu o militante

96 Sobre Gopner, cf.: http://www.warheroes.ru/hero/hero.asp?Hero_id=11862.
97 Cf.: Ossip Piatnitsky, *Rompiendo la noche: memorias y revelaciones de um bolchevique*, Ediciones Pavlov, 1955.

bolchevique Emmanuil Ionovitch Kviring, de 32 anos, que seria seu companheiro dali em diante.[98]

Com o triunfo da revolução de fevereiro de 1917, ambos puderam deixar a Sibéria e se instalaram em Ekaterinoslav, onde ela havia militado dez anos antes. Lá, durante os meses seguintes, Gopner voltou a ocupar a secretaria do comitê local do partido, editou seu jornal *Zvezda*[99] e fez propaganda na fábrica metalúrgica Briansk. Com seus velhos camaradas Petrovski e Artiom, além do marido, Kviring, integrou uma ala do bolchevismo ucraniano que se caracterizou por sua disposição a ingressar no partido russo em oposição ao autonomismo ucraniano.

Em abril, viajou a Petrogrado para participar, como delegada, da conferência do partido, na qual Lênin apresentou suas famosas "Teses de Abril".

Quando a Revolução de Outubro derrubou o governo provisório russo, a Ucrânia declarou-se independente e seu parlamento democrático-burguês, o Rada, constituiu-se como governo. Ele contava com o apoio da vasta população rural, mas grande parte dos trabalhadores queria seguir o exemplo russo e instalar o poder soviético na Ucrânia. Assim, em Ekaterinoslav, cada tendência organizou um governo local rival, e Gopner ajudou a dirigir o do bloco dos bolcheviques e social-revolucionários de esquerda.

Em meados de dezembro, Gopner deslocou-se a Kiev para participar no congresso de fundação do Partido Social-Democrata (bolchevique) ucraniano, e depois a Carcóvia, onde no final do mês se reuniu o congresso dos sovietes de toda a Ucrânia. Esse congresso constituiu o primeiro governo soviético do país, liderado por Evguenia Bosch.

No final do congresso de Carcóvia, Gopner e Kviring regressaram a Ekaterinoslav, que continuava em poder do Rada. Em 9 de janeiro, os dois participaram da insurreição operária que ganhou a cidade para o poder soviético.

Em março, Gopner viajou a Moscou para participar do IV Congresso dos Sovietes de Toda a Rússia, que a integrou a seu Comitê Executivo. Lá, como a maioria dos comunistas ucranianos, ela se opôs à ratificação do tratado de Brest-Litovsk.

Com a ocupação da Ucrânia pelas tropas alemãs em março, o governo soviético ucraniano, então liderado por Nicolai Skripnik, teve de evacuar Kiev e estabelecer-se em Taganrog, do outro lado da fronteira russa. Em abril, o partido bolchevique ucraniano realizou uma conferência na qual decidiu adotar o nome

*

98 Sobre Kviring, cf.: Peter P. Bachinski, V. E. Kviring e M. B. Perelman [П. П. Бачинский, В. Э. Квиринг, М. Б. Перельман], *Emmanuil Ionovich Kviring* [Эммануил Ионович Квиринг], Politizdat [Политиздат], 1968.
99 Do russo Звезда, "Estrela".

de Partido Comunista da Ucrânia. Ao mesmo tempo, por iniciativa do presidente Skripnik, o partido ucraniano decidiu tornar-se independente do partido russo. Gopner e Kviring votaram contra essa decisão por serem a favor da integração de todos os comunistas do velho império czarista sob um único Comitê Central.

No verão, a penetração das tropas alemãs no sudoeste da Rússia obrigou os comunistas ucranianos a evacuarem Taganrog, refugiando-se em Moscou. O I Congresso do Partido Comunista Ucraniano, que se reuniu em julho, voltou a colocar a questão da relação com o partido russo. Dessa vez, os defensores da integração, incluindo Gopner, prevaleceram.

Nesse ponto, Iuri Piatakov foi eleito secretário-geral do partido ucraniano. Ele acreditava que a população camponesa da Ucrânia resistiria à ocupação alemã e optaria por apoiar o poder soviético. A ala de Gopner, Kviring, Petrovski e Artiom, que não partilhava desse otimismo, pensava que somente a intervenção do Exército Vermelho russo poderia restabelecer o poder dos sovietes na Ucrânia. No mês seguinte, a ideia de Piatakov foi posta à prova quando o partido apelou aos camponeses ucranianos para se revoltarem contra a ocupação alemã. Tal como haviam advertido Gopner e seus amigos, o chamado não ressoou entre os camponeses e a insurreição fracassou. Piatakov foi forçado, então, a renunciar à direção do partido. Em 9 de setembro, Gopner ocupou a secretaria geral em seu lugar.

Nesse posto ela preparou o II Congresso do partido, que se realizou em outubro. Nele, seu marido e companheiro de facção, Kviring, foi eleito secretário-geral em seu lugar.

Durante sua estadia em Moscou, Gopner participou dos trabalhos do Comissariado do Povo para a Instrução, ao lado de Nadejda Krupskaia. Em novembro, durante uma de suas sessões, Krupskaia sofreu um ataque de sua doença[100], que a deixou temporariamente cega. Como não quis revelar em público o que lhe acontecia, coube a Gopner levá-la discretamente ao hospital.[101] Em janeiro de 1919, após o colapso do Império Alemão e a retirada de suas tropas, os comunistas ucranianos puderam voltar a Carcóvia, onde se instalou um novo governo soviético. Lá, por recomendação de Lênin, foi eleito presidente do governo um estrangeiro, o revolucionário búlgaro Christian Rakovski. Em seu governo, Gopner serviu como assistente do comissário do povo da educação,

100 Doença de Graves, também conhecida como bócio tóxico difuso.
101 Cf.: Liudmila I. Kunetskaia e Klara A. Machtakova [Людмила И. Кунецкая, Клара А. Маштакова], *Krupskaya* [Н. К. Крупская], Molodaya Gvardiya, 1985, p. 295.

Volodimir Zatonski. Na época, Rakovski tomou partido pela ala antiautonomista do comunismo ucraniano, à qual pertencia Gopner.[102]

Em março de 1919, quando o Partido Ucraniano teve de eleger os delegados que enviaria ao congresso de fundação da Internacional Comunista, decidiu nomear um de cada facção: Skripnik foi eleito em representação dos autonomistas e Gopner dos pró-russos. Durante os nove anos seguintes, a mesma eleição levou os dois comunistas ucranianos a participarem dos seis primeiros congressos da Comintern.

No verão de 1919, o general branco Denikin avançou sobre Carcóvia, obrigando o governo soviético, incluindo Gopner, a evacuar a cidade e refugiar-se em Gomel, atrás da fronteira bielorrussa. Ao fim de seis meses, o Exército Vermelho pôde reconquistar a maior parte da Ucrânia, e, em janeiro de 1920, o governo de Rakovski se reinstalou em Carcóvia.

No entanto, a paz não duraria muito. Na primavera daquele ano, os poloneses do general Józef Piłsudski invadiram as repúblicas soviéticas ocidentais. Então, ao lado de Zatonski, Gopner passou a dirigir o trabalho político no XII Exército, que travou e reverteu o avanço dos poloneses na Ucrânia.

Após o fim da guerra entre a Rússia e a Polônia, no final de 1920, Gopner voltou a Ekaterinoslav, onde assumiu a liderança do Departamento de Agitação e Propaganda do partido nos distritos orientais da Ucrânia. Em julho de 1921, seu velho camarada Artiom morreu em um acidente. Em dezembro de 1922, a Ucrânia se integrou definitivamente à recém-fundada União Soviética. Em abril de 1923, Kviring retomou a secretaria geral do partido ucraniano.

Em julho, Rakovski, que era amigo de Trótski e havia criticado Stálin por ter imposto a integração da Ucrânia à URSS, teve de abandonar o governo ucraniano e foi enviado como embaixador a Londres. Para substituí-lo, foi nomeado o stalinista Vlas Tchubar. Gopner, fiel à facção dominante, continuou a fazer parte do governo.

Convocada por Zinoviev, no verão de 1924, fez parte da comissão que redigiu a resolução sobre "leninismo" para o V Congresso Mundial da Comintern.

Nessa época, para erradicar a influência de Rakovski na Ucrânia, Stálin procurou apoiar-se em Skripnik e na ala autonomista do comunismo ucraniano, e adotou a política cultural da chamada "ucranização", à qual Kviring e Gopner sempre se opuseram. Assim, no Comissariado para Educação, Zatonski foi

102 Sobre a história do comunismo ucraniano, cf.: https://en.wikipedia.org/wiki/Communist_Party_of_Ukraine_(Soviet_Union); Gus Fagan, "Introduction", em: *Christian Rakovski: selected writings on opposition in the USSR*, Allison and Busby, 1930; Haupt e Marie, "Nikolái Alexêevich Skripnik", *op. cit.*, p. 192.

substituído pelo autonomista Aleksandr Chumski[103], motivo pelo qual Gopner perdeu seu posto. Quando, em março de 1925, Kviring foi substituído na secretaria geral por Lazar Kaganovitch, os dois decidiram deixar a Ucrânia e se mudaram para Moscou.

Lá, Kviring passou a dirigir o Comitê Estatal de Planejamento Econômico e Gopner se integrou ao Jenotdel – então comandado por Klavdia Nikolaieva – como chefe de seu departamento de imprensa. Nessa função, supervisionou a publicação da revista de massas *Rabotnitsa* e da revista teórica *Kommunistka*. Ao final de 1925, Nikolaieva, que simpatizava com a Oposição Unificada, foi deposta da presidência do Jenotdel e substituída por sua adjunta Aleksandra Artiukhina.

Nesse ponto, Gopner voltou à Ucrânia, onde se reintegrou ao Comitê Central do partido ucraniano e assumiu seu jornal, *Vseukrainskii Proletarii*[104]. Nessa época, Ekaterinoslav passou a chamar-se Dnipropetrovsk, referindo-se ao nome do rio Dnieper e ao sobrenome do seu velho camarada Grigori Petrovski, então um dos mais próximos colaboradores de Stálin.

No verão de 1928, o VI Congresso Mundial da Comintern – então dirigida por Bukharin – elegeu Gopner, junto com Skripnik, membro-candidato do Comitê Executivo Internacional e a colocou à frente do Departamento de Agitação e Propaganda, cargo que ela manteria durante os próximos nove anos.

Em 1929, conforme o regime soviético dava sua guinada para a esquerda, Bukharin deixou a direção da Comintern e foi substituído pelo búlgaro Gueorgui Dimitrov. Durante os anos seguintes, Gopner ajudou a difundir as doutrinas esquerdistas do chamado "terceiro período", incluindo a ideia de que a social-democracia ocidental não era melhor que o fascismo. Em 1932, elaborou com os comunistas húngaros Béla Kun e Eugen Varga em um panfleto sobre esse tema, intitulado *Socialfascismo*. Essa noção sectária impediu os comunistas alemães de se unirem aos social-democratas para enfrentarem o nazismo, que acabaram por tomar o poder em janeiro de 1933.

Nesse ano, Skripnik foi nomeado presidente do governo ucraniano, mas, pouco depois, Stálin o acusou de nacionalismo. Skripnik se suicidou em 7 de julho.

Nessa época, Gopner empreendeu um doutorado em Ciências Históricas, que completou em 1934. Nesse ano, a Comintern deu outra guinada em sua linha política e assumiu a doutrina moderada da "frente popular", segundo a qual os partidos comunistas deviam se aliar não só aos social-democratas, mas também

103 Mais comumente transliterado como Alexander Shumsky.
104 Do russo Всеукраинский Пролетарий, "O Proletariado Ucraniano".

às democracias imperialistas, em nome do combate ao fascismo. Se até então Gopner havia difundido as ideias do "terceiro período", a partir desse ponto difundiria seu oposto: as da frente popular.

Ao participar do VII Congresso Mundial da Comintern, Gopner tornou-se a única comunista, ao lado do finlandês Otto Kuusinen, a ter participado dos sete congressos da Internacional.

Por volta de 1936, terminou o casamento com Kviring em meio a uma amarga disputa pessoal. Um ano depois, no contexto dos grandes expurgos, Kviring foi preso e executado. Também não sobreviveram os outros líderes do comunismo ucraniano de 1918-1919, com os quais Gopner havia colaborado, como Piatakov, Rakovski, Zatonski e Tchubar, nem os líderes da Comintern Zinoviev, Radek, Béla Kun e Bukharin.

Em 1938, em meio aos expurgos, Gopner deixou seus postos na Comintern e foi nomeada diretora adjunta da revista histórica do partido.

Em 1945, passou a trabalhar no Instituto Marx-Lênin.

Após a morte de Stálin em 1953 e o processo de desestalinização iniciado em 1956, ajudou a reabilitar várias de suas vítimas.[105]

Em abril de 1960, por ocasião do seu 80º aniversário, foi nomeada Heroína Socialista do Trabalho.

Em 25 de março de 1966, pouco antes de completar 86 anos, morreu em Moscou e foi enterrada no cemitério Novodevitchi da cidade. A rua onde viveu com Kviring em Dnipropetrovsk (hoje Dnipro) passou a se chamar Rua Gopner.

[105] Quando Kviring foi preso, Gopner enviou uma carta ao partido desvencilhando-se do ex-marido. Segundo o historiador A. V. Antonov-Ovseienko, quando Kviring foi reabilitado, ela obstaculizou a cerimônia comemorativa para que sua carta incriminatória não saísse à luz. Cf.: A. V. Antonov-Ovseenko, "Stalin e il suo tempo", [(IX), ultima parte], em: *Rivista Slavia*, n. 3-4, 1995.

Nasceu em 1883 na propriedade de Ianovka, na província ucraniana de Kherson, filha dos agricultores David Leontievitch Bronstein e Anna Lvovna Bronstein (cujo sobrenome de solteira era Jivotovskaia).[106] Antes de Olga nascer, o casal Bronstein já havia tido três filhos, Elizaveta (nascida em 1875), Alexandr (nascido em 1876) e Liev (nascido em 1879). Com este último, quatro anos mais velho que ela, a pequena Olga teria uma relação particularmente próxima. Mesmo depois de deixar a casa paterna em 1888 para ir estudar em Odessa, ele voltaria à fazenda a fim de passar as férias com a família.

Desde o outono de 1896, Liev Davidovitch participava de um círculo revolucionário no porto de Micolaiv, e na primavera de 1897 fundou ali a União Operária do Sul da Rússia, que se estendia também a Odessa. Não se sabe se Olga estudou em alguma dessas cidades; o certo é que era muito jovem para participar na atividade de seu irmão, mas foi influenciada por ela.

Ao fim de oito meses, em janeiro de 1898, Liev Davidovitch foi preso. Após dois anos e meio de prisão e dois anos de deportação na Sibéria, em meados de 1902, conseguiu fugir e mudou-se para Londres, passando depois a Paris. Lá ingressou na redação da revista *Iskra*. Na época, Olga tinha 19 anos. Então, convidada por seu irmão – que havia adotado o pseudônimo "Trótski" –, ela também se dirigiu à capital francesa.

Lá, no dia 7 de outubro, enquanto participava de uma celebração da liga socialista judaica, o "Bund", Olga conheceu o jovem Liev Borisovitch Rozenfeld, outro militante da mesma idade, que também acabara de chegar da Rússia – onde tinha sido preso depois de organizar um protesto estudantil na universidade de Moscou

106 Cf.: https://pt.wikipedia.org/wiki/Olga_Kameneva; Leon Trótski, *Minha vida*, Usina Editorial, 2017; Haupt e Marie, "Lev Borísovich Kámenev", *op. cit.*, p. 37.

e que também pertencia à corrente da *Iskra*. Então começaram uma relação e no ano seguinte se casaram. Os dois tinham 20 anos de idade. Liev Borisovitch usaria como sobrenome o pseudônimo de "Kamenev", que significa "de pedra", que foi o sobrenome adotado por Olga. Além de Trótski e sua companheira, Sedova, viviam em Paris também outros dois redatores da *Iskra*: Martov e Vera Zasulitch, compartilhando a mesma pensão. É provável que Olga e o marido fizessem parte de seu círculo. Lênin, que vivia em Londres, comparecia esporadicamente, mas é claro que essas visitas bastaram para lhe dar uma grande autoridade perante os Kamenev. Quando, no início de 1903, a redação da *Iskra* se concentrou em Genebra, os Kamenev também se estabeleceram lá e puderam colaborar diretamente com Lênin.

Em agosto, quando ocorreu o II Congresso do partido e a corrente da *Iskra* dividiu-se numa facção dirigida por Lênin e outra por Martov, Zasulitch e Trótski, tanto Kamenev como Olga tomaram partido da primeira. Isso significou, para ela, uma ruptura política com seu irmão, que duraria catorze anos.

Em setembro, os Kamenev voltaram ao Império Russo e se estabeleceram em Tbilisi, capital da Geórgia, onde vivia a família dele. Lá, no final de 1903, ambos participaram de uma greve ferroviária que paralisou a região. Acossados pela polícia, em janeiro de 1904, tiveram de deixar a Geórgia para dirigir-se a Moscou, onde continuaram sua militância. Pouco depois da sua chegada, Kamenev foi preso e só foi libertado após cinco meses, com a condição de deixar Moscou. Então, o casal voltou a Tbilisi, onde colaboraram com militantes como Iosseb Jughashvili[107], que depois adotaria o pseudônimo de Stálin.

Após viajar por várias cidades ao longo do ano revolucionário de 1905, em novembro desse ano o casal se estabeleceu em Petersburgo. Lá, Kameneva voltou a encontrar-se com seu irmão Trótski, que dirigia o soviete da capital. Naqueles dias, Lênin também veio a residir em Petersburgo, com quem Kamenev e Olga trabalharam em estreita colaboração.

Em 1906, Olga deu à luz seu primeiro filho, Aleksandr Lvovitch.

Em abril de 1908, Kamenev foi preso por três meses. No momento de sua partida, como era claro que a revolução havia terminado, os Kamenev abandonaram a Rússia para juntar-se à equipe de colaboradores de Lênin em Genebra. De lá, em dezembro, seguiram Lênin em direção a Paris.

Em janeiro de 1910, Olga voltou a encontrar-se com seu irmão Trótski, que estava em Paris para uma conferência conjunta das facções sociais-democratas.

107 Do georgiano იოსებ ჯუღაშვილი, também pode ser transliterado como Iossif Djugashvili, entre outras formas.

Como resultado das negociações, Kamenev e Olga foram com Trótski para Viena, onde Kamenev atuou como representante bolchevique na redação do jornal *Pravda*, dirigido por Trótski. No entanto, a colaboração entre os dois homens terminou em poucos meses e Trótski, que se recusou a submeter-se à disciplina bolchevique, exigiu que Kamenev fosse retirado de seu periódico.

Kamenev e Olga então voltaram para Paris, onde se reintegraram ao círculo de Lênin. No verão de 1911, ambos participaram da escola de Longjumeau.

O ano de 1912 marcaria o momento de maior aspereza nas relações dos bolcheviques com Trótski. Em janeiro, os bolcheviques realizaram uma conferência em Praga da qual excluíram as demais correntes social-democratas, constituindo-se de fato como partido independente. Em abril, fundaram em Petersburgo um jornal que retomava, desafiante, o título do jornal que Trótski havia dirigido em Viena, *Pravda*. Em resposta, em agosto daquele ano, Trótski tentou unir todas as facções excluídas pelos bolcheviques (desde os ultraesquerdistas até os liquidacionistas mencheviques, passando por sua própria corrente conciliadora) em um bloco antileninista. Sua tentativa, naturalmente, não deu frutos, e ele mesmo a abandonou em pouco tempo; o assunto, mesmo assim, transformou-lhe em alvo de ferozes críticas por parte de Lênin e seus camaradas.

Em meados do ano, o círculo de colaboradores de Lênin, incluindo os Kamenev, mudou-se para Cracóvia, na Polônia austro-húngara. Nessa época, Lênin e Krupskaia ajudaram a criar as crianças de Inessa Armand, junto com os Zinoviev e os Kamenev.

Na primavera de 1913, uma anistia parcial permitiu a Kamenev voltar legalmente a Petersburgo para colocar-se à frente do *Pravda* bolchevique, deixando Olga com seu filho, Aleksandr, em Cracóvia. No outono, Inessa Armand voltou a Cracóvia após um tempo na prisão e instalou-se no apartamento contíguo ao deles, não longe de onde viviam tanto Lênin e Krupskaia quanto Zinoviev, Lilina e seu filho. Lendo as duras polêmicas daquele tempo, é curioso que a irmã mais querida de Trótski fizesse parte do círculo familiar de Lênin.

Em janeiro de 1914, Olga também pôde voltar a Petersburgo para reunir-se com o marido. No entanto, com a entrada da Rússia na Primeira Guerra Mundial, o partido bolchevique foi novamente proscrito e o casal teve de fugir para a Finlândia, onde, em novembro, Kamenev foi detido. No ano seguinte, foi deportado com os deputados bolcheviques para a cidade de Atchinsk, na província siberiana de Krasnoiarsk, onde Olga o seguiu com o filho. Lá, os três residiriam pelos dois anos seguintes, convivendo com outros deportados da região – entre eles, Stálin.

Quando, em março de 1917, a revolução chamada "de fevereiro" derrubou o czarismo, os Kamenev puderam voltar a Petrogrado. Kamenev tornou-se então o principal dirigente do partido, que, ao lado de Stálin, conduziu com uma linha conciliadora até a chegada de Lênin em abril. Kamenev, mesmo assim, continuou a liderar a resistência em relação ao rumo insurrecional que Lênin exigia.

Em maio, Trótski voltou a Petrogrado, onde finalmente se uniu ao partido bolchevique. Assim terminou uma ruptura política entre os dois irmãos Bronstein que havia durado quinze anos. Após as Jornadas de Julho, tanto Trótski como Kamenev foram detidos pelo governo provisório e passaram mais de um mês na prisão de Krethi.

Nos dias que antecederam a Revolução de Outubro, Olga compartilhou as hesitações do marido e de Zinoviev a respeito da insurreição, à qual os dois líderes se opuseram publicamente, embora sem abandonar o partido bolchevique. Trótski, em vez disso, tornou-se o líder mais visível da ala rebelde. Era ele então quem colaborava com Lênin, e Kamenev quem se opunha.

Apesar de Kamenev ter se oposto publicamente à insurreição, o mesmo Segundo Congresso Panrusso dos Sovietes que assumiu o poder o elegeu presidente do seu comitê executivo em 7 de novembro, tornando-o de fato o primeiro chefe de estado da Rússia soviética. De acordo com as regras das repúblicas burguesas, Olga Kameneva teria sido "primeira dama". Tinha 34 anos.

Nesses dias, Kameneva participou de um congresso de mulheres operárias e camponesas de Petrogrado, no qual, com Zlata Lilina, fez parte da minoria que pedia um governo soviético integrado pelos diferentes partidos socialistas. Doze dias depois, Kamenev demitiu-se, juntamente com outros bolcheviques conciliadores, e foi substituído por Iakov Sverdlov como presidente do Comitê Executivo dos Sovietes. Foi então enviado a Brest-Litovsk como parte da delegação que negociava a paz com os impérios centrais. Lá, voltou a colaborar pessoalmente com seu cunhado Trótski, que então ocupava o Comissariado para Assuntos Estrangeiros.

Em março, com o marido e o resto do governo soviético, Olga passou a residir em Moscou. Lá, ingressou no Comissariado do Povo para Instrução Pública, dirigido por Anatoli Lunatcharski, assumindo seu Departamento de Teatros. Assim, durante o ano seguinte, colaborou com o diretor vanguardista Vsevolod Meierkhold e impulsionou sua estética radical nos projetos teatrais públicos. Kamenev, nessa época, passou a comandar o soviete de Moscou e o departamento de história do partido. Trótski, por sua vez, passou a ocupar o posto-chave de comissário do povo para a guerra, e dirigiu o Exército Vermelho durante a guerra civil. Em outubro, Olga participou da comissão encarregada de organizar as comemorações do primeiro aniversário da revolução.

Em maio de 1920, Meyerhold adoeceu de tuberculose e teve de deixar seu posto para ir tratar-se no sul. Em sua ausência, Lunatcharski decidiu revogar a linha radical que o Departamento de Teatro havia levado até então e em junho tirou Kameneva de seu posto.

Então, Kameneva juntou-se à direção do Jenotdel, encabeçado por sua velha amiga e vizinha de Cracóvia, Inessa Armand. Lá continuaria trabalhando depois da morte de Armand, em agosto de 1920, e de sua substituição por Aleksandra Kollontai.

Em 1921, passou a trabalhar na Comissão Central de Combate à Fome. Nesse ano, embora já tivesse 38 anos, teve com Kamenev um segundo filho, Iuri.

Em 1923, passou a chefiar a Comissão para a Ajuda Estrangeira. Desse posto se encarregava de supervisionar que os governos imperialistas não dessem apoio às forças contrarrevolucionárias sob a camuflagem da filantropia.

Nessa época, com a aposentadoria forçada de Lênin no início de 1923 e sua morte em janeiro de 1924, o partido se polarizou internamente. Então Kamenev formou, com Zinoviev e Stálin, um triunvirato dominante cujo principal adversário era Trótski, que passou a dirigir a Oposição de Esquerda. Essa divisão interna voltou a afastar Olga de seu irmão.

Em abril de 1925, Olga participou da fundação da Sociedade Soviética de Relações Culturais com o Exterior (VOKS), tornando-se sua principal dirigente. De lá, organizou visitas de artistas e autores estrangeiros à URSS, como o escritor Lewis Sinclair, o filósofo Walter Benjamin e o arquiteto Le Corbusier. Ela também organizou a turnê americana do poeta Vladimir Maiakovski. Ao longo desses anos ela manteve um salão literário em Moscou.

No final de 1925, Kamenev e Zinoviev romperam com Stálin e constituíram a chamada "Oposição de Leningrado", que no início de 1926 se unificou com a Oposição de Esquerda de Trótski. Embora seu irmão e seu marido se encontrassem de novo do mesmo lado, Olga absteve-se de participar publicamente das atividades da oposição e foi no campo cultural que desenvolveu suas intervenções.

Em março de 1927, viajou a Viena acompanhando uma delegação de músicos soviéticos para participar da comemoração do centenário de Beethoven. Nesse ano, também recebeu o compositor Serguei Prokofiev no Kremlin.

Em dezembro, o XV Congresso do partido, dominado pela facção stalinista, resolveu expulsar todos os opositores, incluindo Trótski, Kamenev e Zinoviev. Diante disso, estes dois últimos se retrataram de suas críticas e no início do ano seguinte foram readmitidos, mas Trótski se manteve inflexível, motivo pelo qual em janeiro do ano seguinte foi deportado a Alma-Ata (atualmente chamada Almati). Em dezembro do ano seguinte seria expulso da URSS.

Em julho de 1929, Olga perdeu seu posto à frente da VOKS. Afinal de contas, ainda era irmã de Trótski, nessa altura o maior dissidente do regime stalinista.

Nessa época, terminou seu casamento de três décadas com Kamenev, que logo iniciou uma relação com a pintora de 30 anos Tatiana Glebova. Em 1930, seu filho Aleksandr Kamenev se casou com a atriz Galina Kravtchenko, com quem teria dois filhos, Vitai e Karina.

Em dezembro de 1934, o assassinato de Serguei Kirov marcou o início dos grandes expurgos. Nesse mês, Kamenev foi preso junto com Zinoviev. Em março de 1935, seu filho Alexandr também foi preso e deportado para Alma-Ata. Em julho, a própria Olga foi proibida de residir em Moscou ou em Leningrado durante cinco anos, tendo de se mudar com o filho mais novo para a cidade de Gorki. Em agosto de 1936, Kamenev e Zinoviev foram julgados no primeiro dos Processos de Moscou, obrigados a confessar crimes fantásticos, e então executados. Então Olga também foi presa e enviada para a prisão de Oriol, a cerca de 350 quilômetros ao sul de Moscou. Em janeiro de 1938, foi executado seu filho mais novo, Iuri, então com 17 anos, e em julho de 1939, teve o mesmo fim o filho mais velho, Aleksandr. O mesmo aconteceu com o filho de Zinoviev e Lilina, Stefan Radomislski.

Em fevereiro de 1940, foi fuzilado seu velho colaborador, o grande diretor teatral Meyerhold, e em agosto, seu irmão Trótski foi finalmente assassinado por um agente de Stálin em Coyoacán, no México. A perseguição estendeu-se também ao resto da família Bronstein. Sua irmã mais velha, Elizaveta, já estava morta, mas seu sobrinho Liev, filho de Elizaveta, seria deportado para o Cazaquistão. O segundo dos irmãos Bronstein, Aleksandr, foi executado em 1938 e, de seus cinco filhos, um foi executado e os outros quatro deportados. As duas filhas de Trótski, seus dois filhos e seus três genros também morreram nesses anos, exilados ou executados.

No dia 6 de setembro de 1941, quando a invasão alemã ameaçava a região, Stálin ordenou que os 170 presos notáveis de Oriol fossem executados, entre eles os velhos bolcheviques Olga Kameneva, Christian Rakovski, Varvara Iakovleva, Serguei Bessonov e Varsenika Kasparova, bem como o matemático judaico-alemão Fritz Noether (irmão de Emmy Noether), o cardiologista Dimitri Pletinov e a velha social-revolucionária de esquerda Maria Spiridonova. A ordem foi levada a cabo no dia 11 no bosque de Medvedev, perto da prisão.

Sua nora, Galina Kravtchenko, e seus netos Vasili e Karina sobreviveram aos expurgos.

Olga Davidovna foi reabilitada, junto com Lev Kamenev, em 1988.

Nasceu em 1888 numa família azeri-tártara muçulmana de Elizavetapol (hoje Ganja), no Azerbaijão, que então fazia parte do vice-reinado do Cáucaso do império czarista.[108]

Não obtive dados sobre sua vida e militância anteriores à revolução, exceto que era professora de profissão, que se uniu ao partido em 1904 e que nessa época teve pelo menos dois filhos. É possível que tenha sido esposa do bolchevique armênio Vladislav Minasovitch Kasparov, que militou em Baku e outras cidades do Azerbaijão até 1912, quando partiu para o exílio na Europa ocidental, onde adoeceu e morreu pouco antes da Revolução de Outubro.[109]

O certo é que a queda do czar encontrou Kasparova no porto de Baku, em sua terra natal, o Azerbaijão. Lá, foi integrada à direção local do partido bolchevique ao lado de Prokofi Djaparidze e Stepan Chaumian.[110] Com eles, em maio de 1918, fundou a chamada Comuna de Baku, o primeiro governo soviético do Azerbaijão. Em julho, as tropas britânicas derrubaram a Comuna de Baku e impuseram a chamada ditadura do Cáspio Central, que encarcerou os dirigentes comunistas. Kasparova, no entanto, conseguiu escapar. Em setembro, os 26 comissários comunistas capturados, incluindo Chaumian e Djaparidze, foram executados durante uma tentativa de fuga.

Kasparova, por sua vez, mudou-se para Moscou. Lá, em 15 de outubro de 1918, passou a dirigir o Departamento de Agitação e Propaganda do gabinete

108 Seu ano de nascimento aparece em algumas fontes (como em artigos de Pierre Broué) como 1875. Seu primeiro nome aparece também como Varia (Cathy Porter; Richard Stites), Vera, Varvara e Veronika. Algumas fontes incluem a palavra Djavadovka como seu sobrenome de solteira; outras dizem que era armênia e não tártara.

109 Cf.: https://encyclopedia2.thefreedictionary.com/Vladislav+Kasparov.

110 Cf.: Ronald Grigor Suny, *The Baku Commune, 1917-1918: class and nationality in the Russian Revolution*, Princeton University Press, 1972.

de Comissários Políticos do Exército Vermelho e, em maio de 1919, ingressou na Administração Política do Conselho Militar Revolucionário da República, organismo encarregado de coordenar a rede de comissários políticos de todo o Exército Vermelho.[111] Nesse posto se tornou amiga de Christian Rakovski, então presidente da ucrânia soviética, e de Trótski, então delegado do povo para a guerra. Segundo Aleksandra Kollontai, "as seções políticas do Exército Vermelho são em grande parte criação da talentosa organizadora, a camarada Varsenika Kasparova".[112]

Na primavera de 1920, quando a guerra civil praticamente havia terminado e o Exército Vermelho começava a se desmobilizar, Trótski propôs transferir a organização militar para os sindicatos. Lênin se opôs. Então, com Bukharin e Varvara Iakovleva, Kasparova integrou um grupo intermediário chamado "rolha". No final, a opinião de Lênin prevaleceu.

Ne outono, Inessa Armand faleceu e Aleksandra Kollontai a substituiu à frente do Jenotdel. Ela, então, convocou Kasparova, que havia conhecido durante a guerra civil, para trabalhar como sua assistente. No verão de 1921, ambas coordenaram os preparativos para a II Conferência Internacional das Mulheres Comunistas, que se reuniu em Moscou em julho. Essa conferência integrou Kasparova a um secretariado internacional de seis membros, em que figuravam também as russas Kollontai, Zlata Lilina e Liudmila Stal, as alemãs Clara Zetkin e Hertha Sturm e a francesa Lucie Colliard. Nesse órgão, Kasparova assumiu a liderança do trabalho comunista entre as mulheres do oriente, incluindo tanto a Ásia central soviética quanto outros países estrangeiros.

Ao mesmo tempo, trabalhou como professora na Universidade dos Trabalhadores do Oriente que Karl Radek dirigia em Moscou.

Em janeiro de 1922, viajou clandestinamente a Berlim para participar de uma reunião do secretariado de mulheres da Comintern. Em dezembro, participou do IV Congresso da Comintern e redigiu um relatório sobre o Trabalho das Mulheres no Oriente Soviético, que a imprensa comunista internacional publicou em várias línguas.[113] Em 1924, a III Conferência Internacional de Mulheres Comunistas confirmou-a no secretariado.

[111] Cf. tese de doutorado de S. J. Main, *The Creation, Organisation and Work of the Red Army's political apparatus during the Civil War (1918-1920)* [tese de doutorado], Universidade de Edimburgo, 1989.

[112] Aleksanda Kollontai, "The Woman Worker and Peasant in Soviet Russia", *Selected Articles and Speeches*, Progress Publishers, 1984, https://www.marxists.org/archive/kollonta/1921/peasant.htm.

[113] Cf.: John Riddell, "Self-guided tour of revolutionary history: Colonial peoples at the Fourth Communist International Congress", 2012, http://links.org.au/node/3039. Para seu informe de 1922 sobre o trabalho entre as mulheres do oriente, cf.: https://www.icl-fi.org/english/wv/975/archives.html.

Nessa época, passou a fazer parte da Oposição de Esquerda, que, liderada por Trótski, exigia maior democracia interna, fim do incentivo à agricultura privada, maior rapidez na industrialização e criticava a doutrina de Stalin e Bukarin do socialismo em um só país.

Em maio de 1925, o Secretariado Internacional de Mulheres foi reorganizado por decisão do Comitê Executivo Internacional da Comintern (então liderado por Zinoviev), tornando-se sua Seção Feminina. Nesse momento, Kasparova perdeu sua posição.

Nos anos que se seguiram, sua participação foi fundamental para definir a postura da Oposição de Esquerda (chamada a partir de então de "Bolchevique-Leninista") sobre os acontecimentos revolucionários que se desenrolavam na China. Em abril de 1927, ao receber notícias do massacre de comunistas levado a cabo pelo nacionalista Chiang Kai-shek em Xangai, redigiu, em parceria com o velho bolchevique Grigori Lvovitch Chklovski, uma carta ao Comitê Central do partido soviético insistindo para que reconhecesse as causas da derrota e assumisse suas responsabilidades.[114]

Em 17 de novembro (dez dias após o X Aniversário da Revolução), junto com Chklovski, Olga Ravitch, Chliapnikov e outros opositores, foi expulsa da Sociedade de Velhos Bolcheviques. Em dezembro, o XV Congresso do PCUS resolveu expulsar do partido os opositores, incluindo Kasparova.

Em janeiro de 1928, quando a Comissão de Controle do Partido, chefiada por Sergo Ordjonikidze, decidiu deportar os opositores que não houvessem se retratado, estes designaram Rakovski, Radek e Kasparova para negociar com ele as condições da deportação. Ela própria foi deportada para a Crimeia e depois para Kurgan, na Ásia central soviética, com seus filhos – que também pertenciam à oposição.[115]

Nessa altura, a oposição trotskista denuncia a suposta defesa da família por parte do governo de Stálin como manobra ideológica contra o avanço dos direitos das mulheres. A oposição também critica duramente a diferença salarial entre os sexos e o desaparecimento do Jenotdel. Kasparova, sendo a principal dirigente feminina da oposição, provavelmente esteve no centro dos debates que definiram as linha nesses temas.

Após a expulsão de Trótski e de sua família da URSS em janeiro de 1929 e a capitulação de vários opositores célebres (como Evgueni Preobrajenski,

114   Cf.: Alexander Pantsov, *The Bolsheviks and the Chinese Revolution 1919-1927*, Routledge, 2000.
115   Trótski escreveu-lhe uma carta em agosto de 1928. Cf.: https://www.marxists.org/espanol/trotsky/eis/1928.todavconflic.pdf; Pierre Broué, "The Bolshevik-Leninist Faction", 1980, https://www.marxists.org/archive/broue/1988/xx/blf.html.

Karl Radek e Ivar Smilga) no ano seguinte, ela se tornou, ao lado de Christian Rakovski, Nikolai Muralov, Liev Sosnovski e Vladimir Kossior, uma das principais líderes da Oposição Bolchevique-Leninista que permaneciam em território soviético. Assim, esteve entre os signatários dos principais documentos programáticos dessa corrente – entre eles a chamada Declaração de Abril de 1930, na qual se afirmava a decisão de manter a luta contra Stálin apesar da aparente guinada para a esquerda da política oficial.[116]

No entanto, em 1935, com a saúde abalada por anos de deportação e ante o crescente perigo de uma guerra com a Alemanha nazista, esta última linha de líderes opositores, incluindo Kasparova, capitulou também. Não tenho dados sobre o que fez a partir de então nem sobre seu lugar de residência do ano seguinte.

Sua capitulação, porém, não significou uma reconciliação com o regime stalinista, porque coincidiu com o início dos grandes expurgos. Assim, em 1937, Kasparova foi novamente presa, acusada de "terrorismo". No dia 10 de abril foi condenada sem julgamento a dez anos de detenção na prisão de Oriol, a cerca de 360 quilômetros ao sul de Moscou. Outros opositores, como Chklovski, Muralov e Vladimir Kossior foram executados nesses anos. Trótski foi assassinado no exílio em agosto de 1940.

Como Rakovski, Kasparova estava detida na prisão de Oriol no verão de 1941 quando a Alemanha nazista invadiu a URSS. Por ordem direta de Stálin, no dia 6 de setembro foi acusada de "difamação em tempo de guerra" e condenada à morte. Foi executada cinco dias depois com outros presos célebres, entre eles, Rakovski, Varvara Iakovleva, Olga Kameneva e a social-revolucionária de esquerda Maria Spiridonova, nas florestas de Medvedev. Os corpos foram deixados ao relento para alimentar os lobos.

Kasparova foi reabilitada postumamente da acusação de terrorismo em 10 de outubro de 1961 e da acusação de difamação em 26 de julho de 1990.[117]

Seu protagonismo na direção política do Exército Vermelho, no trabalho com mulheres e "oriental" da Comintern e na Oposição de Esquerda deveriam ter feito dela um símbolo. Seu trotskismo é a explicação para que a história oficial soviética a tenha esquecido. Em contrapartida, é surpreendente que a historiografia especializada na questão das mulheres e a que se afirma trotskista a tenham deixado na sombra. Hoje não há dados on-line sobre sua vida, tampouco fotografias em que apareça seu rosto. É a grande esquecida desta história.

116 Para a declaração de abril de 1930, cf.: https://www.marxists.org/archive/rakovsky/1930/04/situation.htm.
117 Cf.: https://ru.openlist.wiki/Каспарова_Варсеника_Джавадовна_(1888).

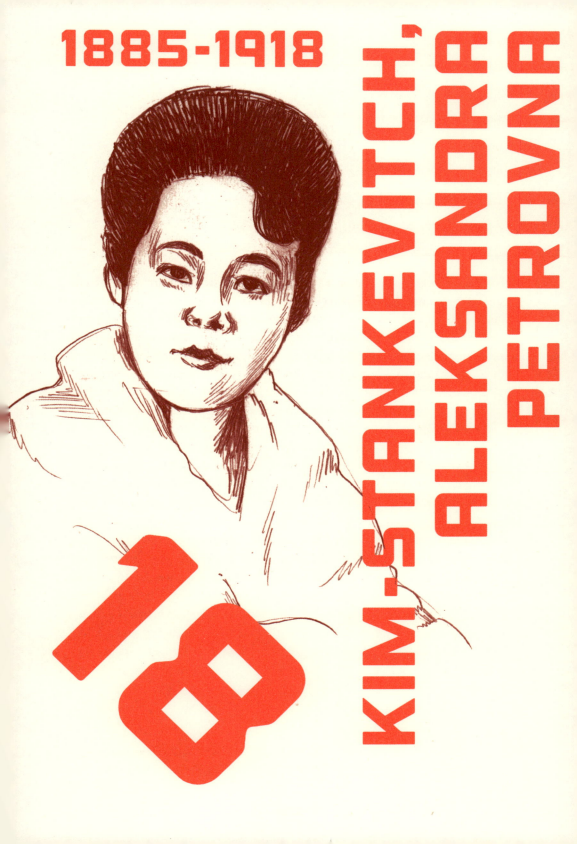

Nasceu com o nome de Kim Aerim em 22 de fevereiro de 1885 em Sinelnikovo, uma aldeia coreana na região siberiana do Amur.[118] Seu pai, Kim Dusu, era um camponês que tinha emigrado para a Sibéria em 1869. Logo após o nascimento de sua filha, ele adotou a religião ortodoxa russa e o primeiro nome Piotr, e ela então passou a se chamar Aleksandra Petrovna Kim. Quando era criança, seu pai foi trabalhar como tradutor para a linha ferroviária na Manchúria oriental, na fronteira com a China. Quando sua mãe morreu, em 1895, a jovem Kim foi se reunir com ele nessa região, onde se familiarizou com os idiomas mongol e chinês (mandarim). Piotr morreu pouco depois, e a filha ficou a cargo de um amigo seu, o polonês Jozef Stankevitch. Graças a ele, a jovem Aleksandra pôde cursar o ginásio para mulheres da cidade de Vladivostok, no extremo oriental da Rússia, muito perto da fronteira com a Coreia, onde entrou em contato com as ideias radicais russas e coreanas.

Desde 1905, a Coreia era um protetorado do Japão e, em 1907, foi submetida diretamente a um governador militar japonês. Muitos emigrantes coreanos na Rússia eram simpatizantes do movimento de libertação nacional. Em 1909, um deles, An Jung-Geun, assassinou o primeiro-ministro japonês, Ito Hirobumi, quando este passava pela Manchúria. Esse incidente dá uma ideia do ambiente que cercou Kim em sua juventude. Em 1910, o exército japonês ocupou Coreia.

Nesse ano, Kim casou-se com um filho de Stankevitch, por isso adotou legalmente o sobrenome de seu protetor. Esse casamento não duraria mais que cinco anos.

118   Cf.: a biografia citada no artigo de Vasili Quac, "Acerca de Kim-Stankevitch, Aleksandra Petrovna" [О Ким-Станкевич, Александре Петровне], 2015, https://koryo-saram.ru/o-kim-stankevich-aleksandre-petrovne/.

No verão de 1914, a Rússia e o Japão entraram na Primeira Guerra Mundial do mesmo lado. Assim, quando Lênin condenava os objetivos imperialistas do governo russo e seus aliados, condenava também o domínio japonês da Coreia. Desse modo, os bolcheviques tornaram-se o único partido russo que se solidarizava com a luta pela libertação nacional dessas regiões.

Em 1915, Kim mudou-se para Ecaterimburgo, nos Urais, onde havia conseguido emprego como tradutora na indústria madeireira. Os empresários russos necessitavam comunicar-se com os muitos trabalhadores chineses e coreanos que empregavam. Nessa altura, funcionava em Ecaterimburgo um comitê bolchevique dirigido por Pavel M. Bikov, ao qual Kim se juntou.

Com a queda do czarismo em março de 1917, o comitê bolchevique de Ecaterimburgo a enviou de volta ao Extremo Oriente para aproveitar suas capacidades linguísticas no trabalho com os operários asiáticos. Ela se instalou na cidade de Khabarovsk, à beira do rio Amur. Em outubro, deslocou-se a Vladivostok para participar de uma conferência regional do Partido Comunista, que a nomeou secretária de organização.

De volta a Khabarovsk, em dezembro, participou do Terceiro Congresso dos Sovietes do Extremo Oriente, que a integrou a seu comitê executivo regional. Esse mesmo congresso proclamou a República Soviética do Extremo Oriente e elegeu um governo presidido por Aleksandr Krasnoschiokov, no qual Kim assumiu o posto-chave de comissária do povo de assuntos estrangeiros. Assim ela esteve, ao lado de Aleksandra Kollontai e Evguenia Bosch, entre as primeiras mulheres a ocupar um posto de governo na história mundial.

Nesses meses, a República Soviética do Extremo Oriente acolheu vários militantes anti-imperialistas coreanos, como Yi Donghwi. Com eles, em março de 1918, Kim fundou a União dos Socialistas Coreanos e fez parte de seu Comitê Central. Em maio, a União passou a designar-se Partido Socialista Coreano. Em julho, para apoiar o poder soviético, organizou sua própria Guarda Vermelha, com uma centena de combatentes. Kim fez parte de seu comitê central.

Em 4 de setembro de 1918, um destacamento dos cossacos do rio Ussuri, comandado pelo atamã[119] Ivan Kalmikov, apoiado pela 12ª Divisão de Infantaria japonesa, tomou Khabarovsk e deteve os dirigentes vermelhos. Então se formou um tribunal militar a bordo do vapor pluvial Barão Korf, presidido pelo próprio Kalmikov. Este condenou à morte Kim, que foi conduzida à margem do rio e fuzilada no dia 16. Tinha 33 anos.

119   N.T.: Caudilho cossaco.

O líder bolchevique Krasnoschiokov fugiu pela taiga[120], mas os brancos capturaram-no perto de Samara e enviaram-no para a prisão Irkutsk. Em dezembro, uma insurreição naquela cidade o libertou. O socialista coreano Yi Donghwi mudou-se para Xangai, onde, no ano seguinte, foi eleito presidente de uma república coreana no exílio, liderou o movimento comunista coreano e coordenou a resistência armada contra a ocupação japonesa.

Em fevereiro de 1920, Krasnoschiokov retornou a Khabarovsk, comandando uma divisão do Exército Vermelho. Em maio liderou o estabelecimento de uma segunda república do Extremo Oriente, aliada à Rússia soviética. Derrotado, o atamã cossaco Kalmikov fugiu de Khabarovsk e se internou na China, onde foi capturado pelas autoridades locais. Estas se dispunham a entregá-lo aos vermelhos quando ele tentou fugir, então o mataram.

Yi Donghwi morreu em Vladivostok em 1935. Aleksandr Krasnoschiokov foi executado em novembro de 1937, no contexto dos grandes expurgos.

---

120   N.T.: Um tipo de floresta de coníferas.

KNIPOVITCH, LÍDIA MIKHAILOVNA

1856-1920

Nasceu em 27 de dezembro de 1856 na aldeia de Tuusula, na província finlandesa de Uusimaa, quando o país ainda era um Grão-ducado do Império Russo. Filha do médico militar de origem lituana Micolai Kniuipis e de Anna Moler[121], foi a segunda de cinco irmãos. O menor, Nikolai, nascido em 1862, iria se destacar como cientista e militante revolucionário.

Depois de estudar em casa com preceptores particulares, Lídia cursou a Universidade de Helsinque, onde entrou em contato com as ideias revolucionárias. Por volta de 1880, sua mãe morreu e ela teve de cuidar dos irmãos mais novos.

Nessa época, a jovem Knipovitch iniciou um romance com o oficial de artilharia e militante populista Nikolai Rogatchev. Na primavera de 1881, ele se mudou para Petersburgo a fim de fazer propaganda revolucionária dentro do exército. Em abril de 1883, foi preso e, em outubro do ano seguinte, executado.

Knipovitch, por sua vez, continuou a militar na *Narodnaia Volia*[122] e, por volta de 1890, mudou-se também para Petersburgo. Lá ela russificou seu sobrenome (de Kniuipis para Knipovitch) e, com Praskovia Kudelli e Nikolai Mescheriakov, fundou uma gráfica clandestina em Lakta, subúrbio de Petersburgo. Embora os três defendessem o populismo, estavam abertos às ideias marxistas que Georgui Plekhanov difundia de seu exílio e, inclusive, publicavam as obras dele. Durante os anos seguintes, ajudada pelo irmão mais novo, Lídia Mikhailovna usou a casa de campo que a família tinha na estação de Valdaika, a alguns quilômetros ao sul de Petersburgo, como centro conspirativo.

121 Cf.: Anna Mishchenko, "Lídia Mikhailovna Knipovitch: um tipo único de revolucionário" [Лидия Михайловна Книпович: Неповторимый тип революционерки], http://krimea.info/lyudi-kryma/lidiya-mixajlovna-knipovich-nepovtorimyj-tip-revolyucionerki.html.
122 Do russo Народная воля, "Vontade popular", foi uma organização revolucionária russa da década de 1880.

Ao mesmo tempo, empregou-se como professora na escola noturna para operários do bairro de Petersburgo, Nevskaia Zastava, onde dirigia um curso sobre ateísmo. Nesse ano, entrou na mesma escola, também como professora, a jovem Nadejda Krupskaia, que já então era marxista, contribuindo para que Knipovitch adotasse de vez as ideias de Plekhanov e Marx.

No final de 1895, Knipovitch e seus companheiros concordaram em emprestar sua imprensa para que a União de Luta para a Emancipação Operária, liderada por Ulianov (o futuro Lênin), Martov e Krupskaia, imprimisse um jornal. No entanto, antes que o primeiro número pudesse aparecer, Ulianov foi preso. Martov teve o mesmo destino em janeiro do ano seguinte.

Em maio de 1896, a polícia descobriu a imprensa clandestina e Knipovitch foi presa com seu irmão na casa de campo de Valdaika. Na prisão sofreu um colapso nervoso, e então Krupskaia encarregou-se de servir-lhe de ligação com o exterior até que ela também foi presa em agosto.

Depois de quatro anos de prisão, em 1901, Knipovitch foi deportada para o porto de Astracã, no Cáspio. Lá, com Anna Mikhailovna Runina e outros deportados, fundou uma rede de círculos operários em que se lia e discutia a revista *Iskra*, que Lênin, Martov e Plekhanov editavam no exterior. Nessa época, ela começou a usar o pseudônimo "Tio".

No verão de 1903, mudou-se clandestinamente para Bruxelas a fim de participar, como delegada por Astracã, do II Congresso do Partido Social-Democrata, no qual ocorreu a divisão entre bolcheviques e mencheviques. Nele, tomou partido da facção de Lênin, tornando-se uma das fundadoras do bolchevismo.

Depois de uma passagem por Petersburgo, em agosto de 1904, dirigiu-se a Sebastopol e, em outubro, mudou-se com a amiga Runina para o porto de Odessa. Lá, no outono, encontrou-se com Rozalia Zemliatchka, que percorria as cidades da região em busca de adesões e fundos para a facção leninista. Embora também fosse uma bolchevique ardente, Knipovitch não simpatizou com ela e escreveu a Lênin pedindo-lhe que procurasse outro representante.

Em Odessa foi surpreendida pelos acontecimentos revolucionários de 1905, como a greve geral e o famoso motim do Encouraçado Potemkin em junho, além do terrível pogrom[123] de outubro, no qual foram assassinados centenas de judeus. Depois da anistia desse mês, pôde estabelecer-se novamente em Petersburgo, onde compartilhou o apartamento de seu irmão Nikolai, que então estudava biologia na universidade da capital.

123 Massacres de grupos étnicos ou religiosos minoritários.

Em Petersburgo, Lídia Mikhailovna foi nomeada secretária do comitê local do partido. Nesse cargo ajudou a organizar reuniões como a conferência bolchevique de Tampere, em dezembro de 1905, e o congresso de "unificação" do partido, celebrado em Estocolmo, em abril de 1906. Em 1907, Lênin refugiou-se durante uma semana na casa de campo que os irmãos Knipovitch tinham na costa finlandesa.

A partir de 1910, Lídia serviu como tesoureira do Comitê Central e como ligação com a facção bolchevique da terceira Duma. Também ajudou a dirigir o jornal social-democrata legal *Zvezda*. Em 22 de fevereiro de 1911, foi presa com o editor bolchevique Vladimir Bontch-Bruievitch e a menchevique Liubov Radtchenko. Após três meses de prisão, foi deportada para a aldeia de Haidach, na província ucraniana de Poltava.

Em Haidach começou a apresentar vários sintomas médicos, incluindo a perda da audição, que acabariam por incapacitá-la. Como soube mais tarde, sofria da doença autoimune conhecida como doença de Graves-Basedow.

Dada sua condição médica, em abril de 1913 lhe foi permitido estabelecer-se na cidade de Simferopol, na Crimeia, onde sua velha amiga Anna Runina a acolheu em família. Embora sempre permanecesse fiel ao bolchevismo, sua deficiência física a obrigou a retirar-se da militância. Durante o resto da vida viveria retirada em Simferopol com a família de Runina.

Em setembro de 1917 conseguiu fazer uma visita a Petrogrado para saudar sua velha amiga Krupskaia, nas vésperas da Revolução de Outubro. Nessa altura, tinha 61 anos.

Em dezembro foi declarada a República Independente da Crimeia, em janeiro do ano seguinte, os bolcheviques tomaram o poder em Simferopol e no resto da península. Em março fundaram lá a República Soviética de Táurida, liderada pelos bolcheviques Anton Slutski e Jan Miller. No entanto, apenas um mês depois, o general tártaro Iskander Sulkiewicz, apoiado pelas tropas alemãs, ocupou a cidade e mandou executar Slutski e outros líderes bolcheviques. Knipovitch, entretanto, decidiu ficar na Simferopol, com a família de Runina.

Em maio de 1919, o avanço do Exército Vermelho permitiu que um segundo governo bolchevique se instalasse em Simferopol, dessa vez presidido pelo médico Dimitri Ulianov, irmão mais novo de Lênin. A convite dele, Knipovitch participou da primeira sessão do soviete local.

Ao fim de dois meses, os guardas brancos de Anton Denikin voltaram a ocupar a cidade; o governo soviético teve de fugir e em toda a península impôs-se um governo militar. Mais uma vez, Knipovitch e sua amiga Runina decidiram ficar em Simferopol e, no período seguinte, contribuíram com a resistência vermelha hospedando corajosamente em sua casa militantes perseguidos, entre eles, Aleksandr Chapovalov, que havia liderado a *tcheka* local.

Em 9 de fevereiro de 1920, Knipovitch falece aos 64 anos. No dia seguinte, apesar da lei marcial imposta pelos brancos, houve uma manifestação operária espontânea em sua honra. Ela foi enterrada no cemitério Staroruski de Simferopol. Em novembro, o Exército Vermelho limpou a Crimeia de guardas brancos, pondo fim à guerra civil. Foi a sua velha rival, Zemliatchka, a encarregada de executar os soldados brancos que não conseguiram fugir para a península.

Depois da revolução, seu irmão Nikolai Knipovitch se tornou um importante oceanógrafo. Morreu em 1939.

Nasceu em São Petersburgo, em 19 de março de 1872.[124] Seu pai foi o inspetor de cavalaria de Petersburgo Mikhail Domontovitch, pertencente a uma linhagem de altos oficiais; sua mãe, Aleksandra Massalin-Mravinskaia, era filha de um próspero fazendeiro finlandês. Ao iniciar a relação com Domontovitch, Massalin estava casada com outro homem e tinha um filho e duas filhas. Estando grávida de Domontovitch, conseguiu a anulação religiosa do seu matrimônio, algo excepcional na sociedade russa de então, que não reconhecia o divórcio civil. Graças a isso, os amantes puderam se casar em 18 de março de 1872. No dia seguinte, nasceu sua filha Aleksandra.

Esta passaria os primeiros anos da vida na residência oficial de Petersburgo, ao lado dos pais e das meias-irmãs, visitando todos os verões a quinta que o avô materno tinha na província finlandesa de Kuusa. A pequena falava russo com o pai, francês com a mãe e as meias-irmãs, inglês com a babá e finlandês com os camponeses da fazenda.

Em 1878, na guerra entre a Rússia e a Turquia, Domontovitch foi promovido a general. No ano seguinte, quando Aleksandra Mikhailovna tinha 6 anos, ele foi nomeado vice-chefe em Sófia, por isso se instalou lá com a família. Passaram dois anos lá. Assim, o búlgaro se juntou às línguas que a pequena Aleksandra absorvia. De volta a Petersburgo, foi educada por preceptoras particulares – entre elas, Maria Stassova, que simpatizava com o movimento revolucionário populista.

Em 1891, aos 19 anos, Aleksandra ficou noiva do estudante de engenharia militar Vladimir Ludvigovitch Kollontai. Como seus pais desaprovavam essa união, na primavera do ano seguinte a levaram para viajar pela Europa com

124 Cf.: Cathy Porter, *Aleksandra Kollontai: a biography*, Haymarket Books, 1980; Barbara E. Clements, *Bolshevik feminist: the life of Aleksandra Kollontai*, Indiana University Press, 1979.

a esperança de que esquecesse o pretendente. Foi durante essa viagem que Aleksandra conheceu a literatura marxista: em Berlim leu *O Manifesto Comunista* e em Paris, *A Origem da Família, a Propriedade Privada e o Estado*, de Engels.

Depois de voltar à Rússia, em abril de 1893 casou-se com Vladimir Kollontai (que então havia conseguido um posto como inspetor fabril), adotando seu sobrenome. Depois de acompanhar o marido numa viagem de trabalho a Tbilisi, Aleksandra estabeleceu-se com ele num apartamento em Petersburgo. No ano seguinte tiveram um filho, ao qual chamaram Mikhail.

Por volta de 1895, por recomendação de sua antiga governanta Strakhova, Aleksandra Mikhailovna se empregou no Museu Itinerante de Materiais Didáticos de Petersburgo e na Cruz Vermelha Política, instituições culturais que faziam trabalho social a favor dos operários e dos presos políticos. No inverno, acompanhou o marido na supervisão da instalação técnica de uma fábrica em Narva. Foi nela que conheceu em primeira mão a terrível situação da classe trabalhadora russa.

Nessa época conheceu, no Museu Itinerante, Elena Stassova, que trabalhava nele enquanto colaborava com os círculos operários dirigidos por Ulianov, Martov e Krupskaia. Animada por Stassova, em maio de 1896, participou da campanha de solidariedade com a grande greve têxtil que sacudiu a cidade e, quando a repressão caiu sobre os grevistas nesse verão, ajudou a arrecadar fundos para suas famílias. Fez o mesmo durante o segundo auge de greve, no inverno de 1897-1898.

Interessada na teoria educativa, na primavera de 1898 completou um longo artigo sobre os princípios pedagógicos de Nikolai Dobroliubov – um pensador russo de meados do século XIX –, que enviou à revista especializada *Prosveschienie*.

Em agosto, enquanto o marido estava em uma de suas viagens de trabalho, ela decidiu se separar dele, deixar o filho na propriedade familiar de Kuusa e se mudar para a Suíça a fim de estudar economia política. Ainda assim, manteve o nome Kollontai.

Na Universidade de Zurique, entrou nos cursos do economista Heinrich Herker. Este era partidário da versão gradualista do marxismo de Edward Bernstein, que estava tentando difundir entre seus estudantes. No entanto, influenciada sobretudo pelos artigos de Rosa Luxemburgo contra Bernstein, Kollontai não se deixou convencer por seu mestre. Na primavera de 1899, por sugestão deste, decidiu viajar a Londres para estudar as conquistas do movimento sindical britânico e entrevistar-se com seus teóricos, o casal Sidney e Beatrice Webb. No entanto, só se convenceu das limitações do reformismo.

Em setembro de 1899, voltou à casa paterna em Petersburgo. Sua mãe havia morrido pouco antes, e Kollontai ficou morando com os dois Mikhail: seu pai e seu filho, de 5 anos. Em sua ausência, seu marido, Vladimir, havia conseguido a anulação do casamento e tinha se casado de novo.

Em Petersburgo, Aleksandra voltou a contactar sua amiga Stassova e, recomendada por ela, ingressou no comitê local do Partido Operário Social-Democrata da Rússia. Sob as instruções desse comitê, durante os meses seguintes se dedicou a organizar círculos de estudo para operários. Na época, ela escreveu vários artigos teóricos, polemizando com os partidários russos de Bernstein, os chamados "marxistas legais". Em meados de 1900 seu pai morreu, e ela se instalou com o filho em um apartamento próprio.

Na primavera de 1901, decidiu empreender uma nova viagem ao exterior, para completar sua formação teórica. Então, deixando o filho aos cuidados do ex-marido e sua nova mulher, partiu de novo para o ocidente. Depois de uma passagem por Zurique e Paris, acabou por se estabelecer em Genebra, onde ingressou no círculo de Georgui Plekhanov, o marxista russo mais respeitado da época, e conheceu Karl Kautsky durante uma visita dele à cidade. Nesse ano, foram publicados artigos seus sobre a Finlândia na *Zaria*[125] (a revista teórica do grupo *Iskra*), bem como na prestigiada *Die Neue Zeit*, de Kautsky.

Por volta de 1902, ela voltou para Petersburgo. Lá publicou suas pesquisas sobre a Finlândia em forma de livro. Em meados de 1903, teve notícias da cisão entre mencheviques e bolcheviques que dividiu o partido social-democrata, mas manteve-se neutra: sua maior referência naquela época era Plekhanov, que, depois de ter apoiado Lênin durante o congresso, acabou passando para o lado menchevique.

No domingo 22 de janeiro de 1905, compareceu, sem permissão do partido, à manifestação operária que o padre Gueorgui Gapon havia convocado diante do Palácio de Inverno de Petersburgo. A manifestação foi reprimida a tiros e, embora houvesse cerca de 200 mortos e 800 feridos, Kollontai conseguiu sair ilesa. Esse episódio sangrento detonaria os acontecimentos revolucionários de 1905. Nesse ano, Kollontai militou no comitê social-democrata de Petersburgo, no qual os bolcheviques tinham maioria. Em março, ajudou a lançar o jornal da organização e foi nomeada tesoureira do comitê.

No dia 10 de abril, quando ocorreu a primeira reunião pública feminista da história russa, no Instituto Educativo Tenichevski, Kollontai tomou a palavra para defender a unidade de classe acima do gênero, mas foi vaiada e não pôde concluir sua intervenção. No verão, aproveitando o relaxamento da censura, publicou seu panfleto *Sobre a Questão da Luta de Classes*, no qual polemizava com

*

125 Do russo Заря, "Alvorecer".

o "marxismo legal" de Piotr Struve. Em outubro, compareceu às assembleias do soviete de Petersburgo, nas quais conheceu Trótski, cuja posição conciliadora entre as facções social-democratas ela compartilhava. Em novembro, organizou um debate semipúblico no Instituto Tecnológico entre Lênin e Martov, ocasião em que os conheceu pessoalmente. Durante esse ano, tornou-se uma oradora de massas. Ao mesmo tempo, manteve um estreito contato com os sociais-democratas da Finlândia.

Em dezembro, com as eleições da primeira Duma se aproximando, os mencheviques decidiram participar. Os bolcheviques, por sua vez, pensavam que a revolução ainda avançava e que, portanto, não deviam participar do pseudoparlamento czarista. Kollontai concordou com os primeiros e se juntou à facção menchevique, embora fazendo parte de sua ala esquerdista.

Como parte de uma campanha de propaganda, em 18 de janeiro de 1906, deu uma conferência pública na cidade lituana de Vilnius, que foi invadida pela polícia, mas ela conseguiu escapar e pôde regressar a Petersburgo. Nesse ano, editou uma publicação intitulada *Rabotchii Ejegodnik*[126], que incluía uma seleção de escritos das diferentes tendências socialistas que haviam sido publicadas no último ano, incluindo seu próprio texto popular "Quem são e o que querem os social-democratas".

Naquele verão, visitou Rosa Luxemburgo no seu refúgio na Finlândia e, a convite desta, deslocou-se, em setembro, até a cidade alemã de Mannheim para participar de um congresso do Partido Social-Democrata Alemão. Lá, conheceu Karl Liebknecht e Clara Zetkin, que então dirigia o trabalho de mulheres do partido, e participou com ela de uma sessão especial dedicada à questão feminina. De volta a Petersburgo e influenciada pela experiência alemã, nos meses seguintes organizou os primeiros grupos de Ajuda Mútua para operárias, com o auxílio de militantes tanto mencheviques quanto bolcheviques.

Em agosto de 1907, quando Zetkin organizou em Stuttgart o primeiro congresso internacional de mulheres socialistas, Kollontai foi a única russa convidada a participar como delegada. Nesse congresso, uma maioria radical liderada por Zetkin, que reivindicava a inclusão do direito de voto para as mulheres entre as exigências imediatas do socialismo, enfrentou uma minoria moderada, liderada por Lily Braun, que considerava essa exigência taticamente prematura. Com a ajuda de Kollontai, Zetkin conseguiu impor-se. Terminado o congresso de mulheres, Kollontai ficou para participar, como delegada, do VII Congresso

126 Do russo Рабочий ежегодник, "Anuário operário".

da Internacional Socialista, que começou imediatamente depois. Durante a estadia em Stuttgart, Kollontai e Rosa Luxemburgo ficaram na casa de Zetkin.

De volta a Petersburgo, no início de 1907, publicou seu panfleto *Finlândia e o Socialismo*, que foi confiscado pela polícia poucos dias depois de seu lançamento.

Quando, na primavera de 1908, começou a ser organizado um congresso de organizações de mulheres de toda a Rússia, a realizar-se em dezembro, sob a direção das feministas liberais, Kollontai se deu conta de que este oferecia uma boa plataforma para os grupos de operárias que vinha organizando desde 1906 e solicitou ao comitê social-democrata que a apoiasse na organização de uma forte delegação operária. Ao mesmo tempo, a fim de se armar teoricamente para a polêmica, dedicou o verão a escrever seu longo tratado *As Bases Sociais da Questão da Mulher*, que o escritor Maksim Gorki publicaria no ano seguinte em Capri.

Em setembro, as autoridades emitiram uma ordem de prisão contra ela, devido ao conteúdo de seu panfleto sobre a Finlândia, motivo pelo qual teve de vender seu apartamento, despedir-se do filho (que voltou para casa do pai) e passar à clandestinidade.

Quando o Congresso de Mulheres se reuniu em dezembro, a delegação operária se apresentou encabeçada pela bolchevique Vera Slutskaia, enfrentando decididamente a maioria liberal com posições socialistas. Kollontai também estava presente, mas não pôde comparecer abertamente, por causa da ordem de apreensão. Outra camarada leu sua palestra em seu nome, e sua única intervenção pessoal ocorreu na sessão de 10 de dezembro, sob o pseudônimo "Mikhailovna". Sabendo que a polícia a havia identificado, no dia seguinte abandonou a Rússia clandestinamente. Não voltaria senão oito anos depois.

Na sua ausência, o Congresso das Mulheres aprovou uma resolução defendendo o direito de voto às mulheres. No entanto, dado que essa resolução não questionava o carácter censitário da lei eleitoral czarista (ou seja, não criticava o fato de que o peso de cada voto dependia das propriedades do eleitor), a delegação operária recusou-se a aprová-la e abandonou o congresso. Embora Kollontai pertencesse então à facção menchevique, no início de 1909 a imprensa dessa facção criticou o radicalismo da delegação operária no congresso, enquanto a imprensa bolchevique a defendeu.[127]

Na noite de 12 de dezembro de 1908 chegou a Berlim, onde alugou um apartamento. Lá, vinculou-se à ala esquerda do partido social-democrata alemão,

127   Para uma análise do Congresso de Mulheres de 1908 e do pensamento de Kollontái a respeito dele, cf.: Frencia e Gaido, *op. cit.*

liderada por Karl Liebknecht, Luxemburgo e Zetkin. Em abril de 1909, percorreu várias cidades do sudoeste da Alemanha como parte de uma turnê de conferências. Uma vez concluída a turnê, foi a Londres acompanhando Zetkin em uma viagem para estabelecer laços com os socialistas e as sufragistas da Inglaterra. Lá, participou da marcha do 1º de Maio antes de voltar a Berlim. No inverno, empreendeu uma nova turnê de conferências, dessa vez passando por Dresden. Nessa ocasião, acompanhou-a seu filho, Mikhail, então adolescente, que tinha chegado à Alemanha para passar as férias de inverno com ela.

Durante o primeiro ano de sua estadia na Alemanha, teve um romance com o economista russo Piotr Maslov, que vivia com a família em Berlim e, como Kollontai à época, pertencia à facção menchevique. Ao contrário de Kollontai, no entanto, Maslov pertencia à ala direita da facção, na qual ficaria por toda a vida.

No verão de 1910, Kollontai mudou-se para a cidade italiana de Bolonha, a fim de ministrar um curso sobre sexualidade e outro sobre a situação da Finlândia na escola de quadros que o escritor Maksim Gorki havia estabelecido com o apoio dos bolcheviques dissidentes Bogdanov e Lunatcharski.

Em agosto, voltou a Copenhague para participar do segundo Congresso Mundial de Mulheres Socialistas. Lá, com Zetkin, impulsionou o estabelecimento do Dia Mundial da Mulher. O relatório foi aprovado. No final, o mesmo congresso a incluiu no Secretariado de Mulheres da Internacional e na lista de colaboradoras da revista *Die Gleichheit* (Igualdade), dirigida por Zetkin. Assim como o congresso socialista de mulheres de Stuttgart três anos antes, o de Copenhague foi seguido por um congresso da Internacional Socialista, o oitavo. Nele, Kollontai voltou a conviver com as figuras mais destacadas do socialismo da época. Terminado o congresso, dirigiu-se, com outros delegados, à cidade sueca de Malmö, para participar de um comício contra o recrutamento. O fato de terem programado sua fala ao lado do francês Jean Jaurès, o então orador mais célebre do socialismo, dá uma ideia da fama que ela própria tinha obtido. Inclusive houve quem a apelidasse de "um Jaurès de saia".

Em fevereiro do ano seguinte (1911), empreendeu uma nova turnê de propaganda, dessa vez pela Saxônia, e em 8 de março participou em Frankfurt do comício do Dia Mundial da Mulher, que era celebrado pela primeira vez na Alemanha.

Em seguida, a convite do social-democrata russo Georgui Tchitcherin, foi para Paris, onde passou o resto do ano. Lá terminou um livro de crônicas intitulado *Pela Europa Operária*[128] e escreveu uma série de artigos sobre sexualidade.

*

128 Tradução livre do original em russo По рабочей Европе.

Ela também começou seu tratado *Sociedade e Maternidade*[129], que terminaria três anos depois. Na capital francesa encontrou com Lênin, mas não se integrou a seu círculo: ainda pertencia à facção menchevique.

No final do ano, fez uma turnê de conferências na Bélgica e, no início de 1912, regressou a Berlim. Lá recebeu a notícia de que os bolcheviques tinham realizado uma conferência em Praga, constituindo-se como partido independente e rompendo de fato com as outras correntes. Em março completou 40 anos. Em setembro empreendeu uma nova turnê internacional, dessa vez por Gales e pela Inglaterra. Nesse meio-tempo, apareceu na Alemanha uma resenha de seu livro *Pela Europa Operária* acusando-a de expressar preconceitos antialemães. Diante disso, o líder sindical Carl Legien pediu que ela fosse sancionada formalmente, e até mesmo seus amigos Zetkin e Kautsky romperam com ela. Só Karl Liebknecht saiu em sua defesa.

Em novembro, em resposta à guerra que havia eclodido nos Balcãs, o gabinete da Internacional Socialista convocou uma conferência extraordinária na cidade suíça de Basileia, e Kollontai compareceu como delegada do sindicato têxtil de Petersburgo, dominado pelos mencheviques. Com pouca vontade de voltar à Alemanha, onde seus amigos lhe tinham virado as costas, ficou na Suíça até a primavera de 1913. Lá se ligou com o socialista de esquerda Fritz Platten. Depois de uma nova turnê de conferências pela França, Bélgica e Inglaterra, no inverno voltou a Berlim. Nessa altura, Zetkin e seus amigos tinham lido seu polêmico livro *Pela Europa Operária* e concluído que não tinham razão para se ofenderem, motivo pelo qual se desculparam com ela e retomaram a amizade. Naquele inverno, Kollontai escreveu seu panfleto *Nova Mulher*[130].

Durante a primavera de 1914, dedicou-se a preparar, com Zetkin, um novo Congresso Internacional de Mulheres Socialistas, que deveria reunir-se no verão, e uma manifestação antibélica.

Em junho, seu filho, Mikhail, então com 19 anos, chegou da Rússia para passar as férias de verão com ela. Ambos foram para a Baviera. Enquanto estavam lá, a polícia revistou o apartamento de Berlim. No dia 1º de agosto, os dois regressaram a Berlim: nesse dia, a Alemanha declarou guerra à Rússia. Dois dias depois, a polícia alemã prendeu Aleksandra e o filho por serem súditos de uma nação inimiga. Ela foi libertada no dia seguinte, assim que pôde provar que era uma oponente do czar, mas seu filho foi mantido sob custódia policial. Aleksandra

129   Tradução livre do original em russo Общество и материнство.
130   Tradução livre do original em russo Новая женщина.

recorreu ao Reichstag pedindo ajuda aos deputados social-democratas, mas apenas para dar-se conta de que estes não só apoiavam a guerra, como não se opunham ao encarceramento dos civis russos. Só Liebknecht a apoiou. Depois de uma semana, seu filho foi libertado. No início de setembro, os súditos russos foram expulsos do território do Reich. Então, Mikhail voltou para a Rússia e Aleksandra para a neutra Dinamarca. Os planos de realizar um Congresso Internacional de Mulheres na Alemanha foram destruídos.

Depois de uma passagem por Copenhague, no final de setembro mudou-se para Estocolmo, onde se instalou no hotel Karleson. Lá, se encontrou com o operário bolchevique de 29 anos Aleksandr Gavrilovitch Chliapnikov, que vivia na capital sueca organizando o contrabando de literatura bolchevique para o interior da Rússia. Na Suécia, Kollontai soube que uma ala considerável da facção menchevique – incluindo seu velho mestre Plekhanov e seu ex-amante Maslov – tinha abraçado o patriotismo russo e convocado a luta contra o imperialismo alemão... ao lado do czar. Também soube que os outros mencheviques, liderados por Martov, opunham-se à guerra, mas não se atreviam a romper cabalmente com seus velhos aliados. Trótski, que não tinha nada em comum com os chauvinistas, negava-se por sua vez a romper com Martov. Lênin e seus partidários, ao contrário, não só haviam feito oposição à guerra, mas eram os únicos que pregavam decididamente romper todo vínculo com os social-chauvinistas e com quem os apoiasse. Como as teses de Lênin a impressionaram, ela se propôs a divulgá-las na imprensa socialista sueca. Naqueles dias, iniciou uma amizade íntima com Chliapnikov, que duraria vários anos, e uma correspondência regular com Lênin e Krupskaia. No entanto, como Trótski em Paris, ela ainda resistia a se juntar ao partido bolchevique, cujos "sectarismo" e "estreiteza" ela havia denunciado por anos.

Embora a Suécia fosse formalmente neutra, sua polícia desconfiava dos russos como possíveis espiões do czar. Assim, em meados de novembro, Kollontai foi detida na sua residência como estrangeira suspeita e encarcerada na prisão de mulheres de Estocolmo. Após uma semana de detenção, foi transferida para a prisão-fortaleza de Klinsholm, perto de Malmö, onde passaria mais uma semana; finalmente, no dia 26 de novembro, foi expulsa da Suécia. Então se dirigiu, com Chliapnikov, para Copenhague, onde, em janeiro de 1915, os dois participaram de uma conferência socialista dos países neutros. Nela, a passividade dos delegados a decepcionou, como escreveu em um artigo que enviou ao jornal de Trótski.

Em fevereiro, após receber um convite do Partido Socialista Norueguês para viver em Cristiania (hoje Oslo), mudou-se para lá e instalou-se com Chliapnikov no subúrbio de Holmenkollen.

Em março, realizou-se, em Berna, a conferência antibélica de mulheres socialistas, convocada por Clara Zetkin, mas Kollontai não pôde comparecer: o intransponível território da Alemanha a separava da Suíça. Na primavera, resolveu romper seus últimos laços com o menchevismo e enviou um artigo à revista bolchevique *Kommunist*, que Bukharin, Piatakov e Evguenia Bosch publicavam em Estocolmo. Depois de uma breve visita de verão de seu filho, em agosto ela escreveu um panfleto intitulado *Quem Precisa da Guerra?*[131], que se tornou muito popular.

Convidada pelo socialista germano-americano Ludwig Lore, no final de setembro embarcou rumo aos Estados Unidos para empreender uma turnê de propaganda antibélica. Essa turnê duraria todo o inverno e a levaria de um extremo ao outro dos EUA. Enquanto isso, Chliapnikov fez uma viagem clandestina a Petersburgo. Terminada a turnê, em 21 de fevereiro de 1916, Kollontai embarcou de novo rumo à Europa em um vapor norueguês. Embora o vapor navegasse com a bandeira de um país neutro, ao passar perto das costas inglesas, a marinha britânica o deteve, revisou a identidade dos passageiros e levou como prisioneiros os súditos alemães. Kollontai, no entanto, foi autorizada a seguir viagem.

Em abril, Bukharin, Piatakov e Bosch foram expulsos da Suécia e chegaram a viver na capital norueguesa, onde estreitaram os laços com Kollontai. Nessa época, uma editora legal pró-bolchevique de Petrogrado publicou seu volumoso tratado *Sociedade e Maternidade*.

No final de junho, Chliapnikov partiu para os Estados Unidos a fim de arrecadar fundos para o partido entre a comunidade judaica de Nova York. Quando, em setembro, Chliapnikov anunciou por carta que havia iniciado o caminho de volta e propôs que Bukharin fosse se instalar nos EUA, Kollontai decidiu que já não queria viver com ele. Deixou uma carta de ruptura em seu apartamento e embarcou por sua vez para a América,[132] acompanhada do filho, Mikhail, que terminara os estudos e desejava emigrar para o novo mundo.

Depois de deixar o filho na cidade de Paterson (New Jersey), onde ele conseguiu emprego como engenheiro industrial, Kollontai se instalou em Nova York, ingressando na redação do jornal internacionalista *Novi Mir*[133], cuja direção Bukharin havia assumido. Em janeiro de 1917, Trótski chegou também a Nova York, expulso da França e da Espanha, e se juntou à equipe.

131 Tradução livre do original em russo Кому нужна война?
132 Para mais detalhes sobre a vida de Chliapnikov, incluindo sua relação com Kollontai, cf.: Barbara C. Allen, *Aleksander Schliapnikov, 1885-1937: life of an old Bolshevik*, Haymarket Books, 2016.
133 Do russo Новый мир, "Novo mundo".

A trajetória de Trótski havia sido, em muitos sentidos, paralela à de Kollontai. Apesar do relativo radicalismo de suas perspectivas políticas a longo prazo, ambos haviam se oposto por anos às concepções organizativas de Lênin, recusando-se a romper com o menchevismo; ambos eram oradores de massa e intelectuais cosmopolitas e, sendo profundamente internacionalistas, ambos se haviam oposto à guerra e aos socialistas pró-bélicos. No entanto, nessa época Kollontai já tinha decidido juntar-se ao bolchevismo e Trótski ainda hesitava, motivo pelo qual em Nova York ela o viu com olhos altamente críticos e se desgostou ao notar a grande ascendência que o recém-chegado exerce sobre o influenciável Bukharin.

No início de fevereiro, Kollontai embarcou novamente rumo à Europa, para voltar a seu apartamento em Holmenkollen, talvez acreditando que viveria nele um bom tempo. Naquela época, Bosch e Piatakov ainda moravam na cidade, mas no ano anterior Chliapnikov havia sido transferido para Petersburgo, onde dirigia o gabinete russo do partido.

No dia 13 de março, quando mal tinha desfeito as malas, Kollontai recebeu a notícia da chamada Revolução de Fevereiro, que derrubou o czar da Rússia. Assim, ao lado de Bosch e Piatakov, preparou-se imediatamente para regressar ao seu país. Antes de partir, recebeu por telegrama a "Carta de longe", que Lênin enviara da Suíça com suas primeiras análises da revolução, para que a levasse consigo. Assim, com o documento escondido no espartilho, em 19 de março chegou à estação Finlândia de Petrogrado, terminando mais de oito anos de exílio.[134] Chliapnikov, que havia aceitado sua ruptura sem rancor, a esperava na estação. Nesse dia, ela fazia 45 anos. Lá Bosch e Piatakov se despediram dela e tomaram um trem que os conduzia para Kiev.

No dia seguinte à sua chegada a Petrogrado, depois de entregar o texto de Lênin à redação do *Pravda*, Kollontai dirigiu-se ao Palácio de Táurida, onde se realizava um comício feminista de apoio ao governo provisório e à guerra. Nele, desafiando a maioria dos presentes, fez um discurso contra a política conciliadora, que lhe valeu a expulsão do evento. Em 26 de março, uma semana depois de sua chegada a Petrogrado, o oficial bolchevique Nikolai Podvoiski propôs aos

[134] Kollontai teve sorte: por ter cruzado o Atlântico antes da Revolução de Fevereiro, as autoridades britânicas a deixaram passar por suas águas territoriais (não uma, mas duas vezes). Ninguém, nem a própria Kollontai, suspeitava que ela logo poderia se dirigir à Rússia. Mas quando, duas semanas depois, após a queda do czar, Trótski e Grigori Tchudnovski fizeram a mesma rota, os britânicos mantiveram-nos durante um longo mês no campo de concentração de Halifax, Canadá, por saberem que, se os dois chegassem à Rússia, fariam campanha contra a guerra. Bukharin decidiu entrar na Rússia pelo Oriente, via Japão, mas não ganhou muito com isso, pois, como Trótski, chegou no mês de maio.

soldados simpatizantes do partido que a elegessem sua representante no soviete da cidade, o que fizeram no dia seguinte, depois de ouvirem uma série de seus discursos. Assim, ela se tornou a primeira mulher a ser eleita congressista do soviete de Petrogrado em 1917 e a entrar na sua Comissão Executiva.

Durante as semanas que se seguiram à Revolução de Fevereiro, o partido bolchevique foi liderado, na ausência de outros dirigentes de alto escalão, por Chliapnikov, Molotov e Zalutski, que já estavam na capital. Estes tinham tentado manter alguma independência política em relação ao governo provisório e a maioria conciliadora do soviete. No entanto, quando, em meados de março, Kamenev e Stálin chegaram a Petrogrado, começaram a conduzir o partido na direção do apoio condicional ao governo e de aproximação aos partidos conciliadores. Nessa altura, tanto Chliapnikov como Kollontai se opuseram a essa linha, embora sem ousar modificar o programa histórico do bolchevismo, que ainda contava com uma revolução de conteúdo democrático-burguês.

No dia 11 de abril, Kollontai organizou uma manifestação de esposas de soldados contra a guerra no Palácio de Taúride, que conseguiu atrair quinze mil mulheres. No dia 16, quando Lênin regressou à Rússia, Kollontai integrou-se à delegação que, encabeçada por Kamenev, foi recebê-lo na estação fronteiriça de Belostov.

No dia seguinte, numa conferência conjunta de bolcheviques e mencheviques, Lênin apresentou suas famosas "Teses de Abril", nas quais exigia a ruptura imediata com o governo provisório, com os partidos conciliadores e com todos aqueles que defendiam a guerra, bem como o início de um trabalho de propaganda destinada a preparar o proletariado para a tomada do poder. Kollontai foi a única delegada presente a tomar a palavra para defendê-las, ante as vaias dos mencheviques. Perplexos, os outros bolcheviques mantiveram silêncio, começando a assimilar as teses de Lênin apenas nos dias seguintes – e alguns deles nem mesmo então.

Durante o mês de abril, Kollontai ajudou a liderar uma greve geral de lavadeiras pela redução da jornada de trabalho e o aumento salarial, que no 3 de maio obteve uma importante vitória. Nesse mês, ingressou no comitê de redação da revista bolchevique *Rabotnitsa*, que seria relançada depois de três anos.

Ao mesmo tempo, dedicou-se a fazer trabalho de agitação junto aos marinheiros da frota do Báltico, para o que se deslocou a Helsinque. Lá, participou de um congresso da social-democracia finlandesa e conheceu Pavel Dibenko, um marinheiro bolchevique de 28 anos que era então presidente do comitê da Frota. Os dois iniciaram um romance.

Em junho voltou a Petersburgo para participar do I Congresso dos Sovietes de Toda a Rússia. Uma vez terminado, viajou com Angelika Balavanoff para

Estocolmo, onde começavam a se reunir os delegados socialistas antibélicos de distintos países para celebrar uma terceira conferência do movimento internacional de Zimmerwald. Contudo, o atraso dos delegados adiou a conferência.

Em 17 de julho, chegaram à capital sueca notícias das chamadas "jornadas de julho": sem autorização do partido, milhares de soldados e operários simpatizantes do bolchevismo tinham decidido sair às ruas em destacamentos armados, a fim de pressionar o soviete conciliador para que depusesse o governo e assumisse todo o poder. Mesmo sem ter convocado as manifestações, os bolcheviques decidiram pôr-se à frente delas. Assim, Kollontai resolveu voltar imediatamente a Petrogrado para juntar-se ao movimento. No entanto, as guarnições do resto do país ainda confiavam no governo, e no dia 18 chegaram à capital para dispersar as manifestações armadas. No dia 19, enquanto Kollontai embarcava no trem em Estocolmo, o movimento era reprimido em Petrogrado. Nesse dia, o governo provisório acusou os bolcheviques de terem tentado uma insurreição, e os dirigentes que tinham regressado do exílio, de serem espiões alemães. Assim, quando Kollontai desembarcou no porto russo de Torneo, em 20 de julho, o partido bolchevique já tinha sido banido, motivo pelo qual ela foi presa imediatamente, sendo levada à prisão para mulheres de Viburgo, onde passaria um mês. O governo "revolucionário" de Kerenski conseguiu fazer o que o czar nunca conseguiu: prender Kollontai. Outros dirigentes bolcheviques populares, como seu companheiro Dibenko e Trótski (que então se unira ao partido bolchevique), foram também presos, enquanto Lênin e Zinoviev tiveram de passar para a clandestinidade.

No período em que estava presa, em agosto reuniu-se o VI Congresso do Partido Bolchevique, que a incluiu como membro pleno em seu Comitê Central. Esse comitê seria o encarregado de dirigir o partido durante a Revolução de Outubro. Kollontai era a única mulher que fazia parte desse órgão, embora sua velha amiga Stassova e Varvara Iakovleva fossem membros-candidatos.

No dia 21 de agosto, o escritor Maksim Gorki e o antigo bolchevique Leonid Krasin pagaram sua fiança, e ela foi solta, embora durante algum tempo tivesse de ficar em prisão domiciliar no apartamento do seu falecido ex-marido, onde viviam o filho, Mikhail, e sua madrasta. Quando, no início de setembro, o governo provisório teve de recorrer aos bolcheviques para que o ajudassem a esmagar a intentona golpista do general Kornilov, Kollontai e os outros detidos foram libertados.

Em outubro, o Comitê Central bolchevique a integrou à comissão encarregada de renovar o programa do partido. Ao mesmo tempo, ajudou a organizar o primeiro congresso de mulheres trabalhadoras de Petrogrado.

Na noite da tomada do poder, acompanhou seu companheiro Dibenko na coordenação das manobras da frota do Báltico. No dia seguinte, quando o

II Congresso dos Sovietes elegeu um governo, foi incluída como Comissária do Povo de Bem-Estar Social. Sob o governo provisório, o departamento de Bem-Estar Social, dirigido pela condessa feminista Sofia Panina, fazia parte do Ministério da Educação. Assim, quando este se transformou em um Comissariado do Povo autônomo, Kollontai tornou-se a primeira mulher a fazer parte de um gabinete em todo o mundo.

Nos dias que se seguiram à revolução, ela teve de enfrentar a greve dos funcionários de seu comissariado, que, encorajados pela condessa Panina, impediam a realização de suas funções. Depois de uma semana, decidiu permitir que os Guardas Vermelhos prendessem os funcionários grevistas. Quando finalmente conseguiu chegar a seu escritório, percebeu que sua antecessora tinha levado todos os fundos, o que a levou a ficar presa até que os fundos fossem restituídos.

Em dezembro, Kollontai ajudou a redigir o primeiro decreto do matrimônio civil (com pleno direito ao divórcio) e, assim que foi promulgado, ela mesma se casou com Dibenko. Foi o primeiro casamento civil registrado na história da Rússia.

No final do ano, liderou os marinheiros do Báltico na ocupação do monumental mosteiro Aleksandr Nevski, de Petrogrado, que se converteu em um asilo para feridos de guerra. Aquele foi o primeiro edifício religioso expropriado pelo governo soviético. Isso lhe rendeu a excomunhão formal da Igreja Ortodoxa. Em janeiro de 1918 ocupou também um orfanato religioso, o Instituto Nikolaiev, para convertê-lo em um Palácio da Maternidade. No entanto, na noite anterior à sua reabertura, uma mão misteriosa incendiou o edifício. Quando Kollontai chegou ao local, uma freira que trabalhava na instituição, convencida de que a comissária planejava transformá-la em um bordel, tentou estrangulá-la, e Kollontai só se salvou graças à intervenção de um marinheiro que a acompanhava.

Em fevereiro de 1918, fez parte da ala esquerda do partido bolchevique, que, comandada por Bukharin, opunha-se à ratificação do tratado de paz com a Alemanha e propunha a continuação da guerra.

Em meio à controvérsia, no início de março, partiu com Leonid Berzin e Marc Natanson em uma missão que buscava chegar à Europa Ocidental para estabelecer contato com a esquerda europeia em nome do jovem governo soviético. No entanto, o vapor em que viajavam quebrou no Báltico e teve de atracar nas ilhas Aland. Lá, os guardas brancos finlandeses, que as ocupavam, capturaram a delegação soviética e a enviaram de volta à Rússia.

No seu regresso, Kollontai mudou-se para Moscou, onde o governo soviético já se instalara. Lá participou do VII Congresso de Partido Comunista e do IV Congresso os Sovietes de Toda a Rússia, que se realizaram sucessivamente. Eles se opuseram à paz de Brest-Litovsk, sobretudo porque uma das condições exigida pela Alemanha era que o governo soviético se retirasse da Finlândia, da Ucrânia e dos países bálticos, deixando os movimentos soviéticos nessas regiões indefesos diante do avanço alemão. Quando a facção pró-bélica foi derrotada no congresso do partido, seus membros, incluindo Kollontai, renunciaram a seus postos no governo. Nesse congresso, o partido elegeu um novo comitê central, no qual Kollontai já não figurava; o Comissariado do Bem-Estar Social foi dissolvido.

Nesse ponto, seu marido, Dibenko, que também se opunha ao tratado, abandonou seu posto na fronteira com a Estônia e se mudou para Samara, onde fez companha, entre as tropas, contra a paz de Brest-Litovsk, sendo preso e levado para Moscou, onde foi julgado. Embora ele tenha sido absolvido da acusação de traição, sua atividade de oposição no exército levou à sua expulsão do partido. Enquanto esteve Dibenko preso, Kollontai dedicou-se a defender sua libertação.

Como o resto dos comunistas de esquerda, com o estouro da Guerra Civil, Kollontai deixou de lado suas diferenças e se lançou em defesa da revolução. Assim, no verão, participou de uma turnê de agitação pela frente sul, que a levou até o porto de Astracã. Quando regressou, passou por Iaroslavl, pouco antes de começar uma batalha com as forças do general branco Koltchak.

No outono, ajudou Inessa Armand e Iakov Sverdlov a organizar o primeiro congresso de operárias e camponesas de toda a Rússia, cuja abertura ocorreu em Moscou no dia 16 de novembro. Esse congresso a integrou a uma comissão especial para o trabalho comunista entre as mulheres, da qual também participavam Armand e a operária Vera Moirova.

No inverno, publicou vários ensaios em forma de livro com o título *A Nova Moral e a Classe Operária*[135].

Dibenko, por sua vez, mudou-se para a Crimeia a fim de organizar a resistência clandestina às tropas de ocupação alemãs, que o capturaram. Só foi libertado depois de uma troca de prisioneiros. Logo assumiu o comando de um batalhão em Ekaterinoslav, que conduziu com sucesso, motivo pelo qual foi readmitido no partido.

Em janeiro de 1919, Kollontai se viu obrigada a ficar de cama quando foi diagnosticada com angina de peito, tendo que se submeter a uma cirurgia em fevereiro. Logo que se recuperou, em março, participou como delegada no Primeiro Congresso Mundial da Comintern e depois como representante da comissão feminina no VIII Congresso do Partido Comunista.

135   Tradução livre do original em russo Новая мораль и рабочий класс.

Depois, mudou-se para Carcóvia, onde colaborou com Christian Rakovski, Adolph Joffe e Konkordia Samoilova, que coordenava o trabalho entre as mulheres na Ucrânia. Quando, no final de abril, o Exército Vermelho tomou a península da Crimeia, estabeleceu-se em Simferopol um governo soviético presidido por Dimitri Ulianov, o irmão mais novo de Lênin, no qual Dibenko ocupava o Comissariado da Marinha. Então Kollontai foi convocada a se mudar para lá a fim de chefiar o Departamento de Agitação e Propaganda. Por causa da guerra civil na Ucrânia, a transferência a Carcóvia levou todo o mês de maio. Seu trabalho na Crimeia, no entanto, não durou mais de um mês, pois em 23 de junho o avanço do general branco Denikin forçou os membros do governo soviético a abandonar Simferopol e passar a Kiev. Um mês depois, Kiev também foi ameaçada e Kollontai teve de regressar a Moscou.

Lá, em setembro, participou da fundação do Jenotdel, na qualidade de representante das ativistas regionais. Inessa Armand foi nomeada sua presidente. Embora o partido então reconhecesse plenamente a necessidade de um órgão especial para o trabalho entre as mulheres, só Kollontai o havia previsto teoricamente desde antes da revolução. Como sua adjunta, nomeou a bolchevique de origem tártara Varsenika Kasparova, que durante a Guerra Civil havia se destacado na organização de comissários políticos no Exército Vermelho.

Em outubro, depois de um mês de trabalho no Jenotdel, Kollontai contraiu tifo e ficou acamada. Em março de 1920, pôde empreender uma viagem de descanso à Ucrânia, para visitar a família de seu marido, Dibenko. De lá, passou ao sanatório de Kislovodsk, no sul da Rússia, onde voltou a se encontrar com seu antigo companheiro, Chliapnikov, que dirigia uma escola de formação política para operários. Em junho, sofreu um ataque cardíaco e teve de ir a Moscou para uma nova cirurgia. Sua recuperação complicou-se devido a um novo ataque de tifo. Em setembro, Armand, que também tinha ido a Kislovodsk, morreu de cólera durante a evacuação da cidade. Assim, em novembro, Kollontai, recém-recuperada, foi nomeada, em seu lugar, presidente interina do Jenotdel.

Nessa função, naquele mês redigiu para a Internacional, em parceria com Clara Zetkin e Sofia Smidovitch, o documento "Guias para o trabalho comunista entre as mulheres". No final do ano, participou do VIII Congresso dos Sovietes, que a integrou à sua comissão executiva, e, numa conferência do Jenotdel que se seguiu, foi formalizada sua nomeação como presidente.

Influenciada por Chliapnikov, no início de 1921 começou a simpatizar com a chamada "Oposição Operária", uma corrente bolchevique radical dirigida por Chliapnikov e Iuri Lutovinov, particularmente sensível aos interesses imediatos da classe operária e preocupada com a incipiente burocratização do partido. Sua principal exigência era que as decisões econômicas do Conselho Superior de Economia passassem para os sindicatos, mas também pregava que os salários fossem radicalmente igualados e que todos os funcionários, mesmo os de mais alto nível, participassem pessoalmente do trabalho manual. Em março de 1921 atuou no X Congresso do partido, no qual defendeu as posições da Oposição Operária, que Trótski e Bukharin refutaram com especial azedume. Esse mesmo congresso, que coincidiu com a rebelião naval de Kronstadt, decidiu adotar duas medidas temporárias de emergência: por um lado, proibir a organização de frações no interior do partido; por outro, parar a requisição de grãos e conceder mais espaço à economia privada no campo para incentivar a produção, ou seja, passar do chamado "comunismo de guerra" à Nova Política Econômica. Com o resto da Oposição Operária, Kollontai se opôs a ambas as medidas, mas foi derrotada. Depois do congresso, escreveu o panfleto *A Oposição Operária*.

No verão, realizou-se em Moscou o Primeiro Congresso Internacional de Mulheres Comunistas, seguido do III Congresso da Comintern, nos quais Kollontai e Clara Zetkin apresentaram e fizeram aprovar as "Teses sobre o trabalho entre as mulheres". Além disso, no congresso da Comintern, Kollontai defendeu as posições da Oposição Operária. Nessa altura, começou a ministrar cursos sobre economia e a questão das mulheres na Universidade Sverdlov. Nesses dias, soube da morte de Konkordia Samoilova, militante do Jenotdel.

Em agosto, mudou-se para Odessa, onde passaria o resto do ano.

Em fevereiro de 1922, somou sua assinatura a um documento da Oposição Operária, conhecido como a "Carta dos 22", no qual se apelava ao Comitê Executivo da Comintern contra as decisões do partido russo. Em resposta, um comitê internacional foi formado para discutir as queixas da carta. Apesar de o comitê ter incluído sua velha amiga Clara Zetkin, a comissão rejeitou suas queixas. Pouco depois, Kollontai teve de comparecer perante o XI Congresso do partido, realizado em março, no qual pela última vez defendeu as teses da Oposição Operária. O congresso considerou-a culpada de indisciplina e, embora tenha decidido não a expulsar do partido, retirou-a da presidência do Jenotdel. Pouco depois, seria substituída por Sofia Smidovitch.

Então voltou a Odessa, onde, privada de todos os seus postos de responsabilidade, dedicou-se a escrever artigos sobre sexualidade. Nessa altura, terminou seu casamento com Dibenko.

Em junho escreveu uma carta à secretaria geral do partido (então liderada por Stálin) renunciando implicitamente à sua atividade opositora e solicitando que a reintegrassem ao trabalho no governo. Então, seu velho amigo Tchitcherin, que encabeçava o Comissariado do Povo para Assuntos Estrangeiro, convocou-a de volta a Moscou. Depois de três meses de trabalho na sede do comissariado, em outubro foi enviada a Cristiania como parte da delegação comercial soviética na Noruega.

Nessa época, começou a expressar suas ideias sobre sexualidade em relatos de ficção, que agrupou nos livros O *Amor das Abelhas Operárias*[136] e *Mulher no Limiar*[137], bem como em um ensaio de crítica literária no qual elogiava os poemas de Anna Akhmatova, apesar da hostilidade dessa autora em relação à revolução.

Em dezembro, viajou a Haia para participar, como representante da Rússia soviética, numa conferência internacional de sindicatos e, em maio de 1923, passou a chefiar a delegação comercial soviética em Cristiania, cidade que nessa época passou a chamar-se Oslo.

No verão, fez uma breve viagem a Moscou. A Comissão do Controle do Partido tratou-a como uma dissidente, motivo pelo qual se viu obrigada a recorrer a Stálin para que interviesse. Em agosto, voltou a ocupar seu posto em Oslo.

Em setembro de 1924, quando a URSS formalizou suas relações diplomáticas com a Noruega, Kollontai tornou-se sua representante plenipotenciária e, portanto, a primeira mulher da história moderna a ocupar um cargo equivalente ao de embaixador.

Enquanto Kollontai estava ausente, a luta contra os opositores de esquerda recrudesceu na URSS: Iuri Lutovinov, um dos porta-vozes da Oposição Operária, suicidou-se em maio de 1924; Evguenia Bosch, que fazia parte da Oposição de Esquerda, seguiu-o em janeiro de 1925.

Em meados desse ano, Kollontai passou alguns meses em Moscou, participando da discussão em torno de uma nova lei matrimonial. Nessa discussão, realizada em dezenas de comícios públicos, opôs-se, em vão, à introdução das pensões de divórcio, considerando-as antissocialistas.

Nessa época, seus artigos sobre sexualidade produziram polêmica no interior do partido. Sua sucessora à frente do Jenotdel, Sofia Smidovitch, chegou a responsabilizar sua ênfase na liberdade sexual pela onda de estupros que ocorreram naquele ano.

Em dezembro de 1925, participou do XIV Congresso do Partido Comunista, antes de deixar Moscou para voltar a seu posto em Oslo. Nessa época, Tchitcherin começava a deixar suas funções de comissário a seu adjunto, o velho bolchevique Maxim Litvinov.

136 Tradução livre do original em russo Любовь пчел трудовых.
137 Tradução livre do original em russo Женщина на переломе.

Em abril de 1926, voltou a Moscou. Na época, havia a luta entre a facção dominante, liderada por Stálin e Bukharin, e a Oposição Unificada, na qual Trótski e seus partidários convergiam com a corrente de Zinoviev e Kamenev. Já que Kollontai havia participado das oposições esquerdistas de 1918 e 1921, foi convidada a juntar-se à oposição de 1926, mas dessa vez declinou do convite.

Em setembro, Stálin decidiu enviá-la como representante plenipotenciária ao México – uma nação importante para a liderança soviética por ser vizinha dos Estados Unidos e o único país americano, além do bem menor Uruguai, que então tinha relações com a URSS. Foi em substituição de Stanislav Petrovski, que tinha sido convocado de volta a Moscou por ter se mostrado demasiadamente comprometido com o comunismo mexicano aos olhos das autoridades do país. Assim, depois de estudar o que pôde da política mexicana, em 21 de novembro embarcou, da França, em um navio que a levaria a Veracruz e no dia de Natal apresentou suas credenciais ao presidente Plutarco Elias Calles.

No México, enfrentou a hostilidade dos diplomatas e da imprensa norte-americanos, bem como da central sindical anticomunista CROM. Em março de 1927, recebeu os fundos solidários que os sindicatos soviéticos enviavam à greve ferroviária mexicana, em uma campanha iniciada por seu antecessor, o que desencadeou um escândalo. Com a saúde afetada pela altitude da capital mexicana, na primavera passou férias em Cuernavaca, onde presenciou a queda e a brutal prisão do governador do estado de Morelos.

Depois de seis meses de trabalho diplomático, em 23 de junho deixou o país, tomando o que se supunha ser uma licença temporária. Teve sorte de deixar o México nessa altura. Dois anos depois, seu sucessor, Aleksandr Makar, teve de enfrentar a violenta reviravolta anticomunista do governo mexicano e foi expulso do país.[138]

Enquanto estava no México, tornou-se avó. Seu filho, Mikhail, que havia se casado com Irina Romanova, teve um filho, Vladimir Mikhail Kollontai.

O regresso de Aleksandra Mikhailova a Moscou coincidiu com o auge da luta contra a Oposição Unificada e o início das expulsões em massa. Em outubro, foi nomeada embaixadora na Noruega e, antes de partir para Oslo, enviou um

[138] Vários artigos foram publicados sobre a passagem de Kollontai pelo México. Cf.: Álvaro Ruiz Abreu, "Alexandra Kollontai em México", 2017, https://www.nexos.com.mx/?p=33888; Rina Ortiz Perlata, "La embajadora roja: Alexandra Kollontai y México", 2017, http://www.scielo.org.mx/scielo.php?script=sci_arttext&pid=S0185-39292017000100013. A autora Cathy Porter afirma que sua missão no México era pouco menos que uma sentença de morte. No entanto, suas conclusões neste ponto não estão muito explicadas. Para começar, sustenta que o México se encontra na América do Sul.

artigo ao *Pravda* no qual celebrava publicamente a expulsão dos opositores. No dia 16 de novembro, quando Kollontai se dirigia à Noruega, um dos seus velhos amigos do exílio berlinense, o célebre diplomata revolucionário Adolph Joffe, amigo de Trótski, suicidou-se em protesto contra as expulsões. Em dezembro, o XV Congresso do partido ratificou as expulsões e em janeiro do ano seguinte começaram as deportações. Então, embora não se opusesse publicamente elas, Kollontai enviou de Oslo uma carta confidencial a Trótski e sua esposa, que haviam sido deportados a Alma-Ata, expressando-lhes sua amizade pessoal. Esse foi seu último gesto de dissidência.

Ela ocuparia a embaixada soviética na Noruega durante dois anos, até que, no final de 1929, foi transferida para Estocolmo, a fim de servir de embaixadora na Suécia. Ficaria nesse cargo por quinze longos anos.

Em novembro de 1932, quando Trótski, que se encontrava temporariamente em Copenhague, solicitou visto na Suécia, foi Kollontai quem apresentou o pedido oficial do governo soviético de que lhe fosse recusado o visto. Com efeito, o visto lhe foi negado.

Em setembro de 1935, Kollontai viajou a Genebra para participar, como representante soviética, de uma conferência da Sociedade das Nações sobre direitos da mulher.

Durante a segunda metade dos anos 1930, teve lugar na URSS o expurgo de praticamente toda a velha guarda bolchevique. Aleksandr Chliapnikov, que estava preso desde 1935, foi executado em setembro de 1937. Pavel Dibenko foi preso e executado em julho de 1938. Nesses anos também caíram outros bolcheviques que haviam colaborado estreitamente com Kollontai, como Bukharin, Piatakov, Rakovski, Berzin, Iakovleva e Kasparova.

No verão de 1939, Kollontai sofreu um novo ataque cardíaco em Estocolmo e teve de se internar em um sanatório. Entretanto, em agosto, Stálin decidiu substituir Litvinov no Comissariado dos Negócios Estrangeiros por seu velho amigo Molotov. Foi este que, poucos dias depois da sua nomeação, assinou o controverso tratado de amizade com o chanceler alemão Ribbentropp, mais conhecido como "Pacto Hitler-Stalin". Sob as cláusulas desse tratado, a URSS permitiu que a Alemanha invadisse a Polônia em setembro, enquanto a Alemanha aceitou que a URSS invadisse a Finlândia em dezembro. Esta última intervenção desencadeou a chamada "Guerra de Inverno" soviético-finlandesa. Recuperada de seu ataque cardíaco, em março de 1940, Kollontai, que conhecia bem a sociedade finlandesa e tinha muitos contatos no país, ajudou a negociar de Estocolmo o fim dessa guerra. Em agosto, descobriu que Trótski havia sido assassinado em seu exílio mexicano.

Após a invasão alemã da URSS em junho de 1941, Kollontai começou a publicar em Estocolmo um boletim antifascista diário para influenciar a opinião pública sueca e impedir que a Suécia entrasse na guerra do lado da Alemanha. Em reconhecimento por essas atividades, em 19 de março de 1942 (por ocasião de seus 70 anos), o governo soviético lhe concedeu a condecoração de Heroína do Trabalho e no ano seguinte a nomeou Embaixadora Suprema.

Em 1943, uma embolia deixou paralisada a metade esquerda do seu corpo, forçando-a a usar cadeira de rodas, mas ainda assim não abandonou seu posto.

Como o México estava entre os aliados da URSS na guerra, em 1944, o governo de Manuel Ávila Camacho concedeu-lhe a condecoração da Águia Asteca, entregue a ela pelo embaixador mexicano na URSS, Narciso Bassols.

Em março de 1945, foi convocada de volta a Moscou, com o que terminou sua longa carreira no serviço exterior. Nesse ano, seus amigos suecos chegaram a indicá-la para o Prêmio Nobel da Paz.

Durante os anos seguintes, trabalhou como assessora para o Ministério de Assuntos Exteriores. Em 1949, Molotov foi substituído como ministro por Andrei Vichinski, o homem que havia dirigido os expurgos dos anos 1930.

Aleksandra Mikhailovna Kollontai morreu em Moscou em 9 de março de 1952, pouco antes de completar 80 anos, e foi enterrada no cemitério moscovita de Novodevitchi. Seu filho, Mikhail, morreu apenas cinco anos depois, mas o neto Vladimir continuou a viver na URSS.[139]

139 Alguns textos de Kollontai estão disponíveis em https://www.marxists.org/portugues/kollontai/index.htm

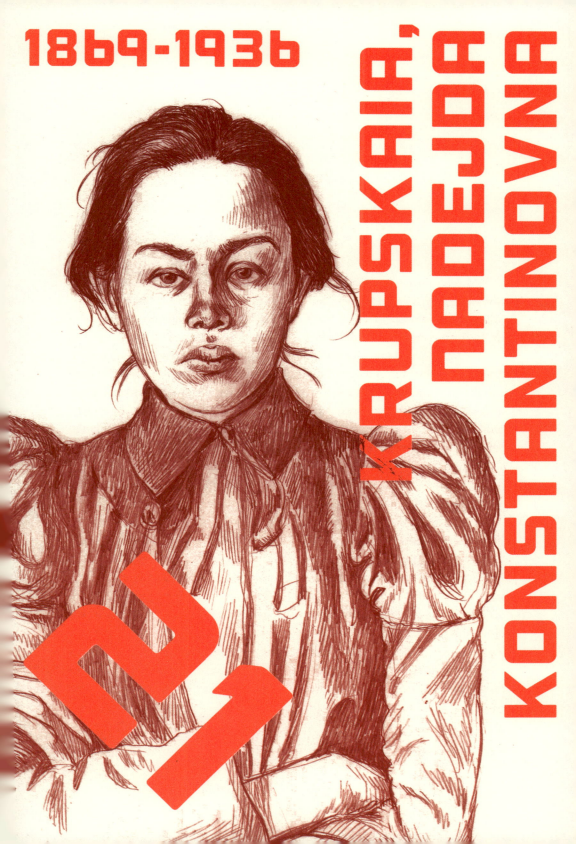

Nasceu em São Petersburgo, em 26 de fevereiro de 1869.[140] Foi filha única de Konstantin Ignatievich Krupski, que então era estudante da Academia Jurídico-Militar, e sua esposa, Elizaveta Vasilievna Trisotva, que trabalhava como governanta. Ambos eram descendentes de famílias nobres arruinadas.

Quando Nadejda tinha 2 anos, o pai completou os estudos de Direito e mudou-se com a família para o distrito polonês de Grójec, cuja administração lhe fora confiada. Lá, aplicou medidas progressistas que provocaram o desgosto de seus superiores. Assim, em 1874, foi demitido, julgado e proibido de trabalhar na administração pública e de viver nas principais cidades russas. Então, para procurar emprego, teve de se mudar com a família para Varsóvia e depois para Uglitch, onde trabalhou como inspetor fabril. Ele finalmente se estabeleceu em Kiev. Foi onde Nadejda começou a frequentar a escola primária.

Em abril de 1880, depois de um processo legal que havia durado seis anos, Krupski finalmente conseguiu que lhe fosse levantado o veto, assim pôde voltar a ocupar um cargo público e a estabelecer-se, com a família, em São Petersburgo. Lá, a jovem Nadejda, então com 12 anos, inscreveu-se no ginásio feminino privado e progressista Princesa A. A. Obolenskaia. Em 26 de fevereiro de 1883, no dia que ela que completou 14 anos, seu pai morreu de tuberculose. Depois disso, ela e a mãe voltaram à instabilidade econômica.

Em 1887, depois de completar o ginásio com medalha de ouro e obter o diploma de preceptora, Nadejda teve de se empregar imediatamente como professora substituta na mesma escola. Nessa época, era influenciada pelo

140 Cf.: Haupt e Marie, "Nadezhda Konstantínóvna Krúpskaya", *op. cit.*, p. 145; Kunetskaya e Mashtakova, *op. cit.*; Robert H. McNeal, *Bride of the Revolution: Krupskaya and Lenin*, Michigan University Press, 1972.

humanismo social do escritor Leon Tolstói, chegando até a colaborar com ele, a distância, na edição de materiais de leitura popular.

Sem abandonar seu posto de professora, no outono de 1889, matriculou-se na seção de matemática dos cursos superiores para mulheres de Bestujev e começou a frequentar como ouvinte os cursos de filologia da universidade.

Através das companheiras de curso, entrou em contato com um círculo clandestino dirigido por Mikhail Bruntsev. Nele, estudou obras como *O Capital*, de Karl Marx, e *A Origem da Família, a Propriedade Privada e o Estado*, de Friedrich Engels. Devido à sua dedicação a esses estudos políticos, logo deixou de frequentar os cursos universitários.

Em abril de 1891, participou de sua primeira manifestação de rua, o funeral do escritor esquerdista Nikolai Chelgunov, e depois assistiu à primeira celebração do 1º de Maio na Rússia.

Em agosto, por recomendação de um dos membros do círculo, começou a trabalhar como professora em uma escola dominical para operários, em Petersburgo, no bairro de Nevskaia Zastava. Lá, trabalhavam revolucionárias populistas como Praskovia Kudelli e Lídia Knipovitch, que também dirigiam uma tipografia clandestina, assim como a jovem Apollinaria Yakubova, que, como ela, fazia parte do círculo de Bruntsev. Entre seus alunos, havia operários que com o tempo se tornariam quadros bolcheviques, como Ivan Babuchkin. Nessa época, Nadejda largou seu emprego no ginásio e passou a trabalhar como copista na Administração Central de Ferrovias, sem deixar de, na escola, dedicar seus domingos aos operários.

Na primavera de 1892, Mikhail Bruntsev foi preso, mas seu círculo continuou a funcionar, com a participação de Stepan Radtchenko, Leonid Krasin, Gleb Krjijanovski, Yakubova e Krupskaia.

Em fevereiro de 1894, quando estava por fazer 25 anos, foi a uma reunião na casa de Robert Klasson, e lá conheceu um militante proveniente da região do Volga. Era um ano mais novo que ela e se chamava Vladimir Ilitch Ulianov. Como ele dava conferências clandestinas aos operários no mesmo bairro onde ela dava suas lições dominicais, logo os dois começaram a trabalhar juntos na organização de círculos operários.

Em meados de 1895, Ulianov viajou ao exterior para se encontrar com os fundadores do marxismo russo, que viviam exilados na Suíça. No regresso, em setembro, Krupskaia participou com ele da fundação da União de Luta pela Emancipação da Classe Operária, da qual também fizeram parte Iuli Martov e Krjijanovski. A União procurava reunir os militantes mais empenhados de uma vintena de círculos de estudo, com a perspectiva de lançar um jornal clandestino utilizando a imprensa das professoras Knipovitch e Kudelli. Mas em dezembro, quando o primeiro número estava a ponto de ser impresso, Ulianov foi detido e encarcerado (passaria um ano e meio preso antes de ser deportado para a Sibéria). No início de 1896, Martov teve o mesmo destino, e a União ficou sem direção.

Em maio, Krupskaia viajou às cidades ucranianas de Kiev e Potlava para estreitar relações com os grupos marxistas da região. Nessa ocasião, recebeu a notícia da eclosão da grande greve têxtil de Petersburgo e apressou-se a regressar à capital para ajudar a liderar a luta. Também se encarregou de manter contato com sua amiga Lídia Knipovitch, que tinha sido presa.

Na madrugada de 12 de agosto, a polícia conseguiu identificar 32 militantes, entre os quais Krupskaia, que foi detida em sua casa. Como ainda não era muito conhecida, depois de um mês na delegacia, foi liberada. Então se dedicou a arrecadar fundos para uma greve que havia estourado em Kostroma. No entanto, outro preso acabou por revelar seu papel dirigente, e ela foi novamente detida em 28 de outubro. Dessa vez foi enviada a um calabouço da fortaleza de Pedro e Paulo, onde deveria esperar um julgamento e uma sentença severa. Tinha 27 anos.

Em 29 de janeiro de 1897, Ulianov saiu da prisão e pôde visitar a mãe de Krupskaia antes de ser enviado à deportação na aldeia siberiana de Chuchenskoe, perto da fronteira chinesa.

No dia 12 de fevereiro, numa masmorra da mesma fortaleza onde se encontrava Krupskaia, outra prisioneira, a estudante Maria Vetrova, incendiou-se para protestar contra as vexações dos guardas, o que provocou um escândalo público. Diante disso, as autoridades decidiram permitir que as demais prisioneiras políticas, entre elas Krupskaia, esperassem a sentença em liberdade condicional. Durante o ano seguinte, residiu em liberdade condicional com a mãe na aldeia de Valdaika, perto de Novgorod.

Lá recebeu uma carta de Ulianov em que lhe propunha encontrá-lo em Chuchenskoe e casar-se com ele. Ela aceitou e, em março de 1898, quando seria deportada, pediu que a enviassem a Chuchenskoe para reunir-se com seu noivo. As autoridades concordaram. Assim, em abril, Krupskaia partiu para o leste com sua mãe. Depois de uma passagem por Moscou, onde lhes foi permitido ficar por um dia para visitar a família de Ulianov, as duas se dirigiram à Sibéria. Chegaram lá em maio. Em julho, para cumprir a condição imposta pelas autoridades, Krupskaia e Ulianov se casaram. Apesar de ter sido uma imposição burocrática, o casamento foi excepcionalmente harmonioso.

Em Chuchenskoe, Krupskaia e Ulianov traduziram juntos do inglês o livro *História do Sindicalismo*[141] do casal Sidney e Beatrice Webb para a editora de Piotr Struve. Lá também, em 1899, Krupskaia completou o texto de um panfleto intitulado *A Mulher Trabalhadora*[142], a primeira obra do marxismo russo (e por muitos anos a única) dedicada à questão da mulher. Sua tese central era esta:

> As condições da trabalhadora são particularmente difíceis porque é membro da classe operária. Suas condições estão estritamente ligadas às condições de toda a classe operária, e só a vitória da classe operária, do proletariado, pode libertar as mulheres.[143]

Em fevereiro de 1900, quando terminou a pena de Ulianov, o casal pôde se mudar para Ufa, na região do Volga, onde Krupskaia ainda tinha de completar sua sentença. No verão, enquanto Ulianov percorria a região, ela sofreu a primeira crise do hipertireoidismo que a afligiria por toda a vida. Assim que se recuperou, Ulianov, que havia voltado a Ufa para cuidar dela, abandonou legalmente a Rússia. Levou consigo o manuscrito do *A Mulher Trabalhadora* para publicá-lo no exterior.

Em março de 1901, logo que sua condenação terminou, Krupskaia partiu também para a Europa. Depois de uma passagem por Praga (onde, por um mal-entendido, pensou que encontraria Ulianov), encontrou-se com Ulianov em Munique. Lá, ele tinha fundado a revista *Iskra*, usando o pseudônimo com que se tornaria famoso: "N. Lênin". Em Munique, Krupskaia tornou-se a secretária da *Iskra*, organizando a correspondência com as dezenas de agentes que esta tinha na Rússia, dando-lhes instruções e constituindo um antecedente do posto de secretário-geral.

Em abril de 1902, Lênin e Krupskaia se mudaram para Londres, como Martov. Lá, em outubro, juntou-se a eles o jovem Leon Trótski, recém-fugido da Sibéria. No entanto, Martov e Trótski logo se mudaram para Paris. Finalmente, em abril de 1903, todos os redatores da *Iskra* se concentraram em Genebra, onde já vivia Plekhanov.

141 Tradução livre do original em inglês *The History of Trade-Unionism*.
142 Tradução livre do original em russo Женщина-работница.
143 Embora o panfleto nunca tenha sido traduzido ao espanhol, um bom resumo pode ser lido em Frencia e Gaido, *op. cit.*, p. 17-20.

Naquele ano, enquanto se preparava o II Congresso do Partido Operário Social-Democrata Russo, foi Krupskaia quem redigiu o relatório de organização, que Lênin leria. Quando, no verão, o congresso se realizou em Bruxelas e Londres, a velha equipe da *Iskra* dividiu-se entre os mencheviques de Martov e os bolcheviques de Lênin. Krupskaia, claro, apoiou o marido.

Em agosto de 1904, Krupskaia participou da "Conferência dos 22", que reuniu em Genebra os principais quadros que apoiavam Lênin, sendo nomeada secretária do jornal da facção bolchevique, *Vperiod*.

Em Genebra, em janeiro de 1905, receberam as notícias da repressão do chamado "domingo sangrento" e o estouro da primeira revolução russa. Na primavera, Krupskaia foi com Lênin para Londres, onde participou como delegada no Terceiro Congresso (quase exclusivamente bolchevique) do Partido Social-Democrata Russo. Foi nessa altura que apresentou o relatório sobre as atividades na Rússia e que, em seguida, encarregou-se de redigir as atas.

Em outubro, à medida que os acontecimentos revolucionários continuavam a se desenrolar na Rússia, Lênin mudou-se para Petersburgo, onde Krupskaia o encontrou em novembro. Lá, os dois viveriam clandestinamente durante os nove meses seguintes, sem poder compartilhar alojamento, por razões de segurança.

Em dezembro, ambos viajaram à cidade finlandesa de Tampere para participar de uma conferência bolchevique. No início do ano seguinte, Krupskaia ajudou a organizar a transferência clandestina de delegados para Estocolmo, onde se realizou em abril o IV Congresso do partido, ao qual ela mesma compareceu como delegada pelo comitê de Kazan. Nesse congresso foi acordada a reunificação das facções menchevique e bolchevique.

No verão de 1906, quando, para evitar a prisão, Lênin passou a residir na aldeia finlandesa de Kokkola, Krupskaia serviu como ligação com os camaradas ativos em Petersburgo. Em agosto, quando apareceu o jornal bolchevique *Proletari*[144], ela atuou como sua secretária de redação e, em maio de 1907, ajudou a organizar a transferência de delegados ao V Congresso do partido, que se realizou em Londres, embora ela mesma não tenha comparecido ao evento.

Em dezembro, quando ficou claro que a revolução iniciada em 1905 havia terminado definitivamente, ela e Lênin voltaram ao exílio na Europa ocidental. Depois de uma passagem por Estocolmo e Berlim, em janeiro de 1908, instalaram-se novamente em Genebra.

144   Do russo Пролетарий, "Proletário".

Em fevereiro, quando o *Proletari* começou a ser publicado em Genebra, Krupskaia continuou a atuar como sua secretária de redação, enquanto Lênin escrevia seu *Materialismo e Empiriocriticismo*[145]. Em abril, a mãe de Krupskaia veio viver com a filha e o genro.

Em dezembro de 1908, o trio mudou-se para Paris, levando consigo a mãe de Lênin. Lá somaram-se a seu círculo de colaboradores Grigori Zinoviev e Lev Kamenev, com as respectivas companheiras, que também militavam, e os filhos pequenos.

Durante os anos seguintes, Krupskaia escreveu em Paris vários artigos sobre temas pedagógicos, entre os quais um intitulado "Devem-se ensinar coisas femininas às crianças?", no qual argumentava que os homens deviam aprender a fazer trabalhos domésticos.

Em 1910, Inessa Armand e seus três filhos menores chegaram a Paris. Com ela, Krupskaia fez uma tentativa de coordenar as trabalhadoras russas emigrantes, um dos primeiros esforços do marxismo russo para organizar especificamente mulheres trabalhadoras.

No verão de 1911, enquanto se ocupava do novo jornal bolchevique *Rabotchaia Gazeta*[146], Krupskaia apresentou um seminário de redação jornalística na escola de quadros de Longjumeau, dirigida por Lênin e Armand.

Dada a possível natureza romântica das relações de Armand com Lênin, muitos historiadores têm feito suposições sobre uma rivalidade entre ela e Krupskaia. A verdade é que as duas mulheres eram muito próximas. Naqueles anos, Krupskaia e Lênin, que nunca tiveram filhos próprios, ajudaram a criar os filhos de seus colaboradores, especialmente os três filhos de Armand, o filho de Zinoviev e o filho de Kamenev, que nessa época tinham cerca de 10 anos de idade.

Embora Krupskaia não tenha comparecido à conferência de Praga, no final de 1911, ela ajudou a organizar o evento, que ocorreu em janeiro do ano seguinte. A partir de então, a antiga facção bolchevique começou a funcionar como partido independente, e Krupskaia foi a secretária extraoficial de seu Comitê Central.

No verão, a fim de estar mais perto da Rússia, mudou-se com Lênin e a mãe para Cracóvia, onde foram seguidos por Zinoviev e Kamenev com as respectivas famílias. Armand, por sua vez, reintegrou-se ao trabalho clandestino na Rússia.

Durante os dois anos que passaram em Cracóvia, Lênin e Krupskaia costumavam alugar uma casa de campo na aldeia vizinha de Poronin, onde realizavam

145 Cf.: https://www.marxists.org/portugues/lenin/1909/empiro/index.htm.
146 Do russo Рабочая Газета, "Gazeta Operária".

as reuniões com seus partidários. Durante esse tempo, Krupskaia especializou-se em ensinar aos camaradas que chegavam da Rússia as técnicas para atravessar clandestinamente a fronteira e outras manobras conspiratórias.

Em meados de 1913, seu problema de tireoide piorou e, acompanhada de Lênin, em junho viajou a Berna para tratar-se com um prestigioso médico de sobrenome Kocher, que a operou em 23 de julho. A cirurgia foi bem-sucedida e em agosto ambos puderam voltar a Cracóvia.

Em setembro, Krupskaia ajudou a organizar uma conferência bolchevique em Poronin. Lá, além de atuar como secretária de atas, promoveu, ao lado de Lilina e Armand (que havia retornado da Rússia após um período de prisão), a ideia de publicar em Petersburgo um jornal especial para operárias. E, assim, no início de 1914, começou a preparar-se na capital russa a revista *Rabotnitsa*, que publicou seu primeiro número em março e com a qual colaboraram Krupskaia e Lilina, de Cracóvia, e Armand e Liudmila Stal, de Paris. Uma vez que na maioria os editores locais foram presos antes de o primeiro número ser publicado, foi Anna Elizarova quem o editou em Petersburgo. Na primavera de 1914, Kamenev também se mudou para a Rússia, deixando em Cracóvia a esposa, Olga, e o filho, Aleksandr.

Ao eclodir a Primeira Guerra Mundial em agosto de 1914, Lênin e Krupskaia receberam a notícia da capitulação da social-democracia europeia a seus respectivos governos. No dia seguinte, Lênin foi preso em Poronin por ser súdito russo (e, portanto, suspeito de espionagem). Após um período de prisão em Nowy Targ, ele e Krupskaia foram expulsos do território austro-húngaro e tiveram de regressar à neutra Suíça. Então se instalaram em Berna, para onde também foram Zinoviev com sua família e, depois, Inessa Armand.

Em fevereiro de 1915, Krupskaia participou de uma conferência de bolcheviques exilados em Berna. Em março, liderou ao lado de Armand a delegação bolchevique na Conferência Internacional de Mulheres Socialistas, convocada por Clara Zetkin na capital suíça. Nesse evento, as bolcheviques recusaram-se a votar a favor da resolução pacifista apresentada por Zetkin, contrapondo-lhe sua própria resolução revolucionária.

Naquele ano, Krupskaia terminou sua obra pedagógica *Educação Pública e Democracia*[147], na qual defendia ideias hoje aceitas, mas que então eram vanguardistas, como a inclusão de esportes nos programas escolares, e combatia a excessiva especialização educativa própria da sociedade de classes. Embora tenha

147   Tradução livre do original em russo Народное образование и демократия.

enviado o manuscrito a Gorki e a outros editores, este só pôde ser publicado na Rússia depois da queda do czarismo.

Durante o exílio suíço, Krupskaia foi secretária do Comitê de Organizações do Partido Bolchevique no exterior e trabalhou no Comitê de Ajuda aos Prisioneiros de Guerra Russos. Nesse posto, enviou ajuda ao ex-deputado bolchevique Malinovski, que, por ter feito parte do exército russo, tinha sido feito prisioneiro dos alemães. Apesar de muitos saberem que Malinovski era um agente infiltrado, Lênin e ela ainda acreditavam na sua inocência.

No final de 1915, a fim de que Lênin pudesse encontrar os materiais necessários para escrever o livro O *Imperialismo, Fase Superior do Capitalismo*[148], o casal mudou-se para Zurique. Lá, Krupskaia começou a preparar um dicionário pedagógico que nunca pôde finalizar.

Em 13 de março de 1917, quando recebeu em Zurique a notícia da revolução que havia derrubado o czar, Lênin começou a buscar uma maneira de voltar ao seu país o mais rápido possível. Como os países aliados que rodeavam a Suíça se negavam a permitir a passagem de revolucionários internacionalistas, o problema se prolongou durante mais duas semanas, até que nos primeiros dias de abril se concretizou a ideia de um vagão "lacrado" que atravessaria a Alemanha com autorização do governo desde que os repatriados russos ajudassem a negociar a troca de prisioneiros. Assim, Lênin, Krupskaia e um punhado de colaboradores, incluindo Zinoviev, Linina, Armand, Radek, Olga Ravitch, Grigori Sokolnikov e Georgui Safarov, embarcaram no trem que os levou à costa norte da Alemanha. Lá eles pegaram um vapor que os levou para a Suécia, onde puderam embarcar em um novo trem que os levou à Rússia através da Finlândia. Finalmente, em meados de abril chegaram a Petrogrado, onde viveriam o resto daquele ano revolucionário.

Desde sua chegada à capital russa, Krupskaia começou a publicar na imprensa bolchevique artigos sobre temas educativos, incluindo uma resenha crítica de um congresso de educadores ao qual assistiu no mês de abril.

Conforme a influência dos bolcheviques crescia entre a classe operária da capital, em junho, Krupskaia foi eleita vereadora do distrito de Viburgo e imediatamente se dedicou a organizar a educação nesse bairro operário, em colaboração com a secretária local do partido, Jenia Iegorova, e a jovem Elizaveta Drabkina.

Após as Jornadas de Julho, o governo provisório emitiu uma ordem de detenção contra Lênin, que teve de passar à clandestinidade. Nesses dias,

148 Tradução do original em russo Империализм, как высшая стадия капитализма.

muitos quadros bolcheviques foram presos, e Krupskaia foi detida e interrogada. Depois, ao aproximar-se o momento da insurreição, ajudou o marido, que vivia escondido em casas de camaradas, a manter contato com o partido.

Krupskaia passou a noite da Insurreição de Outubro, que converteu Lênin no chefe de governo, indo e vindo do comitê de Viburgo ao Instituto Smolni em companhia de Iegorova e Drabkina. Tinha então 48 anos de idade e 30 de militância revolucionária.

Após a tomada do poder, passou a trabalhar no *Narkompros*[149], liderado por Anatoli Lunatcharski. Nele esteve encarregada do departamento de educação extraescolar e do Comitê Principal para a Instrução Pública. Durante a Guerra Civil, esse comitê elaborou grande parte do material de propaganda do jovem Estado soviético.

Em março de 1918, mudou-se com Lênin e o resto do governo soviético para Moscou, instalando-se com ele em um modesto apartamento do Kremlin. Como Lunatcharski permaneceu em Petrogrado, Krupskaia ficou de fato à frente do *Narkompros*.

Em agosto, cuidou do marido quando este levou tiros da terrorista social-revolucionária Fanni Kaplan[150]. Em novembro, durante uma sessão do comissariado, ela teve uma recaída de seu problema de tireoide devido ao estresse e ao excesso de trabalho. Como não queria tornar público o seu problema de saúde, pediu à bolchevique Serafima Gopner que a levasse discretamente ao hospital. Passou, então, uma temporada de repouso no sanatório infantil de Sokolnikov, perto de Moscou. Lá esteve, com Lênin, no Ano-Novo, pouco antes de voltar ao trabalho.

Em fevereiro de 1919, completou 50 anos. Em março, participou como delegada no VIII Congresso do Partido Comunista e presenciou o Primeiro Congresso da Comintern. Depois se encarregou de organizar o Primeiro Congresso Nacional de Instrução Extracurricular, que ocorreu em Moscou no início de maio.

Em junho foi integrada, como representante do Comissariado para Educação, à tripulação do navio à vapor *Krasnaia Zvezda*[151] que, comandado por Molotov, preparava-se para percorrer as cidades do Volga organizando comícios para a população trabalhadora e os soldados vermelhos. Após uma semana em Nijni Novgorod, o navio seguiu para Rabotki e depois para Tcheboksari. No intervalo, Krupskaia sofreu um ataque de sua doença, sendo obrigada a ficar de

149 Sigla advinda da contração de *Narodni Komissariat Prosveschenia*, "Comissariado do Povo para a Educação Pública".
150 Nome verdadeiro: Feiga Khaimovna Roitblat.
151 Do russo Красивая звезда, "Estrela vermelha" em tradução livre.

cama, mas, contra as súplicas de Molotov, insistiu em continuar com a turnê para Kazan, onde lhe esperava um telegrama de Lênin pedindo que voltasse a Moscou. No entanto, ela insistiu em seguir adiante com o navio de propaganda até Perm, bem perto da linha de combate do *front* sul, onde discursou em vários comícios. Só então, por ordem direta de Krestinski, secretário do partido, aceitou voltar a Moscou. Tinha passado um mês e meio no *front* sul e, apesar de seu estado de saúde, havia proferido mais de trinta discursos.

Em setembro, com Armand, Kollontai e Samoilova, esteve entre as impulsionadoras do Jenotdel. Nessa época, trabalhou também assessorando o movimento Komsomol[152], e em outubro participou de seu segundo congresso.

Em abril de 1920, participou no Terceiro Congresso Panrusso dos Sindicatos, no qual combateu a ideia de iniciar a educação especializada desde a adolescência com o objetivo de aumentar a produtividade à custa da amplitude do conhecimento, uma noção associada à proposta de Trótski de militarizar os sindicatos.

Em setembro, Inessa Armand morreu de cólera durante a evacuação de um sanatório no Cáucaso. Lênin e Krupskaia, então, assumiram a custódia legal de seus filhos que não haviam atingido a maioridade. Krupskaia seria particularmente próxima da mais politizada, Inna Aleksandrovna Armand.

Em maio de 1922, Lênin sofreu a primeira de uma série de embolias; então, Krupskaia retirou-se parcialmente do *Narkompros* para cuidar dele. Durante os últimos dias de 1922, contrariando o conselho dos médicos, ajudou-o a redigir uma carta ao Comitê Central que seria conhecida como seu "Testamento", nas quais analisava os defeitos e virtudes dos cinco líderes bolcheviques que considerava mais importantes (Trótski, Stálin, Zinoviev, Kamenev, Bukharin e Piatakov). Em um pós-escrito, redigido nos primeiros dias de 1923, Lênin pedia explicitamente a remoção de Stálin do posto de secretário-geral.

Quando Stálin soube que Krupskaia ajudava Lênin a escrever, discutiu por telefone com ela e insultou-a, deixando-a, segundo algumas fontes, em lágrimas. Quando, dois meses depois, Lênin soube disso, escreveu a Stálin exigindo que se desculpasse e ameaçou romper toda a relação com ele.[153] Assim estavam as coisas quando Lênin sofreu uma nova embolia que o deixou definitivamente incapacitado. Nesse estado viveria os próximos dez meses, atendido por suas irmãs e por Krupskaia na cidade de Gorki.

152 Sigla advinda da contração de *Kommunistitcheski Soiuz Molodioji*, "União da Juventude Comunista".
153 O episódio está documentado em biografias de Lenin. Cf.: Gérard Walter, *Lenin*, Editorial de Ciencias Sociales, 2007; Herman Webber, *Lenin: life and works*, Palgrave MacMillan, 1980; Robert Service, *Lenin: a biografia definitiva*, Record, 2021; entre outras.

Devido à velha amizade com Zinoviev e Kamenev, com quem tinha partilhado anos de exílio, nesse período Krupskaia se manteve perto deles e se reconciliou com Stálin, então seu aliado.

Em 22 de janeiro de 1924, Lênin morreu. Krupskaia, que havia compartilhado com ele os últimos 25 anos de sua vida, estava ao seu lado. No cargo de presidente do governo ficou o velho bolchevique Aleksei Rikov, que desde a revolução tinha sido vice-presidente.

Em maio, Krupskaia pediu ao Comitê Central que lesse o "testamento" de Lênin no XIII Congresso do partido, que teria lugar em agosto, mas seu pedido foi rejeitado por trinta votos contra dez.[154] Em contrapartida, o Congresso integrou-a na Comissão Central de Controle.

Em meados de 1925, quando Zinoviev e Kamenev romperam com Stálin para formar a chamada "Oposição de Leningrado", Krupskaia os apoiou. No final desse ano, assinou com os dois e com Grigori Sokolnikov – que em 1917 tinha voltado à Rússia no "vagão lacrado" de Lênin e então era comissário do povo de finanças – um documento conhecido como a "Declaração dos Quatro", no qual denunciavam a falta de democracia interna no partido e o excessivo incentivo à propriedade privada rural. Em dezembro, Krupskaia compareceu ao XIV Congresso do partido, em que defendeu as posições da Oposição de Leningrado, as quais, no entanto, foram rejeitadas, uma vez que a maioria dos delegados tinha sido nomeada pela secretaria geral. Em meados de 1926, quando a Oposição de Leningrado se unificou com a Oposição de Esquerda de Trótski, ela continuou a fazer parte de suas fileiras e em julho assinou a chamada "Declaração dos Treze", principal documento da Oposição Unificada. Em outubro, divulgou à imprensa ocidental a famosa carta conhecida como o "testamento de Lênin", incluindo o pós-escrito, que solicitava a destituição de Stálin.

No entanto, receosa de uma ruptura no partido que provocasse uma nova guerra civil, pouco depois de divulgar a carta decidiu abandonar a Oposição e capitulou definitivamente perante Stálin. Em maio de 1927, depois do fracasso da política de Stálin e Bukharin na China, desqualificou as denúncias de seu velho amigo Zinoviev sobre esse país como um mero "relaxo", o que motivou Trótski a lhe escrever uma carta pessoal fazendo uma última tentativa de recuperá-la para a oposição, o que foi em vão.[155] No verão, Zinoviev foi destituído do seu posto à frente da Internacional e expulso do partido. Em dezembro, o XV Congresso

154 Cf.: Haupt e Marie, "Maxim Maxímovich Litvínov", *op. cit.*, p. 147.
155 Cf.: Leon Trótski, "Carta a Krupskaya", 1927, https://www.marxists.org/espanol/trotsky/eis/1927.carta-a--krupskaya.pdf.

aprovou a expulsão de dezenas de opositores, incluindo Trótski, Kamenev e Sokolnikov. Por outro lado, esse mesmo congresso recompensou Krupskaia por sua retratação, integrando-a pela primeira vez no Comitê Central do partido.

Embora não tenha voltado a participar na luta interna em torno do controle do governo, ela nunca deixou de defender suas posições no âmbito da educação. Assim, em 1929, tentou resistir, ao lado de Lunatcharski e Mikhail Pokrovski, a uma reforma educativa que favorecia a especialização técnica à custa da formação humanística. Naquele ano, Lunatcharski renunciou a seu posto. Embora se diga que Krupskaia e Pokrovski tomaram a mesma atitude, suas renúncias não foram aceitas.[156]

Em substituição de Lunatcharski, foi nomeado comissário do povo da Educação o velho bolchevique Andrei Bubnov. Apesar de ter apoiado a oposição de esquerda em 1923, tornou-se então um firme apoiador de Stálin e, no *Narkompros*, distinguiu-se por seu pragmatismo e hostilidade ao humanismo pedagógico que defendia Krupskaia.

No período seguinte, as atribuições reais de Krupskaia foram diminuindo, mas em compensação aumentaram as honras que lhe eram concedidas. Assim, em 1929 recebeu a Ordem da Bandeira Vermelha, em julho de 1930 foi reeleita parte do Comitê Central, em 1931 ingressou na Academia de Ciências da URSS, em 1933 recebeu a Ordem Lênin, em 1935 ingressou no Congresso Soviético (antecedente do Soviete Supremo) e em 1936 recebeu um doutorado *honoris causa* em Pedagogia.

Em 1933, publicou seu livro mais célebre, que não tratava de educação, mas de memórias: *Meu marido Vladimir Lênin*.[157] Nesse mesmo ano, seu ex-chefe, Lunatcharski, morreu no seu posto diplomático na França.

Depois do assassinato de Serguei Kirov, em dezembro de 1934, começaram os grandes expurgos que se prolongariam por cinco anos e custaram a vida da maior parte dos velhos quadros bolcheviques que ainda estavam vivos até então. Embora Krupskaia se tenha abstido de participar na condenação dos acusados e tenha mesmo tentado defender alguns deles, nunca protestou publicamente contra o extermínio da velha guarda bolchevique. Algumas execuções devem

---

156 Cf.: Sheila Fritzpatrik, *Lunacharski y la organización soviética de la educación y de las artes (1917-1921)*, Siglo XXI, 1977.

157 Tradução livre do original em russo Мой муж Владимир Ленин. O livro foi publicado em vários idiomas e edições, com diferentes títulos. A edição citada no original deste livro (Nadiezhda Krupskaya, *Lenin: su vida, su doctrina*, Editorial Rescate, 1984) pode ser consultado on-line em: https://www.academia.edu/36006715/NADIEZHDA_KRUPSKAYA_LENIN_SU_VIDA_SU_DOCTRINA.

ter-lhe doído particularmente, como as de seus companheiros de exílio Zinoviev e Kamenev e seus filhos, Stefan e Aleksandr (de quem tinha cuidado quando eles eram crianças). Também pereceram Sokolnikov, Safarov e Radek, que haviam voltado com ela no "vagão lacrado", bem como sua colaboradora de 1917, Jenia Iegorova. A sua jovem assistente, Elizaveta Drabkina, foi presa e depois deportada para um campo de trabalho, tal como Olga Ravitch, outra das passageiras do vagão. Seu chefe no *Narkompros*, Andrei Bubnov, foi deposto em 1937 e executado no ano seguinte. Em seu lugar foi nomeado o jovem burocrata Piotr Tiurkin, com quem Krupskaia trabalhou durante seus últimos anos (ele mesmo seria preso em 1949 e morreria no *gulag*).

Nadejda Konstantinovna Krupskaia trabalhou quase até ao último dia de vida e morreu no hospital do Kremlin em Moscou, na madrugada de 27 de fevereiro de 1939, no dia seguinte ao completar 70 anos.[158] Seus restos foram depositados, com os de Inessa Armand e outros revolucionários, nas muralhas do Kremlin. Nesse mesmo ano, seu nome foi dado a uma fábrica de chocolate, cujos produtos continuam a ser chamados assim. Em 1970, por proposta da União Soviética, a Unesco deu seu nome a um prêmio anual de mérito no combate ao analfabetismo. No ano seguinte, quando a astrônoma soviética Tamara Smirnova descobriu um asteroide, decidiu nomeá-lo Krupskaia em sua honra.[159]

*

158   Cf.: León Trótski, "La muerte de Krupskaia", 1939, https://www.marxists.org/espanol/trotsky/ceip/escritos/libro6/T10V151.htm. Trótski escreveu este artigo sobre ela já exilado no México.

159   Parte da correspondência de Krupskaia com a família de Lenin pode ser lida em espanhol em: https://www.marxists.org/espanol/krupskaya/index.htm; outras obras suas podem ser consultadas em inglês em: http://www.marxistsfr.org/archive/krupskaya/index.htm.

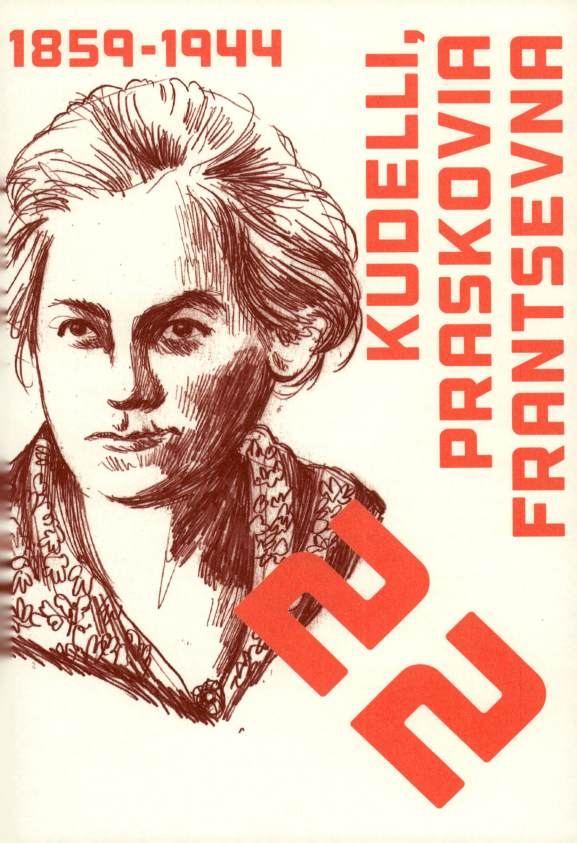

Nasceu em Ekaterinodar (hoje Krasnodar), na bacia do rio Cubã, no extremo sul da Rússia, em 14 de outubro de 1859.[160] Seu pai, um homem de origem polonesa nascido na servidão, recebeu a liberdade com a reforma emancipadora de 1861, pôde estudar e se tornou médico. Quando ele morreu, sua viúva casou-se novamente, dessa vez com um coronel, em cuja casa Praskovia cresceu.

Em 1879, pouco antes de completar 20 anos, a jovem mudou-se para São Petersburgo a fim de se inscrever nos Cursos Superiores para Mulheres Bestujev. Lá, entrou em contato com os círculos estudantis do movimento revolucionário *narodniki*. Durante os anos 1880, esse movimento entrou em crise depois que os impressionantes êxitos de seus atentados terroristas (incluindo a execução do próprio czar Alexandre II em 1881) não produziram nenhuma mudança política favorável. Assim, uma ala do movimento renunciou ao terrorismo para dedicar-se à propaganda e à educação entre "o povo". Foi com essa ala que Kudelli simpatizou.

Após concluir seus estudos, em 1891 começou a trabalhar em uma escola dominical para operários, experiência que a aproximou do marxismo. Desde 1894, com Lídia Knipovitch e outras professoras, estabeleceu uma gráfica clandestina na ilha Vasilevski. No final de 1895, o grupo começou a colaborar com a União para a Emancipação da Classe Operária, dirigida por Vladimir Ulianov (o futuro Lênin), Iuli Martov e Nadejda Krupskaia, que trabalhava com Kudelli e Knipovitch na escola dominical. O grupo de Knipovitch e Kudelli tinha concordado em imprimir o jornal da União, mas o projeto não se concretizou, pois

*

160 Cf.: https://encyclopedia2.thefreedictionary.com/Praskovia+Kudelli.

Ulianov foi preso em dezembro. Martov, Knipovitch e Krupskaia foram presos nos meses seguintes.

Em fevereiro de 1897, Kudelli ajudou a organizar a manifestação de protesto que se seguiu ao suicídio, sob custódia, da estudante Vetrova, presa na fortaleza de São Pedro e São Paulo.

Em 1900, ela mesma foi presa e obrigada a deixar Petersburgo. Então se estabeleceu em Pskov, cerca de 150 quilômetros a sudoeste, onde no ano seguinte começou a atuar como agente clandestina da revista *Iskra*. Em 1903, juntou-se formalmente ao partido social-democrata.

Na primavera, foi novamente detida e encarcerada na prisão de Petersburgo. Lá, no mês de maio, participou de uma greve de fome de cinco dias, ao lado de Cecilia Zelikson (a futura Bobrovskaia) e outras militantes. Graças a essa greve, foi permitido às presas esperar a sentença em liberdade provisória. Então, com Zelikson, Kudelli mudou-se para a cidade de Tver, onde encontrou com a jovem Korkordia Gromova (a futura Samoilova). Lá coordenou círculos de estudos avançados para operários cujas sessões clandestinas aconteciam em barcos sobre o Volga, até que o clima do outono tornou impossível realizar reuniões ao ar livre.

Entretanto, a notícia da cisão que ocorrera entre bolcheviques e mencheviques no II Congresso do partido chegou a Tver. Então, com Gromova e o resto do comitê social-democrata da cidade, Kudelli tomou o lado bolchevique.

No início de 1904, a delação de um provocador obrigou os principais quadros do partido a abandonar Tver. Kudelli então se mudou para Tula, um centro metalúrgico ao sul de Moscou. Lá ajudou a dirigir o comitê local do partido durante os acontecimentos revolucionários de 1905.

Em dezembro desse ano, o comitê de Tula a enviou como sua delegada à conferência do partido que se realizou em Tampere, na Finlândia, onde voltou a se encontrar com Lênin e seus velhos camaradas Krupskaia, Knipovitch e Bobrovskaia. Em 1906, voltou a se estabelecer em Petersburgo, onde se integrou ao comitê do partido.

Em dezembro de 1908, participou com Vera Slutskaia e a então menchevique Aleksandra Kollontai na delegação operária que assistiu ao congresso pan-russo de organizações de mulheres celebrado em Petersburgo, onde essa delegação confrontou a maioria feminista.

Quando, em maio de 1912, os bolcheviques fundaram o jornal *Pravda* em Petersburgo, Kudelli ingressou em sua equipe de redatores. Lá, colaborou com o talentoso editor bolchevique Mikhail Olminski e com Anna Elizarova, a irmã de Lênin. Como eles, procurou dar ao jornal um tom conciliador com as outras correntes socialistas, motivo pelo qual Lênin teve, de Cracóvia, fortes discussões com eles.

O filho adotivo de Elizarova, Georgui Lozgatchev, que então tinha 8 anos, conta de quando conheceu Kudelli, no verão de 1912:

> Praskovia Franstevna Kudelli (de nome russo, patronímico alemão e sobrenome alemão ou italiano) vivia em algum ponto da Avenida Nevski. Era uma mulher já idosa, corpulenta, traços severos e voz rouca, que levava uns óculos sobre a ponta do nariz. Distinguia-se por uma mente afiada e uma franqueza direta em seus julgamentos.
> Quando, ao chegar a Petersburgo, Anna Ilinitchna [Elizarova] me levou a visitá-la, ela, ao me conhecer, zombou da minha cara sardenta e me apelidou de "ovo de pardal", do que não gostei particularmente. No início, eu estava intimidado e até com medo, mas depois convenci-me de que Praskovia Franstevna era uma pessoa muito amável. Anna Ilinitchna seria sua amiga por muitos anos.[161]

Ao lado de Elizarova e Konkordia Samoilova, que então era secretária de redação do *Pravda*, em março de 1913, organizou a primeira comemoração do Dia Internacional da Mulher na Rússia, que se realizou na sede da Bolsa de Petersburgo. Foi nesse evento que ela usou da palavra, mas a intervenção da polícia obrigou-a a interromper o discurso.

No inverno de 1913-1914, participou, com Samoilova, Elizarova, Rozmirovitch e Nikolaieva, da preparação da revista feminina bolchevique *Rabotnitsa*. Ela propôs convidar Aleksandra Kollontai (na época era menchevique) para ser colaboradora, mas as demais editoras foram contra. No final de fevereiro de 1914, nas vésperas do Dia Mundial da Mulher, quando o primeiro número da revista deveria ser lançado, a polícia invadiu uma reunião do comitê de redação, que ocorria no apartamento de Kudelli, e a prendeu, junto com todas as demais do grupo.

Com elas, participou de uma greve de fome na prisão, mas, diferentemente das outras, que ganharam a liberdade condicional, Kudelli foi condenada a uma longa pena de prisão.

161 Georgui Ia. Lozgatchev-Elizarov, *Inesquecível* [Незабываемое], Chuvash Book Publishing House [Чувашское книжное издательство], 1966, https://leninism.su/private/4160-nezabyvaemoe.html?showall=&start=5.

Depois de quase três anos de detenção, a Revolução de Fevereiro de 1917 libertou-a.

Então, juntou-se à equipe de redatores do *Pravda* bolchevique. Em maio, fez parte do comitê de redação da *Rabotnitsa*, que também reapareceu. Dessa vez, ao lado das redatoras originais, figurava Aleksandra Kollontai, que tinha se unido ao partido bolchevique. Em agosto, Kudelli participou como delegada no VI Congresso do Partido Bolchevique e, em novembro, na insurreição que entregou todo o poder aos sovietes. Nesse ponto, integrou-se à direção do jornal do soviete de Petrogrado, *Izvestia*. Tinha 58 anos de idade.

Quando o governo soviético se mudou para Moscou em março de 1918, ela ficou em Petrogrado, trabalhando como redatora do *Izvestia*, órgão do soviete da cidade, e como correspondente do *Pravda*.

Em 1922, foi nomeada presidente da Comissão de História do partido em Petrogrado e editora de seu jornal, *Krasnaia Letopis*[162].

Em 1925, publicou o livro autobiográfico, *A Vontade do Povo na Encruzilhada*[163], sobre a imprensa clandestina do bairro de Lakhta, e em 1926 compilou uma obra coletiva sobre a história do bolchevismo, *Memórias dos Membros do Conselho de Deputados dos Trabalhadores de São Petersburgo*[164], incluindo um artigo da sua autoria sobre a participação da mulher operária na Revolução de 1905.

Nos anos seguintes, participou, com Olminski e Emelian Iaroslavski, da elaboração de uma história oficial da revolução russa, que tendia a ocultar os erros e contradições passadas dos líderes no poder e a minimizar as contribuições dos caídos em desgraça, começando por Trótski.

Kudelli foi delegada no XVI (1930) e no XVII (1934) congressos do partido. Em 1933, editou o livro sobre a vida de Lênin intitulado *A Fábrica de Lênin*[165], de Nikolai Paialin, com o prólogo de Krupskaia.

Apesar da idade avançada, quando os invasores alemães sitiaram Leningrado em setembro de 1941, Kudelli ficou na cidade. O dramático cerco à cidade duraria dois anos e quatro meses. Embora Kudelli tenha sobrevivido às duras condições do cerco e tenha visto a retirada alemã em janeiro de 1944, morreu quatro meses depois, em 26 de maio de 1944, aos 85 anos. Foi enterrada no cemitério de Serafimovskoe, em Leningrado.

162   Do russo Красная Летопис, "Crônica Vermelha".
163   Tradução livre do original em russo Народовольцы на перепутье. Дело Лахтинской типографии.
164   Tradução livre do original em russo Воспоминания членов СПб Совета рабочих депутатов.
165   Tradução livre do original em russo Завод имени Ленина.

Nasceu em 8 de setembro de 1881, em Nijni Novgorod, na região do Volga, com o sobrenome Livadonova.[166] Seu pai, um cozinheiro, morreu de cólera em 1892, quando ela tinha 11 anos, deixando a família na miséria. Graças ao apoio de uma instituição de caridade, Vera Pavlovna conseguiu entrar no ginásio. A partir do 4º ano, teve de dar lições para ajudar a família. Em 1899, terminou o ginásio com medalha de ouro e empregou-se como professora de russo na cidade vizinha de Arzamas. Nessa altura, começou a interessar-se pelas ideias revolucionárias. Depois de dois anos, em 1901, conseguiu poupar o suficiente para se mudar para Petersburgo e inscrever-se no instituto médico feminino da cidade.

Em 1904, foi descoberto o círculo estudantil ao qual pertencia, motivo pelo qual foi expulsa do instituto. Voltou então para sua cidade natal, onde trabalhou como enfermeira. Lá, conheceu o militante bolchevique Pavel Ivanovitch Liebedev-Polianski, com quem iniciou uma relação.[167] Em 1905, os dois participaram da insurreição operária de Sormovski. Quando esta foi reprimida, Pavel foi espancado e preso. Graças ao seu cargo de enfermeira, em 1906, ela pôde ajudá-lo a escapar do hospital da prisão, e juntos fugiram para a cidade finlandesa de Viburgo. Lá, os dois conheceram Lênin e Krupskaia.

Embora o clima repressivo fosse menor na Finlândia, esta continuava sujeita ao império czarista, de modo que, em 1907, a polícia russa pôde encontrar Liebedev e o prendeu. Vera Pavlovna, então, resolveu voltar a Petersburgo para retomar seus estudos de Medicina. Nessa altura estava grávida e, em 1908, deu à luz seu primeiro filho, Boris.

166 Cf.: A. A. Baranov, V. Yu. Albisky e S. A. Sher, "Vera Pavlovna Lebedeva, organizadora do Instituto para a Proteção da Maternidade e da Infância" [Вера Павловна Лебедева – организатор Института Охраны Материнства и Младенчества], 2013, https://www.pedpharma.ru/jour/article/view/228.

167 Sobre Pavel Liebedev, cf.: https://ru.wikipedia.org/wiki/Лебедев-Полянский,_Павел_Иванович.

Depois de completar o curso de Medicina, em 1910 mudou-se para a cidade de Sudogda, na província de Vladimir, onde trabalhou como médica no hospital do município. Lá, fundou um dispensário e um serviço de café da manhã para crianças, além de assegurar que o hospital oferecesse serviços de obstetrícia, medidas que prefiguraram seu futuro trabalho como funcionária soviética.

No entanto, passado um ano e meio, suas tendências revolucionárias foram descobertas e, em 1912, foi despedida. Então, levando seu filho, foi reunir-se com o marido que havia fugido da prisão e se refugiara em Genebra, juntando-se à corrente bolchevique dissidente de Bogdanov e Lunatcharski.

Em Genebra, Vera Pavlovna foi empregada numa clínica de obstetrícia. Durante seu período de exílio, conheceu Aleksandra Kollontai, cujas ideias sobre a mulher e a família a influenciaram. Em 1914, deu à luz outra filha, Nina.

Após a queda do czarismo, em maio de 1917, Vera e Pavel voltaram com os filhos à Rússia, onde ambos se reintegraram ao Partido Bolchevique. Em Petrogrado, ela trabalhou como médica em uma clínica operária. Depois das Jornadas de Julho, ele esteve entre os bolcheviques detidos pelo governo provisório. Em novembro, ambos participaram da insurreição.

Após a tomada do poder, Liebedeva foi nomeada diretora do Instituto de Proteção da Maternidade e administrava o programa de Segurança da Maternidade, ligado ao Comissariado do Povo para o Bem-Estar Social, liderado por Kollontai. A Segurança da Maternidade foi um dos programas mais populares do jovem governo soviético.

Em março de 1918, mudou-se com o resto do governo para Moscou. Quando o Comissariado para o Bem-Estar Social foi suprimido, o departamento a seu cargo passou a integrar-se ao Comissariado do Povo para a Educação, e, em 1920, ao de Saúde, coordenado pelo médico bolchevique Nikolai Semachko. Nesses anos, o Instituto de Proteção à Maternidade, dirigido por ela, não deixou de crescer em importância e alcance.

Em 1922, fundou com o médico Gueorgui Nestorovitch Speranski o Instituto Estatal Científico para a Proteção da Maternidade e da Infância.

Em 1924, viajou a Londres para participar de um congresso da Associação Internacional Médica Feminina. Nessa época, supervisionou o programa de ajuda da Associação Americana Médica Feminina, que operava no Cáucaso.

Nesses anos, seu trabalho no Instituto de Proteção à Maternidade conseguiu frear e reverter a taxa de mortalidade infantil – que tanto tinha aumentado durante a Guerra Civil – e a fome.

Em 1931, foi nomeada adjunta do Comissário do Povo de Segurança Social, enquanto realizava estudos sobre a deficiência. Em 1934, começou a servir como inspetora pública do Comissariado do Povo para a Saúde, posto que conservou até 1938, quando foi nomeada diretora do Instituto de Capacitação Médica.

Seu marido, Pavel Liebedev, que desde o triunfo da revolução atuara em postos culturais, exercia a crítica literária e tinha chegado a ser diretor da Casa Puchkin, morreu em abril de 1948.

Ela se aposentou em 1950. Recebeu a Ordem de Lênin por três vezes e uma vez a Ordem da Bandeira Vermelha do Trabalho.

Morreu em Moscou, em 10 de dezembro de 1968 e foi enterrada ao lado do marido no cemitério de Novodevitchi.

Nasceu em 15 de janeiro de 1882 na aldeia de Druia, perto de Vilnius, na Lituânia, numa família judaica de nome Bernstein.[168] Pouco depois de seu nascimento, a família mudou-se para Odessa. Lá, em 1884, nasceu seu irmão, Ilia.

Depois de receber a educação elementar em casa, inscreveu-se no Liceu de Mitava (hoje Jelgava), na Letônia, onde completou o bacharelado. Em 1902, começou a trabalhar como governanta. Mas, ainda nesse ano, pediu autorização para deixar a Rússia e estudar na Europa. Nessa época, já estava envolvida no movimento socialista.

Lilina foi para Berna, onde fez cursos de Medicina enquanto colaborava com os exilados socialistas. Em Berna, conheceu Lênin e, após a cisão de 1903, entrou no partido pela facção bolchevique.

Em 1905, voltou à Rússia e se estabeleceu em São Petersburgo, onde trabalhou como professora enquanto participava dos acontecimentos revolucionários desse ano. Com seu irmão, Ilia, participou dos grupos de combate de Petersburgo.

Em junho de 1907, chegou a Petersburgo o talentoso agitador e membro do Comitê Central Grigori Zinoviev (nascido em 1883, com o sobrenome Radomislski), que logo se pôs à frente do trabalho bolchevique na cidade. Nessa altura, Zinoviev tinha se separado da primeira esposa, a militante Olga Ravitch, que ficara no exílio europeu. Então começou um romance com Lilina.

Em 30 de março de 1908, quando Lilina estava grávida, Zinoviev foi preso. Doente desde jovem, adoeceu na prisão, mas, graças aos esforços de Lilina e de seu advogado, Dimitri Stassov (o pai de Elena Stassova), as autoridades tiveram

[168] Cf.: "Zinaida Lílina, revolutionary, administrator and pedagogue", 2016, http://briefbuch2punkt0.blogspot.com/2016/02/zinaida-lilina-revolutionary.html. Além de dar preferência ao primeiro nome Zinaida em vez de Zlata, o artigo comete um erro cronológico em relação ao nascimento de Stefan Radomislski.

de libertá-lo antes de se darem conta de sua importância no partido bolchevique. Então, sabendo que seria preso novamente em breve, Zinoviev deixou a Rússia com Lilina e estabeleceu-se em Genebra, onde já viviam Lênin, Krupskaia e sua equipe de colaboradores. Em novembro, Lilina deu à luz um filho, Stefan Radomislski.

Pouco depois, em dezembro, Lênin e Krupskaia mudaram-se para Paris, onde Zinoviev e Lilina os alcançaram com o filho recém-nascido. Nos anos seguintes, juntaram-se ao grupo Lev Kamenev com a esposa, Olga, e o filho mais novo, bem como Inessa Armand e os três filhos mais novos. Juntos formaram uma espécie de unidade familiar.

No verão de 1911, Lilina participou, com o resto da equipe de Lênin, da escola de quadros de Longjumeau.

Na primavera de 1912, toda a equipe se mudou para Cracóvia, a fim de ficar mais perto da Rússia. Durante uma conferência bolchevique realizada em Poronin no outono de 1913, ao lado de Armand e Krupskaia, promoveu a ideia de lançar um jornal feminino em Petersburgo. No inverno, Kamenev voltou para a Rússia e Armand mudou-se para Paris, mas Lilina e Zinoviev continuaram a viver em Cracóvia com o filho, na companhia de Lênin e Krupskaia.

Quando, em março de 1914, a revista *Rabotnitsa* foi efetivamente lançada em Petersburgo, Lilina e Krupskaia se tornaram colaboradoras baseadas em Cracóvia, enquanto Armand e Liudmila Stal colaboravam de Paris.

Com a eclosão da Primeira Guerra Mundial, em agosto daquele ano, os cidadãos russos foram expulsos do território austro-húngaro, motivo pelo qual os dois casais tiveram de se mudar às pressas para a Suíça, apesar de Lilina estar doente.

Foi nesses meses que seu marido, Zinoviev, tornou-se o principal colaborador de Lênin no traçado da estratégia bolchevique relacionada à guerra e à bancarrota da Segunda Internacional.

Em março de 1915, Lilina participou de uma conferência de bolcheviques no exílio, na qual substituiu Armand como secretária do gabinete de seções bolcheviques no exterior, e depois da conferência internacional de mulheres socialistas convocada por Clara Zetkin.

Em abril de 1917, com Zinoviev, Lênin, Krupskaia, Armand, Radek, Sokolnikov, Safarov e Olga Ravitch, entre outros, fez parte da comitiva que voltou à Rússia através da Alemanha no famoso "vagão lacrado".

Uma vez na Rússia, em abril, estabeleceu-se com o marido em Petrogrado.

Depois das Jornadas de Julho, quando se emitiram ordens de prisão contra os principais dirigentes bolcheviques, tanto Lênin como Zinoviev passaram à clandestinidade. No início, Lilina compartilhou com eles seu refúgio na aldeia de

Razliv. Depois, ela e Zinoviev mudaram-se para a casa do operário Emil Zalsze, onde viveram até ao momento da tomada do poder. Nesse período, Lilina publicou na imprensa bolchevique os artigos "Quem escolher para a Duma municipal?"[169] e "Mulheres, organizem-se!".[170]

No momento da revolução tinha 35 anos. Naqueles dias, compartilhou as hesitações de seu marido e de Kamenev a respeito do curso insurrecional que Lênin exigia. Assim, na Primeira Conferência de Operárias e Camponesas da região de Petrogrado, que coincidiu com o momento da Insurreição de Outubro, defendeu a ideia de um governo de coalizão dos bolcheviques com os partidos conciliadores, mas no final a maioria das delegadas optou por apoiar um governo puramente bolchevique.

Após a tomada do poder, Zinoviev passou a encabeçar o soviete de Petrogrado em substituição a Trótski (que passou a fazer parte do governo), enquanto Lilina trabalhou em assuntos relacionados à educação e ao bem-estar infantil, no comissariado do povo de Educação, presidido por Lunatcharski. Nessa altura, instalaram-se na Casa Benoit de Petrogrado.

Em março de 1918, viajou a Moscou para participar, como delegada, no VII Congresso do partido. No entanto, diferentemente do resto do governo soviético, ela e o marido não ficaram em Moscou, mas voltaram a Petrogrado. Em abril, quando se estabeleceu a chamada "União de Comunas do Norte" (um governo soviético semiautônomo da região de Petrogrado), liderada por Zinoviev, ela foi eleita sua comissária do povo de Instrução Pública. No entanto, a União das Comunas do Norte só existiu durante cerca de seis meses.

Nesse ano publicou seu livro *Soldados a Retaguarda – Trabalho Feminino Durante e Depois da Guerra*,[171] e em novembro ajudou a organizar o primeiro Congresso Panrusso de Operárias e Camponesas.

Em 1919, integrou-se ao conselho administrativo do Comissariado do Povo para Instrução Pública de toda a Rússia e encabeçou o comissariado em Petrogrado. Nesse ano, participou das duas batalhas vitoriosas em defesa dessa cidade contra a ameaça do general branco Nikolai Iudenitch: a primeira em junho, sob o comando de Stálin, e a segunda em outubro, liderada por Trótski.

169   Tradução livre do original em russo Кого выбирать в городские думы?

170   Zlata Ionovna Lilina, *Mulheres, organizem-se!* [Организуйте женщин!], Priboi [Прибой], 1917. Cf.: http://elib.shpl.ru/ru/nodes/58379.

171   Zlata Ionovna Lilina, *Soldados da retaguarda: trabalho feminino durante e depois da guerra* [Солдаты тыла: женский труд во время и после войны], Editora do Petrogrado Soviético, [Издательство Петроградского совета], 1918. Cf.: http://elib.shpl.ru/ru/nodes/18850-Lilina-z-i-soldaty-tyla-zhenskiy-trud-vo-vremya-i-posle-voyny-pg-1918.

Em março daquele ano, seu marido, Zinoviev, foi eleito presidente da recém-fundada Internacional Comunista. Isso contribuiu para que a imprensa ocidental desse especial atenção para as opiniões de Lilina a respeito da família e da criação, com sua ênfase na necessidade de socializar esse trabalho.

Em abril de 1920, participou como delegada no Congresso Mundial da Internacional Comunista da Mulher e foi eleita para fazer parte de seu comitê executivo. Também redigiu o panfleto "Um ano de luta das operárias na Europa e América".[172]

Desde 1922, quando Lênin teve de se retirar devido à sua paralisia, Zinoviev constituiu, com Kamenev e Stálin, a troica dirigente na política soviética. Com a morte de Lênin em janeiro de 1924 e a passagem de Trótski à oposição, Zinoviev tornou-se o líder comunista mais reconhecido da Rússia e do mundo. Nesses anos, Lilina escreveu vários livros sobre pedagogia: *A Educação para a Vida Social e o Trabalho* (1921),[173] *O Calendário Vermelho da Escola do Trabalho* (1924),[174] *Escola e População Ativa* (1924),[175] *Os Métodos Pedagógicos de Lênin* (1925)[176] e *Prática da Educação Social* (1926).[177]

Em 1924, Lilina passou a presidir o departamento educacional do soviete de Petrogrado. Nessa época, colaborou e rivalizou com o escritor Maksim Gorki nas instituições culturais da cidade. Enquanto isso, seu irmão, Ilia, que havia adotado o pseudônimo Ionov, dirigiu as edições do estado em Petrogrado. Além de sua atividade revolucionária, Ilia cultivou a literatura e foi amigo próximo do poeta Serguei Iesenin.

Em 1925, Zinoviev, Kamenev, Krupskaia, Sokolnikov, Ravitch e outros romperam com Stálin, opondo-se à sua teoria do "socialismo em um só país", e passaram a dirigir a chamada Oposição de Leningrado, da qual Lilina também participou. No ano seguinte, essa corrente se juntou à Oposição de Esquerda de Trótski para dar lugar à Oposição Unificada, que pedia uma industrialização mais rápida, limites à agricultura privada e mais democracia no partido.

No verão de 1927, devido à sua atividade de oposição, Zinoviev foi deposto de seu cargo à frente da Internacional e substituído por Nikolai Bukharin. Em dezembro, o XV Congresso do partido decidiu expulsar todos os membros

*

172   Para o panfleto (em francês), cf.: https://www.marxists.org/francais/lilina/works/1920/10/ouvrieres.htm.

173   Tradução livre do original em russo Социально-трудовое воспитание.

174   Tradução livre do original em russo Красный календарь в трудовой школе.

175   Tradução livre do original em russo Школа и трудовое население.

176   Tradução livre do original em russo Педагогические методы Ленина.

177   Tradução livre do original em russo Практика социального воспитания.

da Oposição, incluindo Lilina. No entanto, assim como o resto da corrente de Zinoviev e Kamenev, ela imediatamente capitulou, retratou-se de suas críticas e, no início de 1928, foi readmitida. Trótski e seus partidários recusaram-se a fazê-lo e foram deportados para regiões periféricas.

Uma vez reinstalados no partido, Lilina e Zinoviev deixaram Leningrado, onde se encontrava sua base de apoio, e mudaram-se para Moscou, onde ela assumiu o departamento local de Literatura Infantil da editora do estado, ao lado de Klavdia Novgorodtseva, a viúva de Sverdlov. Pouco tempo depois, porém, adoeceu de câncer de pulmão e voltou a Leningrado.

Morreu nessa cidade, em 28 de maio de 1929, aos 47 anos. Foi enterrada no cemitério interno do mosteiro Aleksandr Nevski em Leningrado.

A morte prematura salvou-a de um destino mais terrível. Em agosto de 1936, Zinoviev e Kamenev foram julgados no primeiro dos Processos de Moscou, obrigados a confessar crimes fantásticos e executados sumariamente. O filho que Lilina tinha tido com Zinoviev, Stefan Radomislski, então de 24 anos, também foi preso e executado, assim como os dois filhos de Kamenev. Seu irmão, Ilia Ionov, foi preso em 1937 e morreu no campo de trabalho de Sevlag em 1942.[178] As audazes obras de Lilina sobre a questão da mulher e da educação das crianças deixaram de circular.

Seu irmão, Ilia Ionov, foi postumamente reabilitado em 1956. Tanto Zinoviev como seu filho, Stefan, foram reabilitados em 1988.

*

178 Sobre Ilia Ionovitch Ionov, cf.: https://ru.wikipedia.org/wiki/Ионов,_Илья_Ионович.

1897-1917

LIUSINOVA, LIUSIK ARTEMIEVNA

Nasceu em Tbilisi, a capital da Geórgia, que então pertencia ao vice-reinado do Cáucaso do Império Russo, em 22 de maio de 1897.[179] Seu pai era um comerciante armênio, Harutiun Liusinian. Quando criança, Liusik pôde ver em primeira mão a violência que as Centenas Negras czaristas organizavam, no Cáucaso, contra a população armênia, sobretudo durante a Revolução de 1905.

Seus anos escolares coincidiram com a sombria época que se seguiu à derrota da revolução. Nesse período, a bolchevique Elena Stassova trabalhava como professora no ginásio para mulheres de Tbilisi, e Liusik estava entre suas alunas. Dela recebeu suas primeiras noções de socialismo e sob sua influência ingressou em um círculo de estudo de literatura ilegal. Na primavera de 1912, quando Liusik faria 15 anos, sua professora Stassova foi presa e deportada.

Terminado o ginásio, com 17 anos, a jovem mudou-se para Moscou, onde se inscreveu nos cursos para mulheres do Primeiro Instituto Comercial. Foi nessa época que russificou seu nome de Liusinian para Liusinova.

Em 1916, com 18 anos, ingressou no partido bolchevique, que a enviou para fazer propaganda entre os operários das fábricas moscovitas Mikhelson, Brokar e Danilov.

Com a queda do czarismo em março de 1917, foi eleita secretária do soviete do distrito fabril de Zamoskvoretchie. Em abril, viajou a Petrogrado para participar da conferência bolchevique onde Lênin expôs suas famosas "Teses de Abril". Lá, voltou a encontrar-se com sua antiga professora Stassova e através dela conheceu Nadejda Krupskaia, que então tinha concebido um programa para

179   Cf.: Hamlet Mirzoyan e Marina Mirzoyan, "Moscou armênia" [Москва армянская], 2014, https://noev-kovcheg.ru/mag/2014-04/4379.html.

organizar a juventude. No comitê de Moscou conviveu com militantes como Nikolai Bukharin, Varvara Iakovleva e Inessa Armand.[180]

Em 11 e 24 de junho participou das assembleias que deram lugar a uma União Operária da Juventude, que por sua proposta foi chamada "Terceira Internacional", em referência ao programa bolchevique de construir uma nova organização revolucionária mundial (programa que não se concretizaria senão dois anos mais tarde).

Pouco depois, com o camarada Aleksei Stoliarov, regressou a Tbilisi para visitar a família. Lá, recebeu a notícia da repressão que se seguiu às Jornadas de Julho e apressou-se em voltar a Moscou.

Em agosto, quando começaram a se armar os Guardas Vermelhos em resposta à intentona golpista do general Kornilov, Liusinova se juntou à guarda da fábrica Mikhelson e conseguiu um revólver.

Quando a insurreição bolchevique de 7 de novembro já havia triunfado em Petrogrado, a luta em Moscou apenas começava. Então, Liusinova dedicou-se a discursar aos operários do distrito de Zamoskvoretchie, onde havia sido nomeada secretária distrital do comitê militar revolucionário.

Se a insurreição em Petrogrado foi relativamente pacífica, em Moscou os Guardas Vermelhos pró-bolcheviques e os destacamentos afins tiveram de vencer uma resistência encarniçada por parte dos *iunkers*.[181]

Assim, no dia 13 de novembro, enquanto a insurreição ainda ocorria em Moscou, Liusinova caiu lutando contra os *iunkers* nos combates da rua Ostojenka.

No dia seguinte, os revolucionários conseguiram tomar Moscou. Dez dias depois, quando seus pais chegaram de Tbilisi, seus restos mortais foram depositados, com os de outros heróis, sob as muralhas do Kremlin em um funeral solene.

Sua blusa cinza, com um buraco de bala no lado esquerdo do peito, é conservada até hoje no Museu de História Moderna de Moscou. Em 1922, uma rua do distrito moscovita de Zamoskvoretchie foi nomeada em sua honra. Em 1970 foi feito um filme sobre sua vida, *Coração da Rússia*.[182]

Em 2013, um movimento nacionalista ortodoxo tentou tirar da rua o nome da jovem bolchevique armênia para lhe dar o nome de um mártir cristão russo da Guerra da Chechênia, mas não conseguiu.

180 Nessa primavera, escreveu comoventes cartas a sua irmã Anahid. Para fragmentos, cf.: http://www.leftinm-su.narod.ru/polit_files/books/october_guard_files/196.htm.
181 Do russo юнкер, era uma patente para cadetes ou voluntários no serviço militar russo.
182 Tradução livre do original em russo Сердце России. Direção de Vera Stroieva.

Nasceu em São Petersburgo em 13 de junho de 1893, filha de uma lavadeira e de um pai ausente.[183] Desde os 8 anos, Klavdia Ivanovna teve de trabalhar. Aprendeu a ler por conta própria e aproveitou as pausas de inverno para ter algumas aulas na escola municipal. Aos 11 anos, testemunhou o massacre de 22 de janeiro de 1905.

Por saber ler, mesmo adolescente, pôde empregar-se como operária impressora na indústria gráfica. Em 1908, com apenas 15 anos, integrou-se a um dos grupos de Ajuda Mútua para operárias organizados pela intelectual marxista Aleksandra Kollontai, que tomou Nikolaieva sob sua tutela. No grupo, conheceu também a jovem operária têxtil Aleksandra Artiukhina.

Nesse ano, foi presa pela primeira vez. Na prisão, dedicou-se a estudar os clássicos do marxismo e da imprensa socialista. Uma vez livre, em 1909, ingressou no partido social-democrata. Kollontai já havia partido para o exílio. Na sua ausência, Nikolaieva juntou-se à facção bolchevique.

Em 1910, de volta a Petersburgo, começou a militar no sindicato dos gráficos da cidade. Em 1911, foi presa novamente.

Desde meados de 1912 colaborou na redação do *Pravda*. Em 8 de março de 1913, ajudou as bolcheviques Konkordia Samoilova, Praskovia Kudelli e Anna Elizarova a coordenar a primeira comemoração maciça do Dia Mundial da Mulher, organizada sob a aparência de uma reunião acadêmica na sede da Bolsa de Petersburgo.

Nessa época, conheceu o filho adotivo de Elizarova, Georgui Lozgatchev, então com 9 anos, que depois escreveria em suas memórias:

183 Cf.: Clements, *op. cit.*; o dado enciclopédico em: https://murzim.ru/nauka/istorija/istorija-sssr/30946-nikolaeva-klavdiya-ivanovna-1893-1944.html; a ficha cronológica em: http://www.knowbysight.info/NNN/05176.asp.

> Lembro-me bem de Klavdia Ivanovna Nikolaieva, com seu aspecto de simples operária russa; ainda jovem, magra, com um penteado liso sobre uma testa alta e inteligente. Ela tinha um filho pequeno, Iuri, nascido no exílio. Klavdia Ivanovna o levava consigo e nos divertíamos juntos, sentados em um canto, tratando de não importunar com nossa presença.[184]

Não encontrei mais informações sobre esse filho, Iuri, nascido na deportação.

No início de 1914, integrou-se, com Samoilova, Kudelli, Elizarova e outras ao comitê de redação da *Rabotnitsa*, publicação que devia ser lançada no Dia da Mulher daquele ano. No entanto, antes de o primeiro número ser divulgado, a polícia invadiu uma reunião do comitê de redação no apartamento de Kudelli e prendeu todas as participantes, incluindo Nikolaieva.

Após dois meses de prisão e uma greve de fome que as autoridades romperam à força, as presas foram liberadas, sob condição de abandonar a capital e as demais cidades importantes. Então Nikolaieva se instalou na província próxima, em Novgorod, ao sul da capital. No entanto, logo fugiu da vigilância policial e voltou à capital, que na época se chamava Petrogrado.

Em 1915, foi novamente presa e dessa vez deportada para a aldeia de Kazatchinskoe, na remota província siberiana de Ienisseisk, onde viveria durante o próximo ano e meio dirigindo a sede do partido.

Com a queda do czar, em março de 1917, pôde voltar a Petrogrado. Com a chegada de Lênin no mês de abril, Nikolaieva conheceu Krupskaia e se tornou uma de suas amigas mais próximas. Quando, em maio, relançou-se a revista *Rabotnitsa*, Nikolaieva foi nomeada sua editora-chefe, à frente de uma equipe que incluía as principais redatoras bolcheviques residentes em Petrogrado: Kollontai, Samoilova, Stal, Velitchkina, Elizarova e Kudelli. Além disso, durante os meses seguintes, a revista patrocinou assembleias de trabalhadoras no clube A União. Depois da repressão das Jornadas de Julho, quando o *Pravda* foi proibido, a *Rabotnitsa*, dirigida por Nikolaieva, tornou-se o único periódico bolchevique e foi em suas páginas que Lênin publicou o artigo "Três crises".

Em outubro, organizou um Congresso regional de Operárias e Camponesas de Petrogrado, do qual foi eleita presidente. Em 7 de novembro, quando ocorreu a insurreição, os bolcheviques conciliadores propuseram que o congresso

184 Georgui Ia. Lozgatchev-Elizarov, *op. cit.*, https://leninism.su/private/4160-nezabyvaemoe.html?showall=&start=5.

exigisse um governo de coalizão de todos os partidos socialistas, mas a maioria das delegadas preferiu exigir um governo puramente bolchevique. Então, Nikolaieva foi a encarregada de levar essa resolução ao Instituto Smolni, sede do soviete e do novo governo. Nesse momento tinha 34 anos.

No outono de 1918, ajudou Inessa Armand e Aleksandra Kollontai a organizar um novo congresso de operárias e camponesas, dessa vez de toda a Rússia, que se reuniu em novembro em Moscou. No entanto, diferentemente do resto do governo, ela não se mudou para a cidade, mas voltou para Petersburgo; lá, durante a Guerra Civil participou na defesa da cidade contra a ameaça do general branco Iudenitch e colaborou com o governo soviético local, liderado por Grigori Zinoviev.

A partir de agosto de 1919, trabalhou com Zlata Lilina na seção regional de Petrogrado do Jenotdel, dirigido nacionalmente por Armand. Sob a direção de Nikolaieva e Lilina, a seção regional de Petrogrado tornou-se a mais ativa e bem-sucedida do país.

Após a morte de Armand, no outono de 1920, Aleksandra Kollontai assumiu a presidência do Jenotdel. No início de 1922, devido ao seu apoio à Oposição Operária, Kollontai foi deposta e substituída pela velha bolchevique Sofia Smidovitch. No início de 1924, Smidovitch, que já tinha mais de 50 anos, retirou-se da presidência do Jenotdel, provavelmente por motivos de saúde. Então, em junho de 1924, o XIII Congresso do partido nomeou Nikolaieva sua presidente para toda a URSS. Ao mesmo tempo, integrou-a tanto ao Comitê Central como à Mesa de Organização do partido. Foi a única mulher daquele Comitê Central e a primeira a entrar nesse órgão desde a saída da Elena Stassova, quatro anos antes. Aleksandra Artiukhina, que passou a ser sua adjunta, foi eleita membro-candidato do CC.

No final de 1925, quando Zinoviev, seu velho chefe de Leningrado, rompeu com Stálin e, ao lado de Lev Kamenev, fundou a chamada Oposição de Leningrado, Nikolaieva se juntou às suas fileiras, assim como sua amiga Nadejda Krupskaia. No ano seguinte, essa corrente se unificou com a Oposição de Esquerda de Trótski, dando lugar à Oposição Unificada. Esta exigia uma industrialização mais rápida, opunha-se à noção de que era possível construir o socialismo num só país, criticava o excessivo apoio que se dava à agricultura privada e pedia mais democracia interna. Além disso, defendia a implementação do velho lema marxista de salário igual para trabalho igual de homens e mulheres. No entanto, se Nikolaieva apoiava a oposição, sua adjunta, Artiukhina, manteve-se fiel à facção de Stálin e Bukharin.

Em dezembro de 1926, o XIV Congresso do partido desautorizou as posições da Oposição, excluiu Nikolaieva da direção e a rebaixou a membro-candidato do

Comitê Central, enquanto nomeava Artiukhina como membro pleno. Poucos dias depois, em janeiro de 1926, foi destituída da presidência do Jenotdel e substituída por Artiukhina; em seguida foi deposta inclusive de sua posição como membro-candidato do CC.

Tendo perdido seu posto no Jenotdel, naquele ano, decidiu completar sua educação política frequentando como ouvinte os cursos de marxismo-leninismo da Academia Comunista.

Seguindo sua amiga Krupskaia, em fevereiro de 1927, retirou suas críticas e abandonou a oposição. Em dezembro, o XV Congresso do partido (o mesmo que expulsou os opositores) reabilitou-a como membro-candidato do CC. Ela foi então enviada para o norte do Cáucaso a fim de supervisionar a organização de fazendas coletivas e coordenar o departamento regional de agitação e propaganda do partido.

Em junho de 1930, o XVI Congresso do PCUS voltou a elegê-la membro-candidato do Comitê Central. Pouco depois, em agosto foi nomeada presidente do Departamento de Propaganda de Massas, posto que ocuparia durante os três anos seguintes. Nesse cargo, teve como assistente Maria Chaburova, que se encarregou das campanhas de agitação entre operárias e camponesas, em substituição ao extinto Jenotdel.

Em 8 de março de 1933, recebeu a Ordem de Lênin. No mesmo mês, foi nomeada segunda secretária do comitê regional do partido na Sibéria Ocidental, ao lado de Fiodor Griadinski e do letão Robert Eiche.

Em fevereiro de 1934, participou como delegada no XVII Congresso do PCUS, chamado "congresso dos vencedores" (pois incluía apenas membros da facção stalinista vitoriosa). Nesse evento, voltou a ser membro de pleno direito do Comitê Central, sendo então transferida para Ivanovo, no sul da Rússia, onde também exerceria as funções de segunda secretária do comitê regional, ao lado de Mikhail Martchuk.

Em março de 1936, voltou a Moscou, onde começou a trabalhar para o secretariado do Conselho Central de Sindicatos de toda a União. Então se instalou em um apartamento na ala norte da famosa Casa no Aterro,[185] onde viveria o resto da vida.

Na primavera de 1937, no contexto dos grandes expurgos, quatro dos cinco secretários do Conselho Central dos Sindicatos de toda a União foram destituídos, detidos e posteriormente executados. Para substituí-los no VI Plenário do

*

185 Do russo Дом на набережной, é um edifício que ocupa a área de um quarteirão no centro de Moscou, defronte do aterro de Bersenevskaia, construído após a revolução para alojar altos funcionários do governo.

Secretariado, o único secretário restante, Nikolai Svernik, cooptou outros quatro secretários, entre eles Nikolaieva e Jenia Iegorova, as duas primeiras mulheres a entrar nesse órgão desde sua fundação, em 1918. Em dezembro, no entanto, Iegorova foi demitida e presa também. Ela seria executada no ano seguinte. Nesses anos, os quadros com os quais Nikolaieva havia servido na Sibéria Ocidental e em Ivanovo – Griadinski, Eiche e Martchuk – pereceriam nos expurgos.

Nikolaieva, por sua vez, seria mantida no secretariado e no *presidium* do Conselho Central de Sindicatos durante o resto da vida. O próximo congresso e a próxima conferência do partido (celebrados em 1938 e 1941) a reelegeriam para o Comitê Central.

Quando, em junho de 1941, a Alemanha nazista invadiu a URSS, Nikolaieva ajudou a organizar o deslocamento maciço de pessoal sanitário ao *front* e a manter o vínculo entre os sindicatos e o Exército Vermelho. Nessa altura, voltou a colaborar com a antiga assistente Chaburova.

Em janeiro de 1942, integrou-se uma delegação sindical soviética que se deslocou à Grã-Bretanha para incentivar os operários a lutar contra o nazismo.[186] Quando o vapor britânico em que a delegação voltava à URSS passava por Munique, os aviões alemães o metralharam, mas Nikolaieva sobreviveu e pôde ajudar a cuidar dos feridos.

Em novembro, liderou uma nova delegação sindical, dessa vez ao *front* noroeste russo. Lá, no povoado Staraia Russa, valorizou a contribuição que haviam feito as duas jovens comunistas Natasha Kovchova e Maria Polivanova – como franco-atiradores – e impulsionou que fossem reconhecidas como heroínas da União Soviética.[187]

Ainda que tenha assistido às vitórias do Exército Vermelho em território soviético, Nikolaieva não chegou a ver a vitória definitiva sobre Hitler, pois morreu em Moscou quatro meses antes, em 28 de dezembro de 1944, aos 61 anos.

Suas cinzas foram depositadas na necrópole do Kremlin, junto às de Armand, Clara Zetkin, Krupskaia e outros revolucionários.

*

186   O texto do discurso que Nikolaieva pronunciou durante sua viagem à Inglaterra pode ser consultado on-line. Cf.: Klavdia Nikolaeva, *A just war*, 1942, https://www.marxists.org/archive/nikolaeva/1942/05/just-war.htm#1.

187   Para o testemunho do comissário comunista do *front*, cf.: Viatcheslav Iantchevski, "Estava na velha Rússia…" [Это было под старой Руссой…], 1942, http://3mksd.ru/ts134.htm.

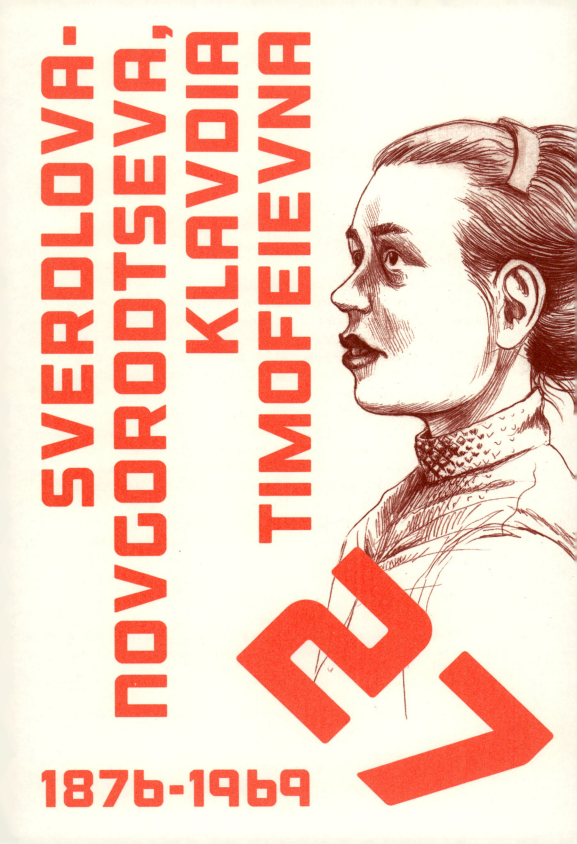

Nasceu nos subúrbios de Ecaterimburgo, capital dos Urais, em 28 de março de 1876.[188] O pai, um pequeno comerciante, morreu antes de ela nascer, por isso a mãe teve de criá-la sozinha e sem muitos recursos.

Com a ajuda de instituições de caridade, a jovem Novgorodtseva pôde entrar no ginásio para mulheres de sua cidade natal, completado em 1895. Então se empregou como professora. Em 1897, mudou-se para Petersburgo a fim de frequentar como ouvinte o curso de Educação Física de Piotr Lesgaft. Lá, entrou em contato com as ideias marxistas e se juntou a um círculo de estudos clandestino. No entanto, em 1899, teve de interromper os estudos para regressar a Ecaterimburgo a fim de cuidar da mãe, que adoeceu. Lá, trabalhou como balconista. No início de 1904, juntou-se ao comitê do Partido Social-Democrata em Ecaterimburgo, dirigido por Nikolai Buchen e sua companheira, Maria Aveide. Nele foi designada a organizar círculos de propaganda para operários.

No final do ano, conseguiu um posto de professora no ginásio para mulheres da cidade, onde pôde influenciar as jovens alunas, entre elas, as irmãs Anna e Maria Bishkova. No início de 1905, foi responsável por estabelecer e operar uma gráfica clandestina, onde foi editada uma tradução do panfleto *Aranhas e moscas*, de Wilhelm Liebknecht. Em agosto, a gráfica foi descoberta e ela foi presa, com Aveide e outras militantes.

Na prisão, adoeceu, motivo pelo qual, ao fim de um mês, foi autorizada a sair sob fiança, aguardando o julgamento em liberdade condicional. Em outubro,

188 As lembranças que escreveu da vida com Sverdlov podem ser consultadas (em inglês) em Noa Rodman, "Yakov Sverdlov – Klavdiya Sverdlova", 2017, https://libcom.org/library/yakov-sverdlov-klavdiya-sverdlova; A. N. Bishkova, "Materiais para a biografia de Klavdia Timofeievna Sverdlova (Novgorodtseva)", 1967, http://elar.urfu.ru/bitstream/10995/46561/1/viu-1967-07-04.pdf; https://ru.wikipedia.org/wiki/Новгородцева,_Клавдия_Тимофеевна; http://www.knowbysight.info/NNN/06522.asp.

quando a revolução arrancou do czar uma anistia geral, seu processo foi cancelado e ela pôde ficar em Ecaterimburgo. O partido, então, colocou-a à frente de uma comissão para verificar se os outros presos políticos foram realmente libertados.

Nesse meio-tempo, tinha chegado a Ecaterimburgo um jovem e talentoso militante judeu de 20 anos conhecido como "Andrei", cujo nome verdadeiro era Iakov Mikhailovitch Sverdlov. Com a colaboração de Novgorodtseva, Sverdlov logo assumiu a liderança do trabalho do partido na região. Ao mesmo tempo, os dois jovens iniciaram um romance.

Em janeiro de 1906, depois de escapar de uma invasão policial a seu domicílio, Novgorodtseva e Sverdlov tiveram de deixar a cidade e se mudaram para Perm, de onde continuaram a dirigir o partido na província dos Urais. Em fevereiro, Novgorodtseva ajudou Sverdlov e Evgueni Preobrajenski a organizar uma conferência bolchevique regional em Ecaterimburgo, à qual ela não pôde assistir porque a polícia da cidade a conhecia muito bem. Em março, a organização de Perm elegeu-a delegada para o próximo congresso do partido. Ela foi clandestinamente a Estocolmo. Lá, participou no IV Congresso do POSDR, no qual se acordou que as facções menchevique e bolchevique trabalhariam juntas. Apesar de Novgorodtseva ter votado com os bolcheviques, nessa ocasião foram os mencheviques e seus aliados que obtiveram a maioria.

De volta aos Urais, com a colaboração de camaradas como Aleksandr Minkin, na primavera, estabeleceu outra gráfica. Em meados de junho, Novgorodtseva e Sverdlov foram detidos na rua quando regressavam de uma reunião. Ao cabo de 18 meses de detenção, ela na prisão de Perm e ele na de Micolaiv, os dois foram condenados: Novgorodtseva a um ano adicional de reclusão e Sverdlov, a dois.

Depois de ter cumprido sua pena na prisão de Ekaterinoslav (para onde também Sverdlov havia sido transferido), no outono de 1908, Novgorodtseva foi libertada. Então, instalou-se em Petersburgo, onde alugou um apartamento na ilha Vasilievski, conseguiu trabalho como secretária em uma biblioteca pública e ingressou no comitê social-democrata da cidade. Em setembro de 1909, Sverdlov se juntou a ela, e logo os dois se refugiaram na Finlândia.

Em novembro, Sverdlov partiu em uma missão para Moscou, onde, em 13 de dezembro, foi preso; depois de três meses de prisão, em março de 1910, foi deportado para a província siberiana de Narim. No verão, Novgorodtseva estava de férias em Ecaterimburgo quando, para sua surpresa, Sverdlov apareceu, fugido do exílio. Então, depois de uma passagem por Nijni Novgorod e Moscou, em meados do ano os dois voltaram a Petersburgo. Lá, instalaram-se no apartamento de Glafira Okulova, a esposa de um camarada deportado.

Após alguns meses em Petersburgo, em 14 de novembro de 1910, ambos foram detidos no apartamento de Okulova. Nesse ponto, Novgorodtseva estava grávida, e nessa condição teve de passar três meses na prisão antes de ser deportada, sob vigilância, para Ecaterimburgo. Sverdlov, por sua vez, foi deportado de volta para a remota província siberiana de Narim.

Em 17 de abril, Novgorodtseva deu à luz em Ecaterimburgo seu primeiro filho, a quem chamou de Andrei, talvez em referência ao pseudônimo do marido. No outono de 1911, ela escapou de seus vigilantes e com o bebê mudou-se clandestinamente para Moscou, onde se hospedou na casa de uma amiga.

Em setembro de 1912, foi com o filho para a aldeia siberiana de Kureika, onde Sverdlov ainda cumpria sua sentença de deportação.

Acreditando que a vida familiar desencorajaria as tentativas de fuga de Sverdlov, a polícia relaxou sua vigilância sobre ele. Sverdlov, porém, não havia se rendido e em dezembro fugiu. Novgorodtseva não pôde segui-lo: a rota da fuga era muito perigosa para o filho de 3 anos e, além disso, ela estava novamente grávida. Viajando legalmente, em fevereiro de 1913, ela o alcançou em Petersburgo. No entanto, no dia seguinte, ambos foram presos em casa, denunciados pelo provocador Malinovski.

Depois de um mês de prisão em Petersburgo, durante o qual seu filho adoeceu, no final de abril, Novgorodtseva foi condenada à deportação na aldeia de Fabritchnaia, província de Tobolsk. Antes de se dirigir para lá, passou, sob vigilância policial, por Ecaterimburgo, onde, em 30 de julho, deu à luz uma menina, Vera.

Para sustentar a si mesma e aos dois filhos, em Fabritchnaia empregou-se como secretária numa empresa madeireira. Sverdlov, por sua vez, havia sido deportado para a região ártica de Turukhansk, onde compartilhou alojamento com Josef Stálin. Segundo ele escreveu a Novgorodtseva, este não era um bom companheiro de quarto.

Na primavera de 1915, quando a liberdade condicional foi cumprida, Novgorodtseva pôde reunir-se com Sverdlov na aldeia de Monastirskoie, em Turukhansk. Lá, os dois se sustentavam dando aulas particulares, e ela foi encarregada da estação meteorológica. Juntos converteram a aldeia num centro da atividade bolchevique de toda a região.

Em março de 1917, ao receber as notícias da revolução que havia eclodido em Petrogrado, Sverdlov não esperou a anistia e se dirigiu imediatamente à cidade siberiana de Tomski para participar da luta. Novgorodtseva permaneceu em Turukhansk: a viagem de inverno era muito perigosa para ser feita com duas crianças pequenas. Em Turukhansk, liderou o comitê para tomar a cidade. Assim que o triunfo da revolução foi assegurado, Sverdlov foi para Petrogrado. Quando o degelo tornou possível a navegação pelo rio Ienissei, ela também se dirigiu à capital, aonde chegou no início de julho.

Nessa altura, a conferência bolchevique de abril tinha integrado Sverdlov no Comitê Central e o nomeado secretário-chefe do partido bolchevique. Novgorodtseva, por sua vez, assumiu a editora bolchevique *Priboi*,[189] que nos meses seguintes publicaria as primeiras edições legais de vários clássicos marxistas, sem deixar de colaborar com Sverdlov nos trabalhos organizacionais do partido. Nos dias anteriores ao levante bolchevique, ela se encarregou de guardar a correspondência secreta de Lênin. No momento da Revolução de Outubro, Novgorodtseva participou do célebre II Congresso dos Sovietes, que assumiu o poder; ela tinha 39 anos, e Sverdlov 32.

Poucos dias depois da tomada do poder, quando o bolchevique conciliador Kamenev renunciou ao posto como presidente do Comitê Executivo Soviético, Sverdlov substituiu-o, tornando-se de fato o chefe de Estado. Nessa posição, foi o responsável pela dissolução da Assembleia Constituinte após sua primeira sessão, em 5 de janeiro de 1918, que Novgorodtseva presenciou.

Quando o governo soviético se instalou em Moscou, em março, Sverdlov e Novgorodtseva mudaram-se também para lá. Nessa altura, ela seguia como assistente do marido na secretaria do partido.

Em fevereiro de 1919, durante uma viagem à Ucrânia, Sverdlov adoeceu de gripe espanhola e, depois de voltar a Moscou, morreu em 17 de março, aos 33 anos, tornando-se o primeiro grande líder bolchevique a morrer. Seus restos foram depositados nas muralhas do Kremlin. Isso converteu Novgorodtseva na primeira grande viúva da revolução.

Apesar disso, não deixou seu posto na organização do VIII Congresso do partido, que se realizou imediatamente depois. Nos meses seguintes, continuou a trabalhar na secretaria do partido, então liderada por Elena Stassova. Em junho, foi nomeada chefe do Departamento de Finanças do Comitê Central. Nessa função, encarregou-se de guardar em casa o chamado "fundo de contingência" do partido: uma reserva de dinheiro e joias que os bolcheviques conservavam caso perdessem o poder e tivessem de recomeçar a luta revolucionária.

A partir de 1920, passou a dirigir instituições relacionadas ao cuidado da infância: nesse ano, assumiu a direção do Departamento de Instituições Infantis do Comitê Executivo Central dos Sovietes; em 1925, o Departamento Soviético

[189] Do russo Прибой, "Quebra de onda".

de Publicações para Crianças e, em 1931, o Departamento Soviético de Livros de Texto. Finalmente, empregou-se na editora estatal Glavlit.[190]

Em 1924, Ecaterimburgo foi rebatizada como Sverdlovski, em honra do seu falecido marido. No início da década de 1930, escreveu, com o filho, Andrei, que militava na Juventude Comunista, uma biografia de Sverdlov.[191]

Não há indicação de que tenha participado nas lutas internas do partido. Em contrapartida, em 1935, Andrei foi preso duas vezes, mas em ambas as ocasiões foi libertado sem maiores consequências. Na realidade, trabalhava como agente provocador para o Comissário do Povo do Interior (NKVD), o sinistro Nikolai Iejov. Em 1938, quando Iejov foi executado e Lavrenti Beria o substituiu como comissário do NKVD, Andrei passou a trabalhar abertamente como chefe do Departamento de Contrainteligência. Desse posto ajudou a prender e executar vários velhos camaradas de seus pais, entre eles, seu tio Veniamin, irmão de Iakov Sverdlov, e vários bolcheviques que haviam colaborado com ele e com Novgorodtseva nos Urais, como Preobrajenski e Minkin. Além das atividades repressivas de seu filho, Novgorodtseva não foi incomodada durante os expurgos e, em 1946, se aposentou.

Após Beria ter caído em desgraça, em outubro de 1950, Andrei foi preso novamente, dessa vez de verdade, acusado de pertencer a uma suposta conspiração sionista. Apesar do prestígio de seu nome e das súplicas da mãe, foi encarcerado e libertado somente dois anos e meio depois da morte de Stálin. A partir de então, Andrei começou a escrever romances de espionagem.

Klavdia Timofeievna Novgorodtseva morreu em Moscou, em 23 de março de 1960 e foi enterrada no cemitério Novodevitchi. Seu filho, Andrei, sobreviveu apenas por mais nove anos. Sua filha, Vera, casou-se com o comunista Anatoli Maslenikov. Ignoro a data de sua morte.

*

190 Do russo Главлит, contração do equivalente a "Direção Principal de Proteção e Segredos de Estado na Imprensa sob o Conselho de Ministros da URSS".

191 Klavdia Nikolaeva, *op. cit.*

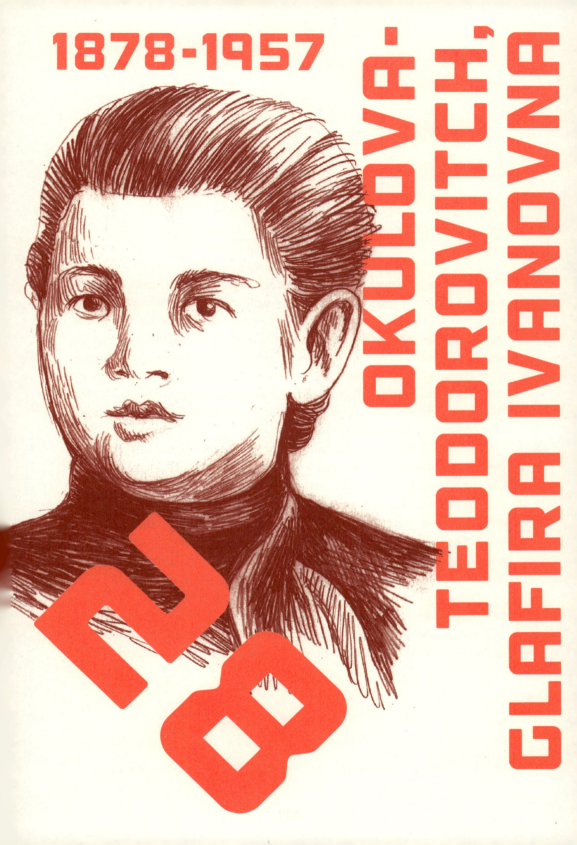

Nasceu em 5 de maio de 1878 na aldeia de Chochino, na província siberiana de Ienisseisk.[192] Foi a segunda dos quatro filhos de Ivan Petrovitch Okulov, camponês que havia enriquecido com o comércio de ouro, e sua esposa, Ekaterina Nikiferovna.

Depois de concluir o ginásio na cidade de Krasnoiarsk, não longe de sua cidade natal, Glafira Ivanovna mudou-se com o irmão, Aleksei, para Moscou, onde estudou Pedagogia. Em 1896, aos 18 anos, foi presa por participar de uma manifestação estudantil e deportada de volta à sua aldeia natal. "Meu pai", diria, "enviou seus filhos a Moscou sonhando que se integrassem a círculos elevados, e nós voltamos escoltados pela polícia".[193]

Lá, seguiu cultivando o contato com os revolucionários deportados e, em 1897, conheceu Vladimir Ulianov (o futuro Lênin), cujo lugar de exílio, Chuchenskoie, não era longe de onde estava.

Ao cumprir sua sentença de deportação, em 1899, mudou-se para Kiev, onde ingressou na comissão social-democrata da cidade e fez propaganda política entre os operários. Em 1900, passou ao comitê de Ivanovo-Voznesiensk. Lá, em 1901, ajudou Olga Varientsova a fundar a União Operária do Norte da Rússia. Também viajou para Ufa, onde conheceu Nadejda Krupskaia.

Depois militou em Moscou e Samara, como agente da revista *Iskra*. Lá, iniciou uma relação com o militante Ivan Adolfovitch Teodorovitch, então com 30 anos.

Em abril de 1902, ambos foram detidos e encarcerados na prisão moscovita de Butirka. Para serem enviados ao mesmo lugar de deportação, casaram-se na

192 Cf.: https://ru.wikipedia.org/wiki/Окулова-Теодорович,_Глафира_Ивановна; http://www.knowbysight.info/TTT/11155.asp.
193 Cf.: Clements, *op. cit.*, p. 43-44, que usa como fonte o panfleto sem autor *Mulheres e revolucionárias*, 1959.

capela da prisão.[194] Então foram deportados juntos para a província siberiana de Iakutsk, onde passariam os anos seguintes.

Concluída sua sentença, no verão de 1905, os dois se instalaram em Petersburgo, onde ajudaram a dirigir o comitê do partido durante os acontecimentos revolucionários desse ano.

Em 1906, grávida, Okulova foi novamente presa e deportada com o marido, dessa vez para a cidade siberiana de Omsk. Lá deu à luz uma filha, Inna, e engravidou de novo. Isso não a impediu de fugir com a filha recém-nascida e o marido para Petersburgo. No entanto, lá foi novamente detida e deu à luz um segundo filho, Konstantin,[195] na prisão de Petersburgo, em fevereiro de 1907.

Em maio de 1909, Teodorovitch foi detido nos Urais e enviado para a prisão de Ecaterimburgo. Ela, então, se viu obrigada a cuidar sozinha dos filhos, tendo de abandonar a militância. No entanto, continuou a simpatizar com o bolchevismo. Em meados de 1910, alojou em sua casa de Petersburgo Iakov Sverdlov e sua companheira, Klavdia Novgorodtseva. Esta diria em suas memórias:

> Precisávamos de dinheiro para viver, então voltei a trabalhar. Estávamos hospedados com Glafira Okulova, que vivia com seus dois filhos em um pequeno apartamento. Seu marido, Ivan Teodorovitch, havia sido enviado diretamente da prisão de Ecaterimburgo a uma condenação de trabalhos forçados.
>
> Okulova tinha ouvido falar de Sverdlov nas cartas que seu marido lhe enviava da prisão, e nos acolheu com gosto. A vida dela era extremamente difícil, tinha dois filhos para sustentar e tentava enviar dinheiro para o marido. Ambas voltávamos para casa tarde, exaustas, quando as crianças já tinham ido para a cama. Era Sverdlov quem – quando não estava preso – dava o jantar aos meninos e os colocava para dormir... Olminski considerou que Sverdlov era demasiadamente descuidado no que se referia à sua segurança e particularmente imprudente em ficar com Okulova, a esposa de um bolchevique bem conhecido, cujo apartamento podia estar sendo

*

194 Clements, *op. cit.*, p. 85. Nesse trecho, a autora diz equivocadamente que Okulova era uma professora "da Ucrânia", talvez por ter militado no comitê de Kiev.

195 Cf.: https://www.geni.com/people/Нина-Казанская/6000000075792882829; https://www.geni.com/people/Константин-Теодорович/6000000079319410821.

vigiado pela polícia. Sverdlov levou a sério o conselho, e tentamos achar outro apartamento, mas não conseguimos.[196]

Foi em sua casa que Sverdlov e Novgorodtseva foram presos em 14 de novembro de 1910.

Em 1911, quando Teodorovitch foi para a província siberiana de Irkutsk, ela se mudou com os filhos para lá, onde viveriam durante os seis anos seguintes.

Depois da Revolução de Fevereiro de 1917, Teodorovitch dirigiu-se a Petrogrado, mas Okulova ficou na Sibéria com os filhos. Ela voltou a integrar-se ao partido bolchevique, como membro do Comitê da Província de Ienisseisk e do gabinete Regional da Sibéria Central. Também foi eleita secretária do comitê do partido em Krasnoiarsk (a cidade onde passara a adolescência), posto no qual serviu durante esse ano revolucionário. Lá, encontrou seu irmão, Aleksei, que se tornou um dos principais dirigentes bolcheviques dessa província.

Após a tomada do poder, Teodorovitch foi nomeado Comissário do Povo do Abastecimento. No entanto, em poucos dias, renunciou ao cargo como parte de uma corrente bolchevique conciliadora que incluía também Kamenev, Rikov, Noguin e Miliutin, e que pedia um governo socialista de coalizão. Tal como os outros demissionários, Teodorovitch permaneceu no partido e continuou a colaborar com o governo soviético, mas não recuperou o cargo de comissário.

Nesse momento, Okulova e Aleksei voltaram a Petrogrado. Em março de 1918, ela e Teodorovitch se mudaram para Moscou com o resto do governo.

Nesse mês, o IV Congresso Panrusso dos Sovietes a integrou ao *presidium* de sua Comissão Executiva. Nesse posto, serviu como assistente do secretário do comitê executivo, o georgiano Abel Ienukidze, e dirigiu os cursos de formação de propagandistas e agitadores. Também ajudou a organizar o V Congresso Panrusso dos Sovietes, que se reuniu em julho.

Em dezembro mudou-se para os arredores de Kazan, no Volga, para coordenar o departamento político do Exército Vermelho no *front* oriental. Colaborou com Ivan Smirnov e Varvara Iakovleva na campanha contra o general branco Koltchak. Como comissária política do Primeiro Exército, em maio de 1919, participou da tomada de Ufa e depois da vitória sobre Koltchak em toda a Sibéria.

Enquanto isso, seu marido, Teodorovitch, participou das guerrilhas vermelhas atrás das linhas inimigas. Naquela época, seu irmão, Aleksei, servia no X Exército Vermelho. Aleksei teve um desacordo com Stálin e Kliment Vorochilov,

---

196   Cf.: Noa Rodman, "Prison and Freedom", *op. cit.*, https://libcom.org/library/chapter-three-prison-freedom.

que lideravam as operações em Tsaritsin, e na disputa tomou partido por Trótski, então comissário do povo de guerra.

Em junho, Okulova passou para o VIII Exército, que combatia no *front* sul contra Anton Denikin, integrando-se ao seu comitê político.

Em dezembro, quando o momento mais perigoso da guerra passou, voltou a Kazan, onde encabeçou o comitê político do Exército de Reserva da República. No final da Guerra Civil, em 1920, voltou a estabelecer-se em Moscou, onde fez trabalho político no sistema soviético de transportes.

Em 1921 passou a chefiar o Comitê de Educação Política da Província de Moscou. Dali em diante, a formação de quadros seria sua principal área de atividade. Em 1926, passou a dirigir o departamento de Educação Política da Academia Comunista e, em 1929, o departamento de Cultura e Propaganda do Comitê Central do Partido, no qual colaborou com Aleksei Stetski. Enquanto isso, Teodorovitch dirigiu o Instituto Agrário Internacional e depois a Internacional Camponesa Vermelha.

Em 1930, quando Stálin se voltou à esquerda e rompeu com a ala direita do partido, Teodorovitch foi acusado de pertencer a uma suposta "oposição" bukharinista. Então, tanto ele como Okulova perderam seus postos de governo. No entanto, como os outros membros da ala direita, Teodorovitch logo se retratou de qualquer posição considerada herética e foi readmitido no governo. Então, foi-lhe confiada a edição do jornal da Sociedade de Velhos Presos Políticos. Okulova, por sua vez, passou a dirigir as escolas de Agronomia de Sverdlovski (antes Ecaterimburgo), depois a de Riazan e finalmente a de Moscou.

Em 8 de março de 1933, esteve entre as antigas bolcheviques notáveis condecoradas com a Ordem de Lênin.

Em setembro de 1937, em meio aos grandes expurgos, Teodorovitch foi preso, julgado e, cinco dias depois, executado. Seu irmão, Aleksei Okulov, foi preso em dezembro de 1937 e enviado ao campo de trabalho de Amurlag, onde morreu pouco depois. Stetski, seu chefe no Departamento de Imprensa de 1929, foi preso em abril de 1938 e executado em setembro. Ela, no entanto, sobreviveu aos expurgos e continuou a trabalhar para as autoridades ligadas à educação.

Após a morte de Stálin em 1953, ela passou a trabalhar no Museu da Revolução de Moscou até sua aposentadoria no ano seguinte. Em abril de 1956, no contexto da desestalinização, tanto seu marido como seu irmão foram postumamente reabilitados.

Okulova morreu em Moscou, aos 79 anos, em 19 de outubro de 1957, e foi enterrada no cemitério moscovita de Novodevitchi.

Seu filho, Konstantin Teodorovitch, nascido na prisão em 1907, tornou-se um escritor célebre e morreu em 1964.

Nasceu em 1898 na cidade de Griazovets, capital da província de Vologda, no nordeste da Rússia.[197] Foi a terceira dos quatro filhos de Maria Matveievna e Nikolai Pilaiev.

Em 1910, mudou-se com a família para Petersburgo, onde o pai se empregou em uma taverna. No outono de 1914, ele morreu. Então a mãe, privada de meios de subsistência, voltou a Griazovets, levando consigo as duas filhas mais novas, enquanto os dois mais velhos ficaram em Petersburgo.

Lá, seu irmão Georgui Nikolaievitch, que então havia se unido ao partido bolchevique, foi preso e deportado para a região siberiana de Irkutsk. Quando a notícia de sua prisão chegou a Griazovets, a jovem Liza foi expulsa do ginásio. Então, em 1915, com 17 anos de idade, despediu-se da mãe, que dificilmente podia sustentar a si mesma e a sua irmã mais nova, e mudou-se, por conta própria, para Petersburgo, onde se empregou como atendente de uma loja de porcelanas.

No final de 1916, Georgui Nikolaievitch, que havia fugido do exílio, voltou a Petersburgo com um nome falso. Foi ele quem introduziu Liza às ideias revolucionárias. Assim, sem deixar seu cargo na loja, durante as semanas seguintes, a jovem ajudou o irmão nas tarefas clandestinas.

Após a Revolução de Fevereiro, Liza deixou o emprego na loja e dedicou-se a distribuir os jornais bolcheviques *Pravda* e *Soldatskaia Pravda*.[198] Nesses dias, colaborou diretamente com Maria Ulianova, a irmã mais jovem de Lênin, por cuja recomendação foi aceita no partido bolchevique.

197   Cf.: Vadim Zubkov e Iuri Medvedev, "Liza Pilaieva", https://vk.com/@kprf32-liza-pylaeva.
198   Do russo Солдатская правда, "Verdade do soldado".

Quando Lênin e Krupskaia voltaram do exílio em meados de abril, esta se concentrou na organização específica de jovens, e suas ideias influenciaram particularmente a jovem Pilaieva.

Na marcha do 1º de Maio daquele ano, ela tomou a palavra perante a multidão pela primeira vez, descobrindo que tinha talento para a oratória. Nesses meses, ao lado do jovem Vasili Alekseiev, idealizou a tática de infiltrar-se numa associação de juventude conciliadora, "Trabalho e Luz", para convertê-la em uma organização pró-bolchevique.

Em junho, quando foi anunciada uma lei eleitoral que excluía as pessoas com menos de 20 anos do sufrágio, Pilaieva tornou-se uma das porta-vozes da campanha bolchevique por baixar a idade eleitoral para 18 e convocou um comício que seria realizado no Circo Moderno no dia 22, ao qual compareceram mais de três mil jovens. Então, por iniciativa de Pilaieva e de acordo com as ideias desenvolvidas por Krupskaia, foi fundada a União da Juventude Socialista de Petrogrado – predecessora do Komsomol –, da qual participavam também Aleksei, Oskar Rivkin e Piotr Smorodin. Dias depois, sob proposta de Krupskaia, uma conferência bolchevique local deu seu apoio formal à iniciativa.

Durante as Jornadas de Julho, Pilaieva integrou-se à organização militar do partido, dirigida por Nikolai Podvoiski, e ajudou a organizar o serviço médico dos Guardas Vermelhos. Em meados de agosto, participou da primeira conferência da União da Juventude Socialista, que a incluiu entre seus dirigentes. Nessa mesma data, o VI Congresso do Partido Comunista aprovou a aliança com a União da Juventude. No final desse mês, graças a um chamado da União, ela se uniu, ao lado de outros cinco mil jovens, aos Guardas Vermelhos para fazer frente à intentona do general Kornilov.

Naqueles dias iniciou um romance com o bolchevique de 25 anos Vladimir Nikolaievitch Pavlov, então secretário dos Guardas Vermelhos, com quem se casou pouco depois da Revolução de Outubro. Liza tinha 19 anos.

No início de fevereiro de 1918, ambos se mudaram para a região bielorrussa de Maguliov, no *front* ocidental, onde participaram da batalha. Foi quando ela engravidou.

Em junho de 1918, o jovem casal se mudou para os Urais a fim de enfrentar a Legião Tchecoslovaca, que ameaçava a linha Ecaterimburgo-Perm. Em agosto, seu destacamento caiu em uma emboscada dos tchecos na estação de Kin, perto de Lisva. O vagão em que viajavam descarrilou e, no tiroteio que se seguiu, Pilaieva pegou uma metralhadora e foi ferida num braço. Pavlov, então, lhe ordenou que guardasse os documentos e os fundos do destacamento, que de modo algum deviam cair nas mãos do inimigo, e fugisse para o bosque. Apesar de ferida, Pilaieva conseguiu esconder-se com sua carga, enquanto o grosso do destacamento era capturado. Depois de passar um dia escondida no pântano, reuniu-se com outros dois camaradas que tinham conseguido escapar e, com eles, encontrou refúgio na casa de uma operária simpatizante. O feito lhe valeu um reconhecimento oficial de um dos comandantes do *front*, Ian Berzin.

Quando, na primavera de 1919, o Exército Vermelho conseguiu expulsar Koltchak dos Urais, Pilaieva se mudou, com o marido, para a bacia do Donets, no oriente ucraniano, onde combatia seu irmão Georgui. Lá, sob as condições da guerra contra os brancos e os anarquistas de Nestor Makhno, ajudou a reativar as minas de carvão. Viveu na Ucrânia soviética, então presidida por Christian Rakovski, até 1922, quando o partido a convocou para Moscou.

Lá, integrou-se à Direção Principal Eletrotécnica do Conselho Econômico Supremo, dedicada a eletrificar a região. Ao mesmo tempo, foi eleita deputada soviética do distrito de Rogojski-Simonovski, em Moscou. Além disso, decidiu terminar sua educação e, depois de completar um curso no Instituto de Economia Nacional, inscreveu-se no Instituto de Professores Vermelhos.

Não sei quais foram suas relações e simpatias políticas durante os anos 1920 ou se participou das lutas internas que dividiram o partido nessa época.

Seu marido, Pavlov, que duas vezes havia obtido a condecoração da Bandeira Vermelha por seu heroísmo em combate, morreu em 1925, aos 33 anos. No ano seguinte, debilitada pelo excesso de trabalho, Pilaieva contraiu tuberculose e morreu no dia 18 de março de 1926, enquanto era celebrado o aniversário da Comuna de Paris e o VII Congresso da Liga de Jovens Comunistas. Ela tinha 28 anos.

Não sei qual foi o destino de sua família. De seus camaradas fundadores da União da Juventude Socialista, Vasili Alekseiev, Oskar Rivkin e Piotr Smorodin, o primeiro morreu de tifo em Gatchina durante a Guerra Civil; os outros dois foram executados durante os grandes expurgos e reabilitados postumamente.

Convertida em emblema da juventude revolucionária, Pilaieva foi homenageada com um monumento levantado em sua honra em sua cidade natal, e em, 1967, sua vida serviu de modelo para a heroína do filme *O Dia de Tatiana*,[199] do diretor e roteirista Isidor Markovitch Annenski.

199   Tradução livre do original em russo Татьянин день.

Nasceu em 1º de agosto de 1879, no povoado bielorrusso de Vitebsk, filha do lojista judeu Naum Lieb e de sua esposa, Golda. Seu nome verdadeiro era Sarra Naumovna Lieb.

Entrou para o partido social-democrata em 1898, no sul da Ucrânia. Nessa época encontrou, em Potlava, o jovem militante Grigori Evseievitch Radomislski (nascido em 1883). Em 1902, os dois se casaram para viajarem juntos ao exterior. Depois de uma passagem por Berlim e Paris, terminaram por se instalar em Berna. Lá, no verão de 1903, receberam notícias da cisão que dividiu o partido e apoiaram os bolcheviques de Lênin.

O casamento com Radomislski não duraria muito. No início de 1905, ele partiu rumo a São Petersburgo para coordenar o trabalho do partido (nessa época adotaria o pseudônimo de Zinoviev, com o qual seria famoso) e, em poucos meses, iniciaria um novo casamento com a militante Zlata Lilina.

Ravitch, por sua vez, no início de 1907, instalou-se em Genebra, onde se matriculou no curso de filosofia da Universidade de Genebra. Lá, iniciou uma relação com o economista bolchevique de 27 anos Viatcheslav Alekseievitch Karpinski, com quem se casou. Com ele administrou a biblioteca e o arquivo da facção bolchevique, além de estabelecer a gráfica na qual se publicaria seu jornal no exílio, o *Proletari*.

No final daquele ano, Ravitch foi incumbida da perigosa missão de ir à Alemanha para trocar por marcos uma parte do dinheiro que os grupos de combate bolcheviques haviam expropriado em Tbilisi no verão anterior. Assim, dirigiu-se a Munique, acompanhada de dois camaradas armênios. Em 18 de janeiro de 1908, a polícia alemã, alertada por sua contraparte russa, deteve os três militantes quando tentavam fazer a troca.[200] Durante as semanas seguintes, a polícia

200 Em uma referência de passagem a esse evento nas anotações inéditas de seu livro *Stalin*, Trótski introduziu um duplo erro: afirmou que Ravitch havia sido presa em Estocolmo (o que foi o caso dos outros bolcheviques, mas não o dela) e que seria esposa de Zinoviev. Na verdade, seu casamento com Zinoviev já pertencia ao passado. Muitos historiadores confundiram a cronologia de sua relação.

suíça prendeu em Genebra vários militantes que tinham relação com ela, entre eles, o médico bolchevique Nikolai Semachko, a quem Ravitch havia escrito uma carta da prisão.

Após seis meses detidos em Munique, Ravitch e seus camaradas entraram em greve de fome para exigir que as autoridades alemãs lhes dessem tratamento de dissidentes políticos. A greve foi bem-sucedida, os três foram libertados e Ravitch pôde regressar a Genebra. Nos meses seguintes, trabalhou em estreita colaboração com Lênin, Krupskaia e seu círculo, os quais viveram em Genebra até o final do ano, quando se mudaram para Paris. Ravitch e Karpinski, ao contrário, permaneceram na cidade suíça administrando a biblioteca e imprimindo o jornal bolchevique do exílio, *Sotsialdemokrat*.[201] Também participaram da vida interna do socialismo suíço, apoiando sua ala de esquerda.

Em 1908, Ravitch publicou um volume de memórias intitulado *Além do Limiar da Vida*.[202]

Quando a Primeira Guerra Mundial eclodiu no verão de 1914 e os exilados russos tiveram que se concentrar na Suíça, seu contato com Lênin, que havia se estabelecido em Berna, tornou-se mais regular.

Em fevereiro de 1915, Ravitch viajou a Berna para participar, com Karpinski, de uma reunião de grupos bolcheviques no exílio, bem como da conferência internacional de mulheres socialistas, que ocorreu em março. Nessa ocasião, fez parte da delegação bolchevique, chefiada por Armand e Krupskaia, que se recusou a aprovar a resolução da conferência.

Com o triunfo da chamada Revolução de Fevereiro (no início de março), os exilados russos começaram a procurar uma forma de regressar ao seu país, o que não era fácil, pois os países que rodeavam a Suíça participavam da guerra, de um ou de outro lado, e não queriam deixar passar, por seus territórios, conhecidos ativistas antibélicos. No final do mês, com a mediação dos socialistas suíços, Lênin chegou a um acordo com o governo alemão, que o deixaria passar por seu território com seus camaradas se, em troca, aceitasse negociar a libertação de prisioneiros alemães. Assim, vários bolcheviques residentes em Genebra, incluindo Ravitch, Micha Tsjayaka e Grigori Sokolnikov, dirigiram-se a Zurique para se juntarem à comitiva de Lênin. Karpinski, por sua vez, ficou em Genebra para fechar a imprensa e a biblioteca.[203]

201 Do russo Социал-демократа, "Social-democrata".
202 Tradução livre do original em russo За порогом жизни.
203 Cf.: Olga Ravitch, "Dias de fevereiro de 1917 na Suíça" [Февральские дни 1917 года в Швейцарии], 1927, https://leninism.su/memory/4093-qplombirovannyj-vagonq-podborka-vospominanij.html?start=1.

Karpinski chegou à Rússia pouco depois da tomada do poder e se integrou à redação do *Pravda*, ainda que, nas novas condições, seu casamento com Ravitch não tenha durado muito. Anos depois, Karpinski se casaria com a militante Berta Bruk.

Durante o trajeto no famoso "vagão lacrado", Ravitch protagonizou uma história que se faria famosa: como Radek não parava de fazê-la rir e como seu riso era muito estridente, Lênin, que estava com os nervos alterados, acabou pedindo que se mudasse de vagão.[204]

Durante o ano revolucionário de 1917, Ravitch militou no comitê de Petrogrado. Em sua *História da Revolução Russa*, Trótski citaria a descrição que Ravitch fez do ambiente repressivo que se seguiu às Jornadas de Julho, chamando-a "uma das militantes mais antigas e ativas do partido".[205] Na época da Revolução de Outubro, Ravitch tinha 38 anos.

Em fevereiro de 1918, Ravitch fez parte da corrente de comunistas de esquerda que se opunha à assinatura da paz com a Alemanha. Nessa época, quando o governo soviético se mudou para Moscou, ela ficou em Petrogrado, onde fez parte do governo da União de Comunas do Norte, encabeçado por seu ex-marido, Zinoviev, de quem continuava muito próxima.

Em agosto, quando o presidente da *tcheka* em Petrogrado, Moisei Uritski, foi assassinado pelos socialistas-revolucionários, Ravitch se juntou à equipe que o substituiu, ao lado de Gleb Boki e Varvara Iakovleva. Nesse posto, teve de dirigir a polícia da velha capital. Num curto período de tempo, Iakovleva assumiu sozinha a *tcheka* local e corrigiu a indulgência, excessiva na sua opinião, demonstrada por Ravitch e Boki.

A partir de então, Ravitch integrou-se ao Comissariado do Povo para a Educação da região norte, dirigido por Zlata Lilina. Nos anos seguintes, continuou a trabalhar nos assuntos educacionais da cidade de Petrogrado.

No verão de 1924, o XIII Congresso do PCUS a integrou à Comissão de Controle do Partido.

Em 1925, participou da chamada Oposição de Leningrado, que, coordenada por Zinoviev e Kamenev, exigia um ritmo mais rápido de industrialização e criticava a burocratização do partido, a ideia do "socialismo em um só país" e o excessivo apoio à agricultura privada. Em 1926, entrou para a Oposição Unificada, da

[204] Interpretando mal o relato de Radek (em que, ao enumerar os passageiros do trem, menciona Ravitch depois de "a esposa de Safarov"), o historiador Robert Service difundiu a ideia de que Ravich *era* a esposa de Georgui Safarov – e inclusive sua "jovem esposa".

[205] Leon Trotsky, *História da Revolução Russa*, tomo 2, capítulo XI, Senado Federal, 2017.

qual também fazia parte Trótski e seus partidários. Como consequência, nesse ano, foi retirada da Comissão do Controle e, em dezembro de 1927, foi expulsa do partido juntamente com os outros opositores.

No entanto, influenciada por Zinoviev, no início de 1928, ela se retratou de suas críticas e pediu a readmissão no partido, o que lhe foi concedido após vários meses. Então, foi enviada a Voronej, na bacia do Don, onde tomou conta de uma fábrica.

Em dezembro de 1934, durante a onda de detenções que se seguiu ao assassinato de Kirov, quando seu ex-marido, Zinoviev, foi preso, ela foi também detida e condenada a cinco anos de exílio em Iakutsk, no extremo nordeste da Sibéria.

Zinoviev seria julgado ao lado de Kamenev no primeiro processo de Moscou, em agosto de 1936, e executado. O mesmo destino tiveram Sokolnikov e Safarov. Radek morreu em um campo de trabalho. Karpinski, diferentemente, não foi molestado e nunca saiu das graças de Stálin, embora seu irmão Anatoli e seu cunhado Veniamin Bruk tenham perecido nos expurgos.

Ravitch, por sua vez, foi novamente detida e encarcerada em 1937, 1946 e 1951, talvez por sua velha relação com Zinoviev ou por sua amizade com Trótski, ou como represália por sua atividade opositora dos anos 1920. Em 1954, após a morte de Stálin, Ravitch foi libertada por ter saúde debilitada, tendo-lhe sido permitido regressar a Moscou. Então, a velha bolchevique Elena Stassova recebeu-a em seu apartamento, ajudou-a a conseguir um lugar em um asilo e solicitou sua exoneração formal, mas não foi ouvida.

Olga Ravitch morreu sem ter sido reabilitada, num asilo de Moscou em algum momento de 1957, aos 78 anos.

Karpinski morreu coberto de honras em 1965.

Nasceu em 13 de maio de 1895 em Lublin, na parte da Polônia então submetida ao império czarista.[206] Sua mãe era Ekaterina Aleksandrovna Reisner (Khitrovo de solteira), e seu pai, o professor de origem germano-báltica Mikhail Andreievitch Reisner, que então dava aulas no Instituto de Agronomia de Pulawy.

Quando Larissa tinha dois anos, a família mudou-se para Tomski, no sudoeste da Sibéria, onde seu pai ocupou uma cadeira universitária. Lá, os Reisner tiveram outro filho, Igor (nascido em 1899). Nessa época, o professor Mikhail Andreievitch entrou em contato com as ideias marxistas e começou a colaborar com o movimento social-democrata, motivo pelo qual em 1903 teve de se exilar com a família na Alemanha, vivendo em Berlim e depois em Heidelberg. Foi onde que, rodeada pelo ambiente do socialismo alemão e do exílio russo, Larissa fez o curso primário.

Após a Revolução de 1905, circulou nos meios de comunicação do exílio o rumor de que Mikhail Reisner havia colaborado com a polícia czarista por ter sido marginalizado das organizações revolucionárias. Em 1907, a família Reisner voltou para a Rússia e se estabeleceu em Petersburgo, onde Larissa cursou o bacharelado. Nessa época, seus pais adotaram o filho de um camarada, Liev (nascido em 1902).

Aos 14 anos, a jovem precoce escreveu uma alegoria social em forma de obra de teatro, *Atlântida*,[207] que seria publicada seis anos depois.

206 Cf.: Haupt e Marie, "Larisa Mijáilovna Reisner", *op. cit.*, p. 344. A biografia foi escrita por Radek; Larisa Reisner, *Hamburgo en las barricadas: y otros escritos sobre la Alemania de Weimar*, Ediciones Era, 1981. A edição inclui outros textos de Reisner e sobre Reisner; Paco Ignacio Taibo ii, *Larisa: la mejor periodista del siglo XX*, 2014, https://brigadaparaleerenlibertad.com/libro/la-risa-la-mejor-periodista-roja-del-siglo-xx; sobre seu pai e seus irmãos, cf.: https://ru.wikipedia.org/wiki/Рейснер,_Михаил_Андреевич.

207 Do russo Атлантида, também lido como "Atlântida".

Em 1912, graduou-se com honras e se inscreveu na universidade feminina de Petersburgo, onde estudou Direito e Filologia. Ao mesmo tempo, fez cursos de Neurologia no instituto do famoso Mikhail Bekhterev.

Com a entrada da Rússia na Primeira Guerra Mundial, em julho de 1914, foi trabalhar na catalogação das peças de arte do Museu do Hermitage, para sua evacuação de Petrogrado a Moscou.

Na época, fundou, com seu pai, uma revista chamada *Rudin*, para a qual colaborou com poemas e sátiras. Pouco tempo depois, a revista desapareceu por falta de meios, e Larissa começou a colaborar com o jornal *Letopis* dirigido pelo escritor socialista Maksim Gorki ao lado de Sukhanov e sua esposa, a bolchevique Galina Flakserman.

Em março de 1917, durante a insurreição de fevereiro, participou da tomada da Fortaleza de São Pedro e São Paulo, a velha prisão czarista.

Após a queda do czarismo, trabalhou dando aulas a operários e marinheiros e colaborou com a nova revista de Gorki, *Novaia Jizn*, que ocupava um lugar intermediário entre o governo provisório e os bolcheviques. Logo o contato com os marinheiros de Kronstadt a radicalizou. Depois de publicar uma sátira contra Kerenski, rompeu com o jornal de Gorki para identificar-se com o bolchevismo.

Na Revolução de Outubro tinha 22 anos. Após a ascensão dos bolcheviques ao poder, voltou a trabalhar na catalogação de peças de arte, mas então para o Comissariado do Povo para a Educação, dirigido por Lunatcharski, e seu Departamento de Bens Culturais, coordenado por Natalia Sedova, esposa de Trótski.

No início de 1918, entrou formalmente para o Partido Comunista, integrando-se ao Departamento de Agitação e Propaganda, no qual colaborou com o comunista polaco Karl Radek e o jornalista bolchevique Liev Sosnovski.

Juntamente com todo o governo soviético, em março, mudou-se para Moscou. Pouco depois, casou-se com o militante de 25 anos Fiodor Raskolnikov, dirigente bolchevique dos marinheiros do Báltico.

Na primavera, seu pai, que também havia entrado para o Partido Comunista, ajudou a redigir a primeira constituição soviética, que foi aprovada em junho pelo V Congresso Panrusso dos Sovietes, bem como o decreto pelo qual se separava a Igreja do Estado.

Quando, no início de agosto, recebeu em Moscou a notícia da tomada de Kazan pelos exércitos brancos de Boris Savinkov, Reisner integrou-se ao comboio blindado de Trótski, então comissário do povo para a guerra, na qualidade de comissária política. Nessa função, participou da longa resistência na estação de Sviiajsk, que durou todo o mês de agosto. Lá, colaborou com Raskolnikov (seu marido), Trótski e os comandantes do V Exército Vermelho, Ivan Smirnov,

Arkadi Rosengolts e Serguei Gusev. Também encontrou com a filha deste, a jovem comunista Elizaveta Drabkina. No dia 18, participou com Trótski de uma incursão noturna contra Kazan, em um torpedeiro sobre o Volga, e em seguida na reconquista definitiva da cidade.

Então, integrou-se ao departamento de espionagem do V Exército, para o qual realizou missões atrás das linhas inimigas, e depois ao comissariado político da frota do Volga, coordenado por seu marido, Raskolnikov. No início de 1919, quando os britânicos conseguiram capturar Raskolnikov em Ravel, ela participou de uma tentativa de resgate, que falhou. Ele foi então levado para a prisão de Brixton, em Londres, sendo libertado somente após uma troca de prisioneiros em maio, quando pôde regressar à Rússia e reencontrar Reisner.

Durante o resto da Guerra Civil, os dois trabalharam na direção política da armada soviética.

Depois da vitória, em 1921, Raskolnikov foi enviado como embaixador ao Afeganistão, e Reisner o acompanhou. Em Cabul, ela escreveu uma crônica da batalha de Sviiajsk e outros episódios da Guerra Civil, que seriam publicados no livro intitulado *No front*,[208] além das notas que comporiam seu próximo livro de crônicas, *Afeganistão*.[209] Lá, ela também contraiu malária crônica, que afetaria sua saúde a partir de então.

De acordo com suas próprias informações, em Cabul, Raskolnikov desenvolveu um ciúme patológico, chegando a açoitá-la e a espalhar rumores sobre supostos encontros sexuais com diplomatas inimigos, rumores esses que, segundo algumas fontes, levaram à sua expulsão do partido. Na primavera de 1923, separou-se de Raskolnikov, deixou o Afeganistão e voltou a Moscou. Nessa altura, seu pai opôs-se à proibição dos partidos da oposição, motivo pelo qual se distanciou do Partido Comunista, foi retirado de seus postos e os velhos rumores sobre sua colaboração com a polícia czarista voltaram a circular. Ao mesmo tempo, Larissa sentiu-se desencantada pela burocratização e pela relativa desigualdade decorrente da política de incentivo à agricultura privada.

Nessa altura, voltou a encontrar-se com Radek, que era um dos principais dirigentes da Comintern. No outono, a Alemanha vivia uma situação revolucionária, e a Comintern decidiu enviar Radek para assessorar o Partido Comunista Alemão. Reisner, então, se ofereceu para ir com ele. Durante essa missão, os dois iniciaram uma relação sentimental que duraria vários anos.

208 Tradução livre do original em russo Фронт.
209 Tradução livre do original em russo Афганистан.

Assim, no início de outubro, ambos entraram clandestinamente na Alemanha e, após uma passagem por Dresden, instalaram-se em um alojamento secreto em Berlim. Reisner conheceu o embaixador soviético Liev Karakhan e o líder comunista alemão Hermann Remmele, bem como o agente soviético Ignace Reiss e sua esposa, Elizabeth Poretski. Lá, também fez anotações que se converteriam em sua crônica "Berlim, outubro de 1923".

No final de outubro, ocorreu uma última tentativa de insurreição em Hamburgo, e Reisner decidiu deslocar-se para lá a fim de testemunhar pessoalmente os acontecimentos. Mesmo que não tenha chegado a tempo de participar da fracassada iniciativa, conheceu seus protagonistas, como Hans Kippenberger, e presenciou as consequências imediatas da derrota. Registrou o que viu em sua crônica "Hamburgo nas barricadas".[210]

Após a derrota da revolução alemã, ela e Radek voltaram à URSS e se instalaram em Petrogrado, onde Reisner foi trabalhar no jornal *Izvestia*. Com essa posição, ao longo de 1924, viajou como repórter aos Urais do Norte e a Belarus. Foi lá que ele tomou as notas que se tornariam seu livro *Carvão, Ferro e Pessoas Vivas*.[211]

Na época, seu irmão adotivo, Liev Reisner, também entrou para o Exército Vermelho, como submarinista.[212]

Desde 1924, seu companheiro Radek tornou-se um dos principais dirigentes da Oposição de Esquerda liderada por Trótski. Outros bolcheviques próximos de Reisner, como Sosnovski, Smirnov e seu ex-marido, Raskolnikov, também fizeram parte da Oposição de Esquerda, embora não haja registro de que ela tenha participado de suas atividades.

Quando, em janeiro de 1925, Trótski deixou o Comissariado do Povo para Guerra e passou a presidir a Comissão para a Melhoria de Artigos Industriais, Reisner se mudou para Moscou a fim de trabalhar com ele. Radek, por sua vez, passou a dirigir a Universidade Sun Yat-sen de Moscou.

Nesse ano, Reisner voltou à Alemanha para tratar a malária e aproveitou a viagem para visitar o país. O resultado foi seu livro *No País de Hindenburg*.[213]

No verão, numa visita a Sverdlovski, ela assumiu a criação de um jovem de 12 anos, Aleksei (Aliocha) Makarov, cujo pai havia morrido na guerra civil.[214]

*

210 Tradução livre do original em russo Гамбург на баррикадах.
211 Tradução livre do original em russo Уголь, железо и живые люди.
212 N.T.: Tripulante de um submarino militar.
213 Tradução livre do original em russo В стране Гинденбурга.
214 Cf.: https://www.e-reading.club/chapter.php/94415/180/Przhiborovskaya_-_Larisa_Reiisner.html.

Em Moscou, começou a trabalhar em um livro sobre vários pensadores e movimentos revolucionários do passado, que nunca chegou a concluir.

No início de 1926, contraiu tifo, que se complicou devido a sua malária crônica, sendo internada no hospital do Kremlin. Morreu lá, em 9 de fevereiro, antes de completar 31 anos. Sua mãe, que tinha se dedicado a cuidar dela no hospital, suicidou-se ao saber de sua morte. O filho adotivo, Aliocha Makarov, regressou ao sistema de internatos soviético.

Foi enterrada no cemitério moscovita de Vagankovo. Entre os amigos íntimos que carregaram seu caixão estiveram líderes bolcheviques como Radek, Smirnov e Abel Ienukidze, bem como o escritor Boris Pilniak.

Seu pai, Mikhail Andreievitch, morreu em Moscou dois anos depois, sem ter abandonado seus postos universitários.

Durante os grandes expurgos de 1935-1939, pereceram os bolcheviques que, por terem colaborado mais estreitamente com ela, haviam sido os protagonistas de suas crônicas, como Radek, Sosnovski, Karakhan, Ienukidze, Smirnov e Rosengolts, assim como os comunistas alemães Remmele e Kippenberger. O mesmo destino teve seu irmão adotivo, Liev Reisner. O escritor Pilniak foi executado em 1937. Ignace Reiss, Raskolnikov e Trótski denunciaram, do exterior, o regime de Stálin, mas a repressão os alcançou: Reiss foi assassinado em Lausanne em 1937, Raskolnikov em Paris em 1939 e Trótski no México em 1940.

1886-1953

ROZMIROVITCH, ELENA FIODOROVNA

Nasceu em 10 de março de 1886, na aldeia Petropavlovka, província de Kherson, no sul da Ucrânia.²¹⁵ Anos antes de Elena nascer, sua mãe, Maria Krusser, descendente da nobreza moldava arruinada, tinha se casado com um mecânico de origem alemã chamado Gottlieb Meisch, com quem teve dois filhos e duas filhas. Depois de anos trabalhando como mecânico e lavrando terras arrendadas, Meisch havia conseguido comprar uma propriedade própria e a explorava eficazmente com seu irmão mais novo, Theodor, ainda que à custa de grandes esforços e sacrifícios. Em 1888, depois de uma longa doença, Gottlieb faleceu e, quase imediatamente, Maria se casou com Theodor. Nessas circunstâncias nasceu Elena, concebida quando Gottlieb ainda vivia, mas a quem Theodor reconheceu como filha.

O lar dos Meisch foi severo, sobretudo para os filhos do primeiro casamento da mãe. Elena Fiodorovna, pelo contrário, foi relativamente afortunada, pois um de seus irmãos mais velhos, Fiodor, que havia prosperado como operário qualificado, certificou-se de que pudesse frequentar o ginásio.

Ao que parece, quando completou 16 anos, seus pais obrigaram-na a casar-se (por isso, passou a usar o nome Rozmirovitch). Se tal matrimônio existiu, durou pouco.²¹⁶ Então, seu irmão Fiodor Bogdanovitch voltou e a resgatou, dando-lhe os meios para ir estudar na França. Em sua autobiografia, ela diz que seu irmão Fiodor foi a influência mais determinante no desenvolvimento de sua personalidade.

Estudando Direito na Universidade de Paris, Elena entrou em contato com os exilados das diferentes tendências do socialismo russo e, em 1903, já havia

215 Para a ficha autobiográfica que Rozmirovitch escreveu no final dos anos 1920 (em russo), cf.: http://ru.rodo-vid.org/wk/Запись:394429; https://encyclopedia2.thefreedictionary.com/Elena+Rozmirovich.

216 Elena Fiodorovna não menciona esse casamento em um texto autobiográfico, que, portanto, não aparece na maioria das fontes. Há somente uma referência passageira a ele em Clements, *op. cit*.

adotado as ideias marxistas. No ano seguinte, já decidida a dedicar-se à revolução, voltou para a Ucrânia e se estabeleceu em Kiev.

Lá, militou durante a Revolução de 1905, ajudando o partido social-democrata em questões logísticas, como conseguir apartamentos secretos e armazenar armas. No ano seguinte, começou a organizar cursos para os camponeses da região e, em 1907, passou a militar entre os ferroviários. Tinha 21 anos.

No início de 1907, havia iniciado uma relação com Aleksandr Antonovitch Troianovski, um militante de 25 anos que serviu como oficial de artilharia no exército czarista e desertou para juntar-se ao partido social-democrata.[217] Quando estava grávida, Elena foi presa pela primeira vez, mas foi libertada poucos dias depois por falta de provas. Antes do final do ano, teve com Troianovski uma filha, Galina.

Nessa altura, conseguiu recrutar para o partido sua irmã mais velha, Evguenia, que então usava o nome de casada, Bosch.

Em 1908, Troianovski foi preso e, em 1909, ela teve o mesmo destino. Sua filha recém-nascida ficou aos cuidados da avó. Na sua ausência, a direção do comitê social-democrata de Kiev foi confiada à Evguenia Bosch.

Após um ano de prisão, Rozmirovitch conseguiu que sua pena de deportação fosse comutada pela expulsão para o exterior. Assim, em 1910, dirigiu-se novamente a Paris, onde a aguardavam o marido, que havia fugido da Sibéria, e a filha. Lá, os dois integraram-se ao círculo de colaboradores de Lênin, do qual também faziam parte Krupskaia, Armand, Zinoviev e Kamenev. Pouco tempo depois, por instruções de Lênin, foram para Viena, onde fariam sua base durante os quatro anos seguintes.

Lá, tiveram de enfrentar diretamente Leon Trótski, que na capital austro-húngara dirigia seu próprio jornal social-democrata, o *Pravda*, ocupando uma posição intermediária entre bolcheviques e mencheviques.

A partir do verão de 1912, quando Lênin e seu círculo se mudaram de Paris para Cracóvia, graças à relativa proximidade de Viena, Rozmirovitch e Troianovski puderam visitá-lo com frequência. No final de julho desse ano, os dois viajaram com Lênin a Basileia para participar como delegados no IX Congresso Extraordinário da Internacional Socialista, no qual as principais figuras da social-democracia discutiram a guerra que havia eclodido nos Bálcãs.

Em dezembro, chegou a Viena o jovem teórico bolchevique Nikolai Bukharin, que ocupou um apartamento na mesma casa que o casal Troianovski. Além disso,

217 Sobre Troianovski, cf.: http://hrono.ru/biograf/bio_t/trojanovski_aa.php.

durante as primeiras semanas de 1913, hospedou-se com eles Josef Stálin, a quem Lênin havia encomendado a redação de um panfleto sobre a questão nacional.

Em fevereiro, para celebrar os trezentos anos da dinastia Romanov, o czar decretou uma anistia parcial que abrangia alguns crimes políticos. Entre os beneficiários estavam Kamenev e Elena Rozmirovitch. Assim, Lênin resolveu enviar ambos à Rússia: Kamenev devia encarregar-se do jornal *Pravda* e ela deveria percorrer os comitês bolcheviques de todo o império buscando recrutas para uma possível escola de quadros em Poronin.

Depois de entrar legalmente no império, e antes de começar sua turnê, Rozmirovitch parou em Petersburgo. Lá, foi presa. Após uma semana de detenção, a polícia preferiu não apresentar queixa e Rozmirovitch foi libertada. No entanto, após uma passagem por Kiev, onde visitou a família, teve de abandonar o império.

Em setembro participou de uma conferência da direção bolchevique realizada em Poronin. Foi nela que, a pedido de Armand e Krupskaia, foi decidido criar uma revista para operárias em Petersburgo, intitulada *Rabotnitsa*. Nessa mesma reunião decidiu-se enviar Rozmirovitch novamente a Petersburgo para participar da publicação e servir como secretária da facção bolchevique da Duma. Então, despediu-se do marido e partiu para a Rússia.

Considerando que o foro parlamentar protegia os deputados da perseguição policial, a facção bolchevique da Duma era então o núcleo da organização bolchevique na Rússia. Assim, durante os meses de sua estadia em Petersburgo, Rozmirovitch teve de colaborar com seu presidente, Roman Malinovski, cujos hábitos conheceu de perto, pois originalmente se hospedou no apartamento que este compartilhava com sua companheira.

Nessa época, conheceu o advogado bolchevique de 29 anos Nikolai Vasilievitch Krilenko, que tinha chegado a tenente no exército e então servia como assessor clandestino da facção na Duma.[218] Logo, a colaboração política deu lugar a um romance, e ela deixou o domicílio de Malinovski para se instalar com Krilenko. No entanto, sua relação foi interrompida em dezembro, quando Krilenko foi preso.

No final de fevereiro, pouco antes do Dia Mundial da Mulher, quando devia ser lançado o primeiro número da *Rabotnitsa*, Rozmirovitch participou de uma reunião da sua comissão de redação no apartamento de Praskovia Kudelli. A reunião foi invadida pela polícia, que prendeu todas as participantes, incluindo Rozmirovitch. Após dois meses de detenção e uma dramática greve de fome, as

218   Sobre Krilenko, cf.: http://www.hrono.ru/biograf/bio_k/krylenko_nv.php.

bolcheviques presas foram libertadas em meados de maio, na condição de abandonarem Petersburgo. Rozmirovitch voltou para sua terra natal, a Ucrânia, e se instalou em Carcóvia, onde se encontrou com Krilenko.

Em 8 de maio, em Carcóvia, soube que Malinovski havia se demitido inesperadamente de seu posto na Duma e deixado a cidade. Então, levando em conta sua experiência do último ano, percebeu que o agente infiltrado que a havia delatado em 1913 e 1914 só podia ser Malinovski. Na época, vários militantes (sobretudo os mencheviques, mas também alguns bolcheviques, como Bukharin) suspeitavam desse homem e, naquele momento, ela mesma podia confirmar suas suspeitas. Se a polícia não apresentou queixa contra ela no ano anterior, foi para não desmascarar seu agente. Se Malinovski havia renunciado a seu posto em maio, havia sido por ordem de seus chefes na *Okhrana*,[219] cuja nova administração não queria se arriscar ao escândalo que se armaria se a opinião pública se inteirasse de que a polícia do czar havia se infiltrado na Duma imperial. Então Rozmirovitch escreveu a Lênin comunicando-lhe suas descobertas. Este e Zinoviev resolveram convocá-la, junto com Bukharin, a Poronin (onde o próprio Malinovski tinha se apresentado voluntariamente) para esclarecer o caso. Em Poronin foi constituída uma comissão especial, composta por Lênin, Zinoviev e o polonês Jakub Hanecki,[220] para ouvir as acusações de Rozmirovitch e Bukharin, de um lado, e a defesa de Malinovski, de outro. Esse episódio prefigura a futura carreira de Rozmirovitch como fiscal da revolução. Apesar de Malinovski ter confessado vários crimes juvenis vergonhosos (que, segundo ele, levaram-no a demitir-se de seu posto), e por eles ter sido expulso do partido, negou ser um agente infiltrado e afirmou que as acusações contra ele eram calúnias de Rozmirovitch. Ela não pôde fornecer provas, então Malinovski foi exonerado desse cargo e foi autorizado a sair. Derrotados, Rozmirovitch e Bukharin voltaram para Viena.[221]

Lá, Krilenko os encontrou, o que significaria o fim do casamento de Rozmirovitch com Troianovski. No entanto, antes que seus conflitos pessoais pudessem ser resolvidos, eles se viram envolvidos em um conflito histórico muito maior: em agosto eclodiu a Primeira Guerra Mundial e todos os súditos russos tiveram de abandonar o território austro-húngaro (Lênin foi até preso em Cracóvia), sendo imediatamente transferidos para a neutra suíça. Rozmirovitch, Troianovski, Krilenko e Bukharin tiveram de deixar Viena para instalarem-se no

219 Do russo Охрана, "A guarda", era uma organização policial secreta do regime czarista.
220 Conhecido na Rússia como Iakov Stanislavovitch Ganetski.
221 Sobre Malinovski, cf.: Ralph C. Elwood, *Roman Malinovski: a life without a cause*, Oriental Research Partners, 1977.

subúrbio de Baugy sur Clarens, perto de Lausanne (no oeste da Suíça, fronteira com a França).

Ao ajuste pessoal seguiu-se um ajuste político. Enquanto se separava de Rozmirovitch, Troianovski recusou-se a aceitar a política de derrotismo revolucionário de Lênin em relação ao estado czarista e seus aliados na guerra, abandonou o bolchevismo e foi para o partido menchevique, no qual militaria durante os dez anos seguintes. Rozmirovitch, que continuou fiel ao bolchevismo, formalizou sua relação com Krilenko. Mais adiante, Troianovski casaria com a menchevique Nina Pomorskaia.

Porém, nem mesmo dentro do campo bolchevique havia total unanimidade política. Seguindo Bukharin, Rozmirovitch e Krilenko mantiveram algumas reservas teóricas sobre as posições de Lênin. No início de 1915, os três conceberam a ideia de lançar um jornal de sua corrente, ao que chamariam *Zvezda*, usando os fundos enviados pela relativamente acomodada família dela. Lênin, que mal conseguia financiar o jornal bolchevique oficial (o *Sotsialdemokrat*) e desconfiava deles desde o episódio Malinovski (acreditava que Bukharin tinha se mostrado crédulo e que Rozmirovitch podia ser uma caluniadora), rejeitou terminantemente essa ideia. Para convencê-los, Lênin convocou todos os bolcheviques exilados na Suíça para se reunirem em Berna, em fevereiro.

A conferência ainda se encontrava reunida quando chegaram Evguenia Bosch (irmã mais velha de Rozmirovitch) e seu companheiro, Georgui Piatakov, que haviam fugido da Sibéria pelo extremo oriente e chegavam à Suíça dando a volta ao mundo. Após a conferência de Berna, ambos aderiram ao grupo de Rozmirovitch, Krilenko e Bukharin em Baugy.

No mês seguinte, Rozmirovitch e Bosch voltaram a Berna, dessa vez para juntar-se à delegação bolchevique que participava de uma conferência antibélica de mulheres socialistas, convocada por Clara Zetkin. Acompanhando o resto das delegadas bolcheviques (Armand, Krupskaia, Stal, Ravitch e Lilina), recusaram-se a votar pela resolução pacifista da conferência, contrapondo-lhe uma resolução decididamente revolucionária.

No verão, o grupo de Baugy dispersou-se: seus três ideólogos, Bukharin, Piatakov e Bosch, foram para Estocolmo (a fim de publicar a revista *Kommunist*), enquanto Rozmirovitch e Krilenko regressaram clandestinamente à Rússia. Poucos meses depois, em novembro, ambos foram presos em Moscou. Após alguns meses na prisão moscovita de Butirka, os dois foram enviados para a prisão de Carcóvia, onde cumpririam mais seis meses. Quando foi detida, Rozmirovitch estava grávida, e na prisão de Carcóvia deu à luz sua segunda filha, a quem chamou de Marina. Nessa época, morreu sua mãe, que até então havia tomado conta de sua filha mais velha, então com 9 anos. Assim, para ajudá-la a cuidar de suas duas filhas, a mãe de Krilenko a acompanhou na deportação.

Em meados de 1916, Krilenko foi julgado por deserção e enviado para o *front* sudoeste, enquanto Rozmirovitch foi deportada para a aldeia siberiana de Turukhansk, na província de Ienisseisk, com seu bebê recém-nascido. Em fevereiro de 1917, ela foi autorizada a se mudar para a cidade de Irkutsk.

Lá, no mês de março, foi surpreendida pelas notícias da queda do czarismo. Então se apressou a voltar com as filhas a Petrogrado, onde se reencontrou com Krilenko. Uma vez na capital, os dois se integraram ao gabinete militar do partido e em abril lançaram o jornal bolchevique dirigido ao exército, *Soldatskaya Pravda*. Nesse mês, Rozmirovitch participou como delegada na VII Conferência do Partido e, em junho, em sua Conferência de Comitês Militares.

Após as Jornadas de Julho, o governo provisório mandou prender os principais quadros bolcheviques, entre os quais Krilenko. Durante a Revolução de Outubro, os cônjuges fizeram parte do Comitê Militar Revolucionário do soviete de Petrogrado, órgão da tomada do poder. Na época, Rozmirovitch tinha 31 anos.

No dia seguinte à revolução, Krilenko foi eleito comissário do povo de guerra e pouco depois comandante-chefe do incipiente exército soviético. Rozmirovitch, por sua vez, participou também da defesa militar de Petrogrado contra a ameaça dos cossacos de Krasnov, dirigindo um destacamento em combate. Nesse ponto, o soviete de Petrogrado a integrou a seu tribunal revolucionário. Sem deixar seu posto no tribunal, em novembro, passou a coordenar o departamento político do Comissariado do Povo para Transportes, dirigido por Mark Elizarov.

Eleita para a Assembleia Constituinte como parte de sua minoria bolchevique, em 5 de janeiro de 1918, participou de sua primeira sessão, em que a assembleia decidiu ignorar a soberania dos sovietes, motivo pelo qual foi dissolvida. A propósito, entre os deputados mencheviques – que votaram contra o poder soviético – encontrava-se seu ex-marido e antigo camarada, Troianovski.

Em meados de fevereiro de 1918, durante um período em que as negociações de paz com a Alemanha foram suspensas, Krilenko tentou resistir ao avanço alemão na Ucrânia, mas não teve êxito. Consequentemente, quando o Exército Vermelho foi reorganizado em março, Krilenko renunciou a seu posto e foi substituído por Trótski como comissário do povo de guerra. Nesse mesmo mês, Rozmirovitch deslocou-se para Moscou a fim de participar como delegada no IV Congresso dos Sovietes, no qual foram discutidos se os novos termos da paz exigidos pela Alemanha eram ou não aceitos. Nesse evento, Bosch, Piatakov e Bukharin fizeram parte da corrente esquerdista que se opunha à ratificação do tratado, mas Rozmirovitch manteve-se à margem da discussão.

Depois do congresso, ela e Krilenko ficaram morando em Moscou, onde ele passou a chefiar o Supremo Tribunal Soviético e ela se integrou ao mesmo órgão como presidente de sua comissão de investigação. Assim, a antiga acusada do império czarista tornou-se procuradora da República Soviética. No verão, participou do julgamento dos social-revolucionários que se levantaram em armas contra o governo bolchevique, descontentes com a paz com a Alemanha.

Em outubro, participou de um caso que envolvia sua história pessoal: o do agente infiltrado Roman Malinovski, a quem ela havia tentado desmascarar em 1914. Dessa vez, o antigo provocador, que tinha se entregue voluntariamente, afirmando estar arrependido de seus crimes, foi condenado à morte, sendo executado no dia 6 de novembro.

Em 1920, Rozmirovitch adoeceu gravemente e teve de ir à Alemanha para se tratar. Enquanto ela ocupou o cargo de fiscal, seu ex-marido, Troianovski, que continuava sendo menchevique, foi preso algumas vezes por breves períodos.

No verão de 1924, o XIII Congresso do partido integrou-a à Comissão Central de Controle, encabeçada por Valerian Kuibichev. A propósito, nessa época, Kuibichev tornou-se também seu genro, pois durante algum tempo foi companheiro de sua filha mais velha, Galina Aleksandrovna.

Em janeiro de 1925, sua irmã Evguenia Bosch, que havia se destacado como quadro militar durante a Guerra Civil e participado da Oposição de Esquerda, suicidou-se, devido a seu mau estado de saúde e em protesto pela remoção de Trótski do Comissariado do Povo para Guerra. Rozmirovitch, por outro lado, manteve-se fiel à facção de Stálin. Em dezembro, participou como delegada no XIV Congresso do partido, no qual foram condenadas as posições da Oposição.

Em janeiro de 1926, Rozmirovitch fundou o Instituto de Administração Científica, que dirigiu durante os anos seguintes. Em dezembro de 1927, participou como delegada no XV Congresso do partido, em que foi aprovada a expulsão dos opositores. No verão de 1930, participou do XVI Congresso, no qual foi aprovada a coletivização total. Nessa época terminou sua relação com Krilenko, que, pouco tempo depois, se casou em segundas núpcias com Zinaida Jelezniak. Ele, sempre aliado de Stálin, continuou a subir no sistema de justiça soviético, tornando-se procurador-geral e comissário do povo de Justiça da República Soviética russa.

Em 1935, coincidindo com o início das Grandes Purgas, Rozmirovitch deixou seus postos na administração e passou ao setor cultural, quando foi nomeada diretora da Biblioteca Estatal Lênin. Em seguida, assumiria os arquivos de Maksim Gorki e, em 1936, seria integrada à comissão das comemorações do centenário de Puchkin, que ocorreria em janeiro do ano seguinte.

Isso a afastou da responsabilidade pelos acontecimentos desse período: no primeiro processo de Moscou (agosto de 1936), foram executados seus companheiros de exílio Zinoviev e Kamenev; no segundo (janeiro de 1937), seu ex-cunhado Piatakov; no terceiro (março de 1937), seu velho amigo Bukharin. Em janeiro de 1938, seu ex-marido Krilenko foi preso com sua nova esposa. Ele seria executado após seis meses de tortura.

É revelador que, nessa mesma época, seu primeiro marido, Aleksandr Troianovski, que em 1917 fora contra a revolução bolchevique, mas se reconciliara com o regime, longe de cair nos expurgos, foi enviado para Washington como o primeiro embaixador soviético nos Estados Unidos. Tinha enviuvado recentemente quando retornou a Moscou em outubro de 1938. Como Krilenko tinha sido executado, Stálin recomendou a Troianovski e a Rozmirovitch que voltassem a se casar e, nesse mesmo ano, eles acataram a sugestão.

Durante a Segunda Guerra Mundial, ela coordenou a proteção das casas que pertenceram a Puchkin, Tolstói e Gorki. Ao terminar o conflito, em 1945 recebeu a ordem da Bandeira Vermelha do Trabalho.

Morreu aos 66 anos em Moscou, em 30 de agosto de 1953, cinco meses depois da morte de Stálin, e foi enterrada no cemitério moscovita de Novodevitchi. Troianovski morreria em 1955. Nesse mesmo ano, seu ex-colega Krilenko foi reabilitado postumamente. Suas filhas Galina e Marina viveram na URSS.

Nasceu em torno de 1876[222], em Irkutsk, no sudeste da Sibéria, filha de um papa ortodoxo, com o nome de solteira Gromova.[223] Estudou o ginásio em sua cidade natal, onde entrou em contato com um círculo de estudantes revolucionários. Em 1894, mudou-se para Petersburgo, com sua irmã Karelia, a fim de estudar nos cursos Bestujev para mulheres.

Em 1896, pôde acompanhar de perto as greves de Petersburgo. Em fevereiro de 1897, quando chegou à universidade a notícia de que a estudante Maria Vetrova havia se incendiado quando estava presa na Fortaleza de São Pedro e São Paulo, o descontentamento eclodiu e Konkordia ajudou a organizar uma manifestação estudantil de protesto. Desde então, começou a simpatizar com o movimento social-democrata.

Em 16 de fevereiro de 1901, quando se preparava um novo protesto estudantil, dessa vez contra a ameaça das autoridades de enviar ao exército os estudantes rebeldes, a polícia invadiu uma reunião preparatória no quarto da estudante Fokina, da qual Konkordia participava, e ela foi detida. Quando a polícia revistou o quarto de Konkordia, encontrou dois romances proibidos e um revólver. Assim, a jovem foi expulsa da universidade e levada para a prisão preventiva de Petersburgo. Em maio, saiu sob condição de que deixasse a cidade. Ela voltou, então, à casa paterna, em Irkutsk.

No entanto, estava decidida a continuar estudando, motivo pelo qual preparou o passaporte para viajar ao exterior. Em 11 de outubro de 1902, deixou a Rússia legalmente e mudou-se para Paris. Lá, inscreveu-se nos cursos da Escola Livre de Ciências Sociais, dirigida pelos marxistas russos no exílio. Em suas salas de aula, ouviu uma conferência de Lênin e integrou-se à organização em torno da revista *Iskra*.

222   Não encontrei registro da data exata.
223   Cf.: L. Katasheva, "Natasha – a Bolshevik woman organiser", 2017, http://www.marxist.com/oldsite/women/natasha.html; Samoilova também aparece bastante em Clements, *op. cit.*

No verão de 1903, voltou à Rússia como agente da *Iskra* e estabeleceu-se na cidade têxtil de Tver, no Volga, onde vivia sua irmã Karelia e a veterana militante Praskovia Kudelli. Em Tver, Konkordia começou a usar o pseudônimo "Natasha", com o qual seria conhecida durante os anos seguintes. Lá recebeu a notícia da cisão do partido social-democrata e, com o resto do comitê local, tomou partido pela facção bolchevique, adotando inclusive o pseudônimo "Bolchevika".

Com a chegada do outono, o clima tornou impossível a realização dos círculos de estudo ao ar livre, por isso tiveram de confiar em simpatizantes para emprestar seus apartamentos. Um deles revelou-se um traidor e denunciou Konkordia, que no final do ano foi obrigada a deixar a cidade. A propósito, os operários descobriram o traidor e o justiçaram.

Então, mudou-se para a cidade mineira de Ekaterinoslav (hoje Dnipro), na Ucrânia, onde retomou a organização de círculos de propaganda. Lá, dominavam os mencheviques, e Konkordia teve de enfrentá-los como minoria.

No início de 1904, foi presa e enviada de volta a Tver, onde cumpriria uma pena de catorze meses de prisão. Após o pagamento de uma fiança de mil rublos, concedida por sua família, em março de 1905, foi posta em liberdade condicional e, com permissão das autoridades, dirigiu-se ao porto de Mikolaiv, no sul da Ucrânia. Foi lá que conseguiu escapar à vigilância policial, deslocando-se clandestinamente para o porto de Odessa, também no sul da Ucrânia.

Em Odessa, o comitê social-democrata era dominado pelo Bund (aliado dos mencheviques), motivo pelo qual, ao lado de Lídia Knipovitch e outros quadros, Konkordia teve de representar o bolchevismo em minoria. Assim participou dos eventos desse ano revolucionário, incluindo a greve geral que estourou em 14 de junho e o motim do Encouraçado Potemkin, além de sobreviver ao terrível pogrom reacionário que se desencadeou em seguida. Nessa época, conheceu o jovem advogado bolchevique Arkadi Aleksandrovitch Samoilov, com quem iniciou uma relação amorosa que duraria toda a vida.

Em dezembro, mudou-se para Moscou a fim de participar da insurreição bolchevique nessa cidade. Quando o movimento foi derrotado, no início de janeiro de 1906, Konkordia voltou a Odessa. Após algumas semanas, exasperados pelas hesitações da direção menchevique, ela e Samoilov decidiram deixar a cidade e ir para Rostov do Don, no sul da Rússia, onde ocorria outro levante.

Assim que chegou a Rostov, no início de 1906, Konkordia foi presa novamente. Após vários meses de prisão nessa cidade, foi deportada para Vologda, no norte da Rússia. No entanto, logo que chegou, conseguiu escapar à vigilância policial e mudou-se clandestinamente para Moscou, onde se reuniu com seu companheiro, Arkadi.

Durante os meses seguintes militou no comitê distrital moscovita do partido ao lado de Cecilia Bobrovskaia, enquanto Samoilov se encarregava de editar o jornal *Borba*.[224] Perseguidos de perto pela polícia, em dezembro, Konkordia e Samoilov se mudaram para a cidade ucraniana de Lugansk, na bacia do Donets. Lá, com Kliment Vorochilov, em fevereiro de 1907, participaram da campanha eleitoral para a segunda Duma.

Em março de 1907, Konkordia e Vorochilov saíram clandestinamente da Rússia e se dirigiram a Londres para representar o comitê de Lugansk no V Congresso do Partido Social-Democrata, que se reuniu durante a segunda quinzena de maio. Lá, Konkordia voltou a ver Lênin. Com sua ajuda, nesse evento os bolcheviques conseguiram uma pequena maioria.

Depois do congresso, Konkordia voltou à Rússia e, após uma passagem por Moscou, dirigiu-se ao porto petroleiro de Baku, no Azerbaijão. Lá viveria durante os dois próximos anos fazendo propaganda política entre os petroleiros e os ferroviários.

No dia 1º de março de 1909 foi novamente detida e teve de passar um ano na prisão. Entretanto, graças aos erros da acusação, ela acabou por ser absolvida. Uma vez livre, em 1910, casou-se com Samoilov, de quem tomou o sobrenome.

No final de 1912, o partido a enviou a Petersburgo para reforçar a equipe de redação do jornal *Pravda*, então dirigido por Iakov Sverdlov. Seu marido, Arkadi, colaborou também com o jornal, sob o pseudônimo "A. Iuriev".

No início de março de 1913, Samoilova organizou, ao lado de Praskovia Kudelli, Anna Elizarova e Klavdia Nikolaieva, a primeira comemoração do Dia Internacional da Mulher na Rússia. Para despistar a polícia, elas anunciaram o evento como uma inofensiva reunião acadêmica na sede da Bolsa de Petersburgo, na ilha de Vasilievski; mas, ao chegar o dia, distribuíram centenas de entradas gratuitas entre as operárias. Assim conseguiram transformar o suposto colóquio em um comício revolucionário.

Naquele ano, quando Molotov, que ocupava o cargo de secretário de redação do *Pravda*, foi detido, quem o substituiu foi Samoilova. A partir desse posto, ela administrou os correspondentes operários e criou uma seção dedicada às trabalhadoras.

Em setembro de 1913, foi nomeado editor de *Pravda* um tal Miron Tchernomazov, com quem Samoilova teve de trabalhar. Ele costumava publicar no jornal frases provocatórias que continuamente davam às autoridades um pretexto legal para confiscar a tiragem e fechar o periódico. Exasperada, Samoilova

224 Palavra de origem sérvia, Борба, "A luta".

escreveu a Lênin e conseguiu convencê-lo a demitir Tchernomazov. Com efeito, Lênin aceitou e enviou para substituí-lo, à frente do jornal, Kamenev, que chegou de Cracóvia em fevereiro de 1914. Como seria descoberto depois, Tchernomazov, mais que um irresponsável, era um agente da *Okhrana*.

Desde o final de 1913, por sugestão de Samoilova e sob sua direção, as militantes bolcheviques de Petersburgo começaram a preparar um semanário especial para mulheres operárias, *Rabotnitsa*, que seria lançado em março do ano seguinte. Da publicação, participavam também Praskovia Kudelli, Klavdia Nikolaieva, Anna Elizarova, Feiga Drabkina e Elena Rozmirovitch. No entanto, em 18 de fevereiro, a polícia invadiu uma reunião do comitê editorial que ocorria na casa de Kudelli e prendeu todos os seus integrantes. Só Elizarova foi salva e pôde editar o jornal com um novo grupo de colaboradoras.

Após vários meses de prisão e uma greve de fome, interrompida à força pelas autoridades, no final de 1914, Samoilova foi posta em liberdade, mas teve de abandonar Petersburgo (que havia sido renomeada como Petrogrado) e estabelecer-se na vizinha cidade de Liuban.

Depois da Revolução de Fevereiro, pôde regressar a Petrogrado com o marido, Arkadi. Em maio, voltou a lançar a revista *Rabotnitsa*, ao lado de Kudelli e Nikolaieva, e com o reforço adicional de Liudmila Stal e Aleksandra Kollontai, que haviam voltado do exílio. Para seu primeiro número, datado de 10 de maio, Samoilova escreveu um artigo sobre o falecido marxista alemão August Bebel e sua contribuição para o entendimento da questão da mulher. Além disso, ao lado de Nikolaieva, Samoilova presidiu as plenárias para trabalhadores que ocorriam aos sábados no clube A União.

Dias antes da Insurreição de Outubro, Samoilova participou de um Congresso provincial de operárias e camponesas de Petrogrado, fazendo parte no seu *presidium*. Esse congresso pronunciou-se a favor da insurreição e, depois que esta triunfou, declarou seu apoio ao governo resultante. Nesse ano, Samoilova completava 39 anos de idade e 20 de militância revolucionária.

Em março de 1918, quando o governo soviético se mudou para Moscou, ela e o marido ficaram em Petrogrado, assumindo o departamento local de agitação e propaganda do partido. Naquele ano escreveu o panfleto *O Que a Grande Revolução de Outubro deu aos Trabalhadores e Camponeses*.[225]

[225] Cf.: Konkordia N. Samoilova, *O que a grande revolução de outubro deu aos trabalhadores e camponeses* [Что дала рабочим и крестьянам Великая Октябрьская революция], A. F. Marks [А. Ф. Маркс], 1918, http://elib.shpl.ru/ru/nodes/24763-samoylova-k-n-chto-dala-rabochim-i-krestyanam-velikaya-oktyabrskaya-revolyutsiya-k-godovschine-revolyutsii-26-oktyabrya-1917-g-7-noyabrya-1918-g-pg-1918.

Em novembro, ajudou Armand, Kollontai e Sverdlov a organizar o primeiro Congresso Panrusso de Operárias e Camponesas, realizado em Moscou. Nessa época, Arkadi, que havia cumprido missões militares no *front* oriental, adoeceu de tuberculose e solicitou uma missão no sul, motivo pelo qual, no final do ano, foi enviado ao porto de Astracã, então sede do *front* do Cáucaso e do Cáspio. No entanto, lá contraiu disenteria e foi internado em um hospital, onde se contagiou também com febre tifoide. Morreu no início de 1919. Isso foi um golpe doloroso para Samoilova, que tinha tido um casamento particularmente harmonioso.

Nesse mês de março, Samoilova participou como delegada no VIII Congresso do partido. Nesse momento, mudou-se para Carcóvia, onde se localizava a sede do governo soviético da Ucrânia, então liderado por Christian Rakovski. Carcóvia seria a base da atividade de Samoilova pelo resto da vida.

Em agosto, participou da fundação do Jenotdel, coordenado por Armand, liderando seu trabalho na Ucrânia. Como naquele país a guerra civil continuava, durante o ano seguinte, Samoilova o percorreu escrevendo panfletos e pronunciando discursos dirigidos às mulheres trabalhadoras, em apoio ao governo soviético de Rakovski.

Em novembro de 1920, participou de uma turnê do navio a vapor *Krasnaia Zvezda*, que, liderado por Konstantin Ieremeiev, percorreu as cidades do Volga.

Em maio de 1921, ela voltou a participar de uma turnê do *Krasnaia Zvezda*. Em 31 de maio, durante um comício em Astracã (o mesmo porto onde seu esposo havia morrido dois anos antes), Samoilova contraiu cólera e foi hospitalizada. Morreu em 2 de junho de 1921 e foi enterrada com o marido.

O governo soviético sempre recordou Samoilova como heroína, dando seu nome a diversas ruas e instituições (entre elas, uma fábrica de doces em Leningrado e um hospital de maternidade em Arkhangelsk), alguns dos quais o conservam até hoje.

SEDOVA, NATALIA IVANOVA

1882-1962

Nasceu na cidade ucraniana de Romni, em 5 de abril de 1882, filha de um comerciante abastado de origem cossaca, Ivan Sedov, e Olga Koltchevskaia, uma mulher de origem polonesa, ambos descendentes da nobreza.[226] Na adolescência, Sedova ficou órfã e foi educada por sua avó, mulher de ideias progressistas.

Estudando em um instituto para senhoritas de Carcóvia, organizou uma coleta para presos políticos e um protesto contra os ofícios religiosos, por isso foi expulsa do instituto. Em seguida, entrou na Universidade Feminina de Moscou, onde entrou em contato com o movimento social-democrata.

Pouco tempo depois, deixou o Império Russo e mudou-se legalmente para Genebra. Lá, inscreveu-se num curso de botânica. Ao mesmo tempo, juntou-se ao círculo marxista de Plekhanov e começou a colaborar com o grupo *Iskra*. Em 1902, mudou-se para Paris.

No outono, a militante veterana Ekaterina Aleksandrovna encarregou Sedova de procurar uma moradia para um jovem redator da *Iskra* que estava de mudança para a capital francesa. Sedova encontrou um apartamento que ficava ao lado do dela. O jovem redator era Liev Davidovitch Bronstein, que acabara de assumir o pseudônimo Trótski. Então com 23 anos, recém-fugido de sua deportação siberiana, Trótski tinha sido casado com Aleksandra Sokolovskaia, com quem tinha tido duas filhas e de quem tinha se separado ao fugir da Sibéria.

Com Trótski, Sedova estabeleceu uma relação sentimental e política e, a partir de 1903, os dois viveram como marido e mulher. Como ele tinha sido

226 Para alguns de seus escritos e um artigo biográfico sobre ela, cf.: https://www.marxists.org/espanol/sedova/. Além disso, sua vida pode ser reconstituída através das diversas biografias de Trótski.

casado antes, seu casamento com Sedova não teve validade legal na Rússia, onde não havia casamento civil nem divórcio e a anulação religiosa era muito difícil de conseguir. Nessa época, tanto Trótski como Sedova foram muito próximos de Martov e Vera Zasulitch.

No verão de 1903, no II Congresso do Partido Social-Democrata, realizado em Londres, onde ocorreu a cisão entre bolcheviques e mencheviques, Trótski (como seus amigos Martov e Zasulitch) posicionou-se com os mencheviques. Embora Trótski logo se tenha tornado independente também deles, seu afastamento político de Lênin duraria quinze anos. Ao longo de toda sua relação, Sedova compartilharia suas posições políticas.

Após o congresso, o casal se estabeleceu em Genebra e, em setembro de 1904, mudou-se para Munique, ao lado do marxista bielorrusso Aleksander Parvus. Com ele, Trótski desenvolveu a teoria da revolução permanente.

Com o início dos acontecimentos revolucionários de 1905, Sedova e Trótski mudaram-se para Viena. Em fevereiro, Sedova deslocou-se para Kiev, na Ucrânia – sua terra natal –, que era então o centro da organização social-democrata no Império Russo, a fim de preparar o regresso clandestino do marido, que logo se juntou a ela. Em abril, os dois se mudaram para Petersburgo. Durante a reunião comemorativa do 1º de Maio, que se realizava em um bosque, Sedova foi presa. Ficou detida até a anistia de outubro.

Naqueles dias, Trótski tornou-se o principal porta-voz do soviete de Petersburgo e logo foi eleito seu presidente. Assim, quando o soviete foi dissolvido em 3 de dezembro, ele estava entre os presos.

Em 24 de fevereiro de 1906, enquanto Trótski se encontrava preso, Sedova deu à luz em Petersburgo seu primeiro filho, Liev Lievovitch Sedov. Então, para evitar a polícia, ela se mudou com o recém-nascido para uma cidade finlandesa.

Em março de 1907, quando estava sendo deportado, Trótski fugiu para a Europa Ocidental e estabeleceu-se em Berlim, para onde Sedova e o filho foram em maio. De lá, passaram a Viena, onde viveriam durante os sete anos seguintes. Em Viena, no dia 21 de março de 1908, Sedova deu à luz o segundo filho, Serguei. Nesses anos, Trótski e Sedova mantiveram-se à margem das facções sociais-democratas, tentando em vão reconciliá-las e publicando um jornal próprio, o *Pravda* de Viena.

Quando eclodiu a Primeira Guerra Mundial, em agosto de 1914, por serem súditos de uma potência inimiga, Sedova, Trótski e os dois filhos tiveram de abandonar o Império Austro-Húngaro e se estabeleceram na Suíça. Nesse momento, os dois assumiram uma posição internacionalista, o que iniciou sua reaproximação dos bolcheviques.

No início de 1915, foram para Paris, onde Trótski, com a colaboração de Sedova, dirigiu o jornal *Nache Slovo*,[227] do qual participavam mencheviques internacionalistas, como Martov, e bolcheviques conciliadores. Em setembro de 1916, Trótski foi preso em Paris e deportado para a Espanha, onde também foi preso. Em dezembro, Sedova e os filhos reuniram-se com ele em Barcelona para embarcarem juntos rumo aos Estados Unidos. Viveriam em Nova York os dois primeiros meses de 1917.

Em março daquele ano, assim que souberam da queda do czarismo, os quatro voltaram para a Rússia. No entanto, as autoridades militares inglesas detiveram-nos por dois meses no campo de concentração de Halifax, no Canadá, motivo pelo qual só chegaram a Petrogrado em maio.

Lá, tanto Trótski como Sedova apoiaram a política do partido bolchevique. Depois das Jornadas de Julho, Trótski, que era já um dos oradores mais populares da revolução, foi preso pelo governo provisório, tal como Kamenev, Kollontai e outros. Nessa época, tanto ele como Sedova foram formalmente aceitos no Partido Bolchevique, e no congresso partidário de agosto ele ingressou em seu Comitê Central. No início de setembro (no contexto da intentona de Kornilov), Trótski foi libertado e poucos dias depois eleito presidente do soviete de Petrogrado. Desse posto, presidiu o Comitê Militar Revolucionário, que coordenou a insurreição de 7 de novembro. No dia seguinte, o Segundo Congresso dos Sovietes o integrou ao governo revolucionário como comissário do povo de assuntos estrangeiros. Nesse momento, Sedova tinha 35 anos.

Com a instauração do casamento civil na Rússia, a relação de Trótski e Sedova, que já durava quinze anos, foi formalizada. Legalmente, Trótski assumiu o sobrenome dela, Sedov, que, no entanto, nunca usou.

Em março de 1918, os dois se mudaram para Moscou, instalando-se em um apartamento no Kremlin, a poucos metros de onde residiam Lênin e Krupskaia. Nesse mês, Trótski deixou o Comissariado do Povo para Assuntos Exteriores (pelo fracasso de sua tentativa de ganhar tempo para uma possível revolução alemã antes de assinar a paz) e passou a chefiar o Comissariado do Povo para Guerra. Isso fez dele o principal organizador do Exército Vermelho durante a Guerra Civil, que explodiu pouco depois.

Em maio, o Comissariado do Povo para a Educação, liderado por Lunatcharski, instituiu o Departamento de Proteção aos Museus e Monumentos, e Sedova passou a dirigi-lo, ao lado do pintor Igor Grabar. Desse posto, em

*

227   Do russo Наше Слово, "Nossa Palavra".

setembro de 1918, conseguiu impedir que o Exército Vermelho destruísse a fazenda rural onde vivera o escritor Ivan Turgueniev, perto de Oriol (ameaçada pela luta contra as forças brancas de Denikin), e conseguiu que o lugar se convertesse em museu, que existe até hoje. Em novembro de 1919, passou a dirigir o Comitê de Ajuda aos Feridos e Doentes do Exército Vermelho.

No início de 1924, juntou-se ao marido na Oposição de Esquerda.

Em dezembro de 1927, o XV Congresso do partido decidiu expulsar todos os opositores, incluindo Trótski e Sedova. Enquanto outros se retrataram de suas críticas e foram readmitidos, eles se recusaram a fazê-lo e, em janeiro do ano seguinte, os dois foram deportados, com o filho mais velho, Liev Sedov, para Alma-Ata, no Cazaquistão soviético.

Em fevereiro de 1929, os três foram expulsos da URSS e a cidadania soviética lhes foi retirada. Então passaram a residir na Turquia. Depois de alguns meses em Istambul, em abril, instalaram-se na ilha de Prinkipo, no mar de Mármara.

No ano anterior, o governo soviético dera uma brusca guinada à esquerda, tanto na política doméstica quanto na internacional. Embora a industrialização acelerada e a coletivização do campo tivessem feito parte do programa da Oposição de Esquerda, nesse ponto os trotskistas denunciaram Stálin por levá-las a cabo com excessiva rapidez e brutalidade. Também condenaram a equiparação que a Comintern fazia entre a social-democracia ocidental e o fascismo, apelando para que se instituísse uma frente única operária de comunistas e social-democratas para deter o avanço de Hitler na Alemanha. Quando, em janeiro de 1933, a política esquerdista da Comintern permitiu que Hitler ascendesse ao poder sem encontrar resistência, Trótski considerou que tanto a Terceira Internacional como o Partido Comunista soviético estavam irremediavelmente degenerados e começou a clamar por um novo partido e uma nova internacional, a quarta. Sedova sempre o acompanhou nessas posições.

Em 1931, seu filho Liev Sedov abandonou Prinkipo para dirigir o movimento trotskista de Berlim.

Em julho de 1933, após quatro anos em Prinkipo, Sedova e Trótski foram autorizados a residir na França, mas não em Paris, e tiveram de se instalar em Barbizon. Nos anos seguintes, Sedova pôde ver com frequência o filho Liev, que vivia na capital francesa. Em abril de 1934, devido à pressão conjunta da direita e dos stalinistas, Sedova e Trótski foram expulsos da França, tendo de se mudar para Oslo. Liev ficou em Paris, para de lá coordenar o movimento trotskista. Nessa altura, Sedov tomou conta de Vsevolod (conhecido pelo apelido "Sieva") Volkov, o filho mais novo de uma das filhas do primeiro casamento de

Trótski, Zinaida, que havia se suicidado em Berlim, em janeiro de 1933, após a ascensão do nazismo.

Nessa época, a Comintern mudou novamente de posição, dessa vez à direita. Se antes havia equiparado a social-democracia ao fascismo e tinha se recusado a concretizar ações conjuntas com os socialistas, a partir de 1934-1935, exigiu alianças não só com a social-democracia, mas também com a burguesia e os governos imperialistas "democráticos", em nome do combate ao fascismo. Trótski denuncia essa tática, chamada "frente popular", como "o maior dos crimes".

Logo, o governo social-democrata da Noruega começou a sofrer a pressão do governo soviético, que exigia a expulsão do casal Trótski de seu território e sua deportação para a URSS. No final de 1935, Stalin iniciou o Grande Expurgo, que prendeu e matou a maior parte dos veteranos dirigentes bolcheviques. Por isso, a deportação para o país de origem teria significado para Trótski e Sedova morte certa. Mas nenhum outro país lhes dava autorização de residência em seu território.

Finalmente, graças à gestão do célebre pintor Diego Rivera, em novembro de 1936, o presidente mexicano Lázaro Cárdenas concedeu asilo político ao casal em seu país. Assim, no final do ano, Trótski e Sedova embarcaram rumo ao México, aonde chegaram em 9 de janeiro de 1937, instalando-se na Casa Azul da pintora Frida Kahlo em Coyoacán.

No início de julho de 1937, Sedova e Trótski enfrentaram a única crise conhecida de seu longo casamento, devido a um obscuro flerte entre ele e Frida Kahlo. Nesse mês, Trótski viajou sem Sedova a San Miguel Regla, em Hidalgo, mas no dia 26 se reconciliaram.

Em outubro, seu filho mais novo, o engenheiro Serguei Sedov, que mesmo apolítico tinha sofrido uma série de detenções e deportações, foi fuzilado num campo de trabalho em Krasnoiarsk. Sem que os seus pais soubessem, Serguei tinha gerado uma filha antes de morrer, Iulia, que sobreviveu aos expurgos e cresceu na URSS. Ela seria a única descendente conhecida de Natalia Sedova.[228]

Em 16 de fevereiro de 1938, o filho mais velho, Liev Sedov, morreu em circunstâncias suspeitas durante uma cirurgia em Paris. Seu colaborador mais próximo revelou-se um agente stalinista.

A execução de um filho e o assassinato do outro levaram Natalia a uma depressão que duraria vários anos.

[228] Antes de abandonar a URSS em 1929, Lev Sedov tivera um filho, mas a mãe foi executada e a criança desapareceu no sistema soviético de internatos.

Vsevolod "Sieva" Volkov, o filho de Zinaida que ficara aos cuidados de Liev Sedov, ficou a cargo de sua companheira. Esta fazia parte de uma facção trotskista dissidente, motivo pelo qual Trótski e Sedova não confiavam nela, exigindo a custódia do pequeno, que obtiveram no ano seguinte.

Embora não tenham podido comparecer a seu congresso de fundação, nesse ano, Trótski e Sedova saudaram, do México, a fundação formal da Quarta Internacional, à qual ambos pertenceriam.

Em março de 1939, mudaram-se para uma casa própria, na rua de Viena, também em Coyoacán.

Em 24 de maio de 1940, quando o comando stalinista liderado pelo pintor David Alfaro Siqueiros metralhou os quartos de sua casa, foi Sedova quem salvou a vida do marido arrastando-o sob a cama. No entanto, em 20 de agosto de 1940, o agente stalinista Ramón Mercader, que se fazia passar por simpatizante, finalmente conseguiu assassinar Leon Trótski em sua casa, com uma picareta.

Depois do assassinato de Trótski, Natalia Sedova ficou vivendo na casa em Coyoacán. Lá, criou o neto do marido, Sieva Volkov, que "mexicanizou" seu nome para Esteban.

Em 1941, chegou exilado ao México o escritor e veterano revolucionário Victor Serge (nascido Victor Kibaltchitch), e Sedova começou a colaborar com ele na redação de uma biografia de Trótski. Sua colaboração duraria até a morte de Serge, em novembro de 1947.

Em 9 de maio de 1951, ao lado do hispano-mexicano Grandizo Munis e do poeta francês Benjamin Péret, Sedova tornou pública sua ruptura com a Quarta Internacional, por causa da insistência da organização na defesa incondicional da União Soviética, caracterizada ainda como Estado Operário. Ainda assim, Sedova nunca renegou o comunismo. Nos anos seguintes, a Quarta Internacional sofreria uma série de cisões que acabaram por destruí-la como organização unificada do trotskismo.

Em 1955, Sedova viajou a Paris para passar vários meses. Lá, em fevereiro de 1956, quando Nikita Khruschov denunciou alguns dos piores crimes do stalinismo ao XX Congresso do PCUS e começou a reabilitar suas vítimas, Sedova exigiu que Trótski também fosse reabilitado, mas não foi ouvida. Trótski nunca seria reabilitado pelo governo soviético.

Na primavera de 1957, Sedova foi autorizada a entrar nos Estados Unidos (o que fora negado quando Trótski vivia), podendo voltar a visitar Nova York. Mas recusou-se a comparecer perante a Comissão de Atividades Antiamericanas, motivo pelo qual seu visto foi revogado e ela teve de retornar apressadamente ao México.

Em dezembro de 1960, viajou de novo para a França, com a intenção de residir lá por um ano. No entanto, quando, em novembro de 1961, chegou a hora de retornar ao México, seu estado de saúde já não lhe permitiu empreender a viagem de volta. Morreu em Cóbeil, França, em 6 de janeiro de 1962. Suas cinzas foram depositadas com as do marido em sua casa de Coyoacán, em um monumento desenhado pelo artista mexicano Juan O'Gorman. Esteban Volkov continuou a viver lá até que a casa se tornasse museu. Atualmente vive no México.

Iulia Sedova (Akselrod de casada), a única descendente de Natalia, foi criada por seus avós maternos. Em 1979, abandonou a URSS e foi para os Estados Unidos. Em 1988 conseguiu que o governo soviético reabilitasse postumamente seu pai, Serguei Sedov. Morreu em 2012 em Israel, onde vivem seus descendentes.

1874-1917

SLUTSKAIA, VERA KLIMENTIEVNA

Nasceu em 17 de setembro de 1874, numa família de comerciantes judeus na aldeia bielorrussa de Mir, com o nome de Berta Bronislavovna Slutskaia.[229] Teve um irmão e uma irmã.

Quando criança, sua família mudou-se para a cidade de Minsk, onde seu pai instalou uma pequena loja e uma estalagem. Lá, Slutskaia estudou os primeiros quatro anos do bacharelado em um ginásio para mulheres, mas, para se graduar, teve de fazer o resto do curso por conta própria. Então se mudou para Kiev, onde, sob a orientação do médico Khurgin, completou o curso de Odontologia, o que lhe permitiu viver fora da influência do mundo judeu. Uma vez formada, regressou a Minsk, onde abriu um consultório de dentista.

No início de 1898, sob a influência da veterana revolucionária Evguenia Gurvitch, Slutskaia e seu irmão, Samuel, começaram a participar dos círculos clandestinos de Minsk e a colaborar com uma rede de tipografias clandestinas do Bund, a organização socialista judaica. Em março, com a participação de Slutskaia, o Bund ajudou a organizar em Minsk o I Congresso do Partido Operário Social-Democrata Russo.

No verão, a rede foi descoberta e Slutskaia foi presa com o irmão. Após nove meses de encarceramento na prisão de Moscou, foi obrigada a residir na casa paterna num regime de liberdade condicional. Então, para evitar a vigilância, mudou-se para a cidade polonesa de Lódz.

Em janeiro de 1901, conseguiu um passaporte para viajar legalmente ao exterior por alguns meses. Após seu regresso, foi detida no dia 3 de maio e obrigada a residir em liberdade condicional na sua cidade natal. Depois de ter escapado à

---

229 Cf.: Vladimir Khvorov, "'Vera de ferro' – uma descendente dos judeus Slutsk" [«Железная Вера» – потомок слуцких евреев], 2018, http://slutsk24.by/2018/12/01/zheleznaya-vera-potomok-slutskih-evreev/; https://ru.wikipedia.org/wiki/Слуцкая,_Вера_Климентьевна.

vigilância policial, mudou-se para Moscou, mas foi descoberta e enviada de volta a Minsk. Finalmente, em outubro de 1902, decidiu sair clandestinamente para o exterior. Após uma passagem pela Alemanha, chegou à Suíça, instalando-se primeiro em Berna e depois em Genebra.

Quando, no verão de 1903, soube da cisão entre bolcheviques e mencheviques, diferentemente de sua mentora Gurvitch e dos demais representantes do Bund, ela se posicionou ao lado dos primeiros.

Em 1905, voltou à Rússia e militou na cidade industrial de Briansk, na província de Orel, onde se encontrou com Ievgueni Preobrajenski. De lá foi para Minsk e depois para Petersburgo, onde fez parte da organização militar do partido durante o auge da revolução, no final do ano.

Em abril de 1907, saiu clandestinamente da Rússia e viajou a Londres para comparecer, como delegada, no V Congresso do Partido Social-Democrata, do qual participariam tanto bolcheviques quanto mencheviques. Depois do congresso, voltou a militar clandestinamente em Petersburgo.

Em meados de 1908, quando as feministas russas convocaram um congresso de organizações de mulheres de todo o império, a ser realizado em dezembro, Aleksandra Kollontai, que então era menchevique, propôs ao comitê social-democrata de Petersburgo a criação de uma delegação de operárias. Slutskaia se opôs à ideia, mas o comitê decidiu aceitar a proposta de Kollontai, colocando à frente da delegação a própria Slutskaia e incluindo também a bolchevique Praskovia Kudelli. Quando ocorreu o congresso de mulheres, a delegação operária debateu fortemente com a maioria feminista e, quando esta aprovou uma resolução pedindo o sufrágio feminino para a Duma, mas sem questionar seu caráter censitário, a delegação operária abandonou o evento e teve o apoio da imprensa bolchevique.[230]

Em 1909, Slutskaia foi detida e condenada à deportação na província de Astracã, mas no caminho conseguiu fugir, saindo mais uma vez do país. Viveu então na Suíça e em Berlim, onde participou do movimento social-democrata alemão e frequentou cursos universitários para completar sua educação. Nessa época, chegou a dominar seis línguas.

Em 1912, regressou a Petersburgo. Após dois anos de atividade no comitê bolchevique da capital, na primavera de 1914, foi detida novamente e, após vários meses de prisão, expulsa da cidade. Depois, mudou-se para a vizinha Liuban, onde passaria os três anos seguintes. Lá, encontrou outras revolucionárias que

230   Cf.: Freisa e Gaido, *op. cit.*

haviam sido expulsas de Petersburgo, como Konkordia Samoilova e Praskovia Kudelli. Nessa época, ela ganhava a vida como dentista, enquanto fazia viagens clandestinas ocasionais a Petrogrado.

Depois da Revolução de Fevereiro, voltou à capital, onde dirigiu o comitê do partido da ilha Vasilievski. Nesse ponto, foi a primeira a propor que o partido fizesse esforços especiais para organizar as mulheres trabalhadoras da cidade. Em maio, ajudou a lançar a nova edição da revista feminina *Rabotnitsa*, em junho foi eleita deputada à Duma de seu distrito e, em agosto, participou como delegada no VI Congresso do Partido Bolchevique, no qual apoiou o curso insurrecional que Lênin impulsionava.

Nos dias que antecederam a Insurreição de Outubro, ela usou seus conhecimentos médicos para organizar o corpo de enfermagem dos Guardas Vermelhos. No dia 7 de novembro, participou do II Congresso dos Sovietes de Toda a Rússia, que recebeu o poder das mãos do Comitê Militar Revolucionário do soviete de Petrogrado.

Depois da tomada de Petrogrado pelos bolcheviques, Kerenski fugiu para Pskov, onde convenceu o general cossaco Piotr Krasnov a ajudá-lo a reconquistar a capital. Juntos, em 10 de novembro, tomaram Gatchina e, no dia 11, Tsarskoie Selo. Então, o recém-fundado governo soviético enviou os Guardas Vermelhos da capital e os marinheiros da frota do Báltico para deter seu avanço, sob o comando do coronel Muraviov e do marinheiro Fiodor Raskolnikov. Com eles, também partiu Slutskaia, na sua dupla qualidade de comissária política e assistente médica.

Na manhã do dia 12, durante uma trégua, Slutskaia foi de carro de Pavlovsk até a linha de combate para levar medicamentos aos Guardas Vermelhos alocados nas colinas de Pulkovo. Ao verem o automóvel, os cossacos de Krasnov romperam a trégua e dispararam um obus[231] que destruiu o carro, matando-a. Assim, ela se tornou uma das primeiras dirigentes bolcheviques abatidas na defesa da revolução.[232]

Na mesma noite de sua morte, os Guardas Vermelhos reconquistaram Tsarskoie Selo e, dois dias depois, entraram em Gatchina. Kerenski conseguiu fugir para o exílio. Embora Krasnov tenha sido capturado, os Guardas Vermelhos,

231 Projétil (ou também a peça de artilharia utilizada para lançá-lo) semelhante a balaços, bombas, granadas etc.
232 A morte de Slutskaya é um dos últimos episódios narrados por John Reed, *Os dez dias que abalaram o mundo*, Penguin, 2010.

para apaziguar os cossacos, deixaram-no em liberdade, depois de fazê-lo prometer que não voltaria a se levantar contra o poder soviético.[233]

No entanto, rompendo o acordo, Krasnov voltou a armar-se contra os sovietes e fundou uma república cossaca no Cubã. Derrotado na guerra civil, em março de 1920, saiu para o exilio, mas nem assim se deu por vencido. Em 1941, juntou-se às tropas da Alemanha nazista que invadiam a URSS; derrotado novamente, em 1945, rendeu-se aos ingleses, que o entregaram aos soviéticos. Foi julgado e executado em 1947. Um de seus netos, Miguel Krasnov, acabou no Chile assessorando Pinochet na repressão aos esquerdistas.

Vera Slutskaia foi enterrada no cemitério judeu Preobrajenski, de Petrogrado. Um ano depois, em 27 de novembro de 1918, a cidade de Pavlovsk foi rebatizada Slutsk em sua honra. Em janeiro de 1944, no entanto, Stálin retirou da cidade de Slutsk o nome da bolchevique judaica e devolveu-lhe seu nome original, Pavlovsk, como parte da reabilitação da cultura nacional russa. No entanto, até hoje, um parque da ilha Vasilievski, de Petersburgo, e várias ruas espalhadas pela antiga União Soviética têm o nome Slutsk em homenagem a Vera Slutskaia.

*

233 Sobre a intentona de Kerenski e Krasnov, cf.: https://ru.wikipedia.org/wiki/Выступление_Керенского_—_Краснова.

1872-1934

SMIDOVITCH, SOFIA NIKOLAIEVNA

Nasceu na cidade de Tula (cerca de 150 quilômetros ao sul de Moscou), em 20 de março de 1872. Foi a segunda dos quatro filhos de Nikolai Petrovitch Tchersnovitov, um advogado próspero e liberal de ascendência nobre, aparentado com o escritor Puchkin, e sua esposa, Aleksandra Ivanovna. Sofia cresceu na propriedade da família na aldeia de Schutchie, província meridional de Kurgan.

Ao terminar o ensino médio, trabalhou como professora em uma escola que seu pai havia fundado para os camponeses da região. Em 1890, aos 18 anos, casou-se com Platon Vasilievitch Lunatcharski, um médico de 25 anos, que foi viver com ela em Schutchie.

Em 1894, Platon adoeceu e o casal decidiu se mudar para Nice, no sul da França, a fim de que ele se tratasse. No ano seguinte, Sofia Nikolaievna deu à luz sua primeira filha, Tatiana. Como a saúde de Platon Vasilievitch não melhorava, em 1896 chegou a Nice seu irmão mais novo, Anatoli Lunatcharski, para cuidar dele. Este já militava no movimento revolucionário russo e, sob sua influência, Platon e Sofia interessaram-se também pela política marxista. Quando Platon começou a se recuperar, a família mudou-se para Reims e depois para Paris, onde Anatoli os colocou em contato com os marxistas russos no exílio.

No outono de 1898, Sofia e Platon Lunatcharski voltaram à Rússia, já como militantes marxistas, e estabeleceram-se com a filha em Moscou. Lá, colaboraram com Anna Elizarova, a irmã mais velha de Lênin, que militava nas redes clandestinas da revista *Iskra*. Também fundaram a Sociedade Intelectual de Ajuda Mútua, destinada a difundir legalmente ideias progressistas.

Em março de 1901, a polícia prendeu o casal Lunatcharski. Ambos ficaram na prisão de Butirka, onde passariam seis meses. No outono, os dois foram expulsos da cidade.

Então eles voltaram para Tula. Lá, Sofia Nikolaievna trabalhou em uma biblioteca pública enquanto continuava sua militância clandestinamente. Influenciada por Anatoli, em 1903, tomou partido pela facção bolchevique. Em setembro, foi presa novamente em uma manifestação de trabalhadores. Passaria mais de um ano detida.

Ao sair, em outubro de 1904, mudou-se para Kiev, onde reencontrou o marido. Nessa época, a saúde de Platon Vasilievitch tinha voltado a piorar. Ele morreu em 5 de janeiro de 1905. Aos 32 anos, Sofia Nikolaievna ficou viúva.

Poucos dias depois, ela foi presa pela terceira vez e obrigada a voltar para Tula. No entanto, a anistia de outubro permitiu-lhe regressar a Moscou, onde participou dos acontecimentos revolucionários do inverno daquele ano.

Nos anos seguintes, Sofia militou em Moscou. Lá encontrou um conhecido de infância que também havia se tornado bolchevique, o intelectual Piotr Guermoguenovitch Smidovitch (nascido em 1874), com quem iniciou um romance.[234]

Em novembro de 1908, Piotr foi preso e deportado para a província de Vologda, onde Sofia Nikolaievna foi visitá-lo em meados de 1909, quando ficou grávida. De volta a Moscou, em 27 de abril de 1910 deu à luz um filho, Gleb.

Em 10 de dezembro, foi presa em um esconderijo do partido em Moscou, tendo de levar consigo, para a prisão moscovita de Butirka, o filho, recém-nascido, e a filha, de 15 anos. Conta a história que, ao levar os netos para a prisão, o pai de Sofia foi obrigado a enganar a jovem Tatiana, que se recusava a ir.[235]

Depois de cinco meses de detenção, em 5 de maio de 1911, Sofia foi libertada sob condição de residir por dois anos longe das principais cidades. Então, foi com os filhos para sua cidade natal, onde teve de ficar um mês ao lado da mãe para recuperar a saúde. Uma vez recuperada, em junho mudou-se para a aldeia de Petrovski, na província de Kaluga, onde o escritor Vikenti Veresaiev, seu amigo e primo de Piotr, tinha uma casa de campo. Piotr foi encontrar com ela assim que cumpriu sua pena de deportação em Vologda.[236] Em setembro de 1912, puderam estabelecer-se em sua província natal. Lá se casaram e Sofia deu à luz outra filha, Sofia Petrovna. Em 1914 puderam voltar a Moscou, onde Piotr

234   Sobre Piotr Smidovitch, cf.: D. A. Amanjolova, "Piotr Guermoguenovitch Smidovitch" [Петр Гермогенович Смидович], 2015, http://futureruss.ru/worldculture/persona-grata/smidovich.html.
235   Cf.: Clements, *op. cit.*, p. 88.
236   Sobre a passagem de Sofia Smidovitch pela casa de campo de Petrovski, cf.: T. F. Lipnitskaia, "Sofia Nikolaievna Smidovitch em Petrovski" [Софья Николаевна Смидович в Петровском], 1988, http://www.aleksin-city.info/gorod/history/sofya-nikolaevna-smidovich-v-petrovskom-1911-g.html.

conseguiu emprego em uma usina elétrica. Nessa cidade, militaram durante os anos seguintes.

Quando estourou a Revolução de Fevereiro, Sofia ocupava a secretaria do comitê distrital do partido em Moscou. Depois foi eleita chefe de sua divisão de trabalho entre as mulheres, na qual colaborou com Varvara Iakovleva e Inessa Armand. Ela completou 45 anos em março daquele ano.

Com o triunfo da insurreição bolchevique em novembro, passou a integrar o *presidium* do soviete de Moscou e a coordenar seu Departamento de Informação.

Entre março e outubro de 1918, Piotr ocupou a prefeitura da cidade, enquanto Sofia fazia parte da direção do Departamento de Educação Nacional de Moscou. Ao fundar-se o Jenotdel, sob a presidência de Inessa Armand, no verão de 1919, ela passou a dirigir seu Comitê Provincial moscovita.

Após a morte de Armand em setembro de 1920, quando Aleksandra Kollontai passou a dirigir o Jenotdel, Smidovitch tornou-se uma de suas assistentes, ao lado de Varsenika Kasparova.

No inverno redigiu, com Clara Zetkin e Kollontai, o rascunho das Teses sobre o Trabalho entre as Mulheres da Comintern, que, depois de certas modificações, foram aprovadas em seu III Congresso Mundial da Internacional, celebrado no verão de 1921.[237]

Nesse ano, Piotr fundou o *Komzet*,[238] Comitê para o Assentamento de Trabalhadores Agrários Judeus, que nos anos seguintes estabeleceu vários colcozes[239] de colonos judeus.

Em março de 1922, Sofia participou como delegada no XI Congresso do partido (em em todos os congressos do partido que aconteceram depois desse). Nele, foi nomeada presidente do Jenotdel para toda a Rússia, em substituição a Kollontai, que havia perdido o posto devido ao apoio à Oposição Operária.

Em maio de 1924, participou do XIII Congresso do partido, que a integrou à sua Comissão Central de Controle. Nesse ano, talvez por razões de saúde, abandonou a presidência do Jenotdel, sendo substituída por Klavdia Nikolaieva.

Em março de 1925, enquanto a política oficial ia se afastando do radicalismo dos primeiros anos em questões sexuais, publicou no *Pravda* um artigo sobre o amor, no qual denunciava o fato de que as jovens comunistas se sentiam obrigadas a ceder aos desejos masculinos para não parecerem "pequeno-burguesas",

237 Para as teses finais, cf.: https://www.icl-fi.org/espanol/spe/37/tesis.html.
238 Do russo Комзет.
239 Do russo колхоз (lê-se *kolkhoz*), eram fazendas de produção coletiva na URSS organizadas com base na socialização dos meios de produção.

bem como se queixava de que semelhantes "paixões africanas" tivessem surgido "aqui no norte".²⁴⁰ Também denunciava a extravagância de Aleksandra Kollontai.²⁴¹ Essas opiniões suscitaram uma grande polêmica na imprensa.

No final do ano, participou do XIV Congresso do partido, que a confirmou em seu posto na Comissão Central de Controle e a integrou a sua junta diretiva, cujo secretário era Emelian Iaroslavski. Em dezembro de 1927, compareceu ao XV Congresso do partido, que também a confirmou em seus cargos. Como parte da junta da comissão de controle, entre 1927 e 1928 aprovou a expulsão dos principais opositores, entre eles, sua camarada de Jenotdel, Varsenika Kasparova, que fazia parte da Oposição de Esquerda.

No verão de 1930, o XVI Congresso do partido já não a integrou à Comissão de Controle.

Em 1931, foi nomeada presidente adjunta da Comissão para a Melhoria das Condições de Vida e de Trabalho da Mulher, uma das instituições que substituíram o então extinto Jenotdel. No entanto, só ocupou essa posição até o ano seguinte, quando se aposentou. Tinha 60 anos.

No Dia da Mulher de 1933 recebeu a Ordem Lênin, ao lado de Krupskaia, Stassova, Kollontai, Nikolaieva, Artiukhina, Liebedeva e outras revolucionárias. Nesse ano, integrou-se à Sociedade de Velhos Bolcheviques.

Morreu em 26 de novembro de 1934, aos 62 anos. Seu viúvo, Piotr Smidovitch, morreu em abril do ano seguinte. As cinzas de ambos foram depositadas na necrópole de Kremlin.

Durante os grandes expurgos, que começaram pouco depois, a Sociedade de Velhos Bolcheviques foi dissolvida. Nos anos seguintes, tanto Tatiana, a filha que tivera com Platon Lunatcharski em 1895, quanto Gleb, o filho que teve com Piotr Smidovitch em 1910, foram presos. Ela, que tinha trabalhado como correspondente da agência russa de notícias TASS na Finlândia, desapareceu nos campos de trabalho, mas ele sobreviveu e, após a morte de Stálin, foi libertado e reabilitado. Não tenho informações sobre o destino da filha mais nova, Sofia Petrovna.

240 Cf.: Gregory Carleton, *Sexual revolution in Bolshevik Russia*, University of Pittsburgh Press, 2005.
241 Porter, *op. cit.*, p. 431.

SOKOLOVSKAIA (BRONSTEIN), ALEKSANDRA LVOVNA

1872-1938

Nasceu em 1872, na aldeia de Verkhnodniprovsk, na província ucraniana de Ekaterinoslav.[242] Era a mais velha das seis crianças de um casal judeu humilde, mas culto e com ideias revolucionárias.

Quando jovem, mudou-se para o porto de Odessa, onde se inscreveu na universidade para obter um certificado de parteira, que lhe permitiria viver fora das áreas atribuídas aos judeus. Lá, entrou em contato com as ideias revolucionárias.

Na primavera de 1896, aos 24 anos, mudou-se para Micolaiv com seu irmão Ilia, com quem se integrou a um círculo de estudantes revolucionários que se reuniam no quintal do socialista checo Franz Schwigowski. Nessa época se tornou marxista.

Nesses encontros conheceu um jovem de 17 anos – sete mais jovem que ela – chamado Liev Davidovitch Bronstein, que se converteu em seu antagonista ideológico no grupo. Na época, ele defendia ideias populistas. Enquanto o debate interno continuava, na primavera de 1897, esse grupo fundou a União Operária do Sul da Rússia, que, apesar da inexperiência de seus membros, conseguiu mobilizar muitos trabalhadores nas cidades sulistas da Ucrânia. Ao longo das reuniões, Aleksandra Lvovna foi trazendo Bronstein para o lado marxista, e ele acabou se tornando seu parceiro.

No início de 1898, vários membros do grupo, incluindo Sokolóvskaia e Bronstein, foram presos em Micolaiv. Após uma estadia na prisão de Micolaiv, Aleksandra foi posta em liberdade condicional, aguardando julgamento. Então pôde visitar Bronstein nas diversas prisões para onde foi transferido (Odessa, Kherson e Moscou). Por fim, em meados de 1900, casou-se com ele em sua cela

242 Cf.: http://iskra-research.org/Marxists/Sokolovskaia/index.html; https://ru.wikipedia.org/wiki/Соколовская,_Александра_Львовна; Leon Trotski, *op. cit.*

da prisão de Moscou, para que pudessem passar o exílio juntos. Assumiu, então, o sobrenome Bronstein. Nessa altura, já tinha conseguido trazê-lo totalmente para o marxismo.

Uma vez casados, os dois foram deportados para a aldeia de Ust-Kut, na região siberiana de Irkutsk. De lá passaram para Verkhoiansk, onde viveram dois anos, época em que Aleksandra deu à luz duas filhas: Zinaida em 1901 e Nina em 1902.

Pouco depois do nascimento de Nina, no verão de 1902, Aleksandra e Liev Davidovitch decidiram que ele deveria fugir da Sibéria para se juntar ao grupo *Iskra* na Europa ocidental. Aleksandra o ajudou e ficou sozinha com as duas pequenas. Isso marcou o fim de seu casamento, embora não da amizade nem da colaboração política. Desse ponto em diante, Liev Davidovitch Bronstein seria conhecido como Leon Trótski.

Após a fuga de Trótski, Aleksandra foi transferida para a província siberiana de Lena, onde viveu até outubro de 1905, quando a anistia lhe permitiu retornar a Micolaiv. Lá, continuou sua militância até 1906, quando foi detida novamente e deportada para a província de Olonets, no círculo polar. Durante esse período, deixou as filhas aos cuidados dos pais de Trótski, que as criaram em sua fazenda de Ianovka.

Em pouco tempo conseguiu escapar de Olonets e voltou a Micolaiv, onde continuou a militar ao longo dos anos seguintes, mantendo correspondência com Trótski e visitando as filhas com regularidade. Seu irmão Ilia tornou-se um quadro importante da facção menchevique, e Trótski o dirigente de uma pequena corrente marxista própria, que ocupava um lugar intermediário entre bolcheviques e mencheviques.

Após a queda do czar em 1917, Sokolovskaia mudou-se para Petrogrado, onde se reencontrou com as filhas. Ao contrário de seu irmão Ilia, que sempre foi menchevique, nesse verão tanto Sokolovskaia como suas filhas adolescentes seguiram o exemplo de Trótski e ingressaram no partido bolchevique. Então, como Krupskaia, Aleksandra Lvovna ajudou a fundar a organização comunista juvenil de Petersburgo, na qual ingressaram suas filhas. Em novembro, as três participaram da insurreição. Sokolovskaia tinha 45 anos.

Após a tomada do poder, trabalhou para o Comissariado do Povo para Instrução Pública, coordenado por Lunatcharski, como mestra de Sociologia no prestigioso bacharelado São Paulo, rebatizado Escola do Trabalho Soviética. Em março de 1918, quando o governo se mudou para Moscou, ela ficou em Petrogrado, onde chegou a dirigir a escola.

Nos anos seguintes, suas filhas se casaram com militantes comunistas: Zinaida com Zahar Moglin e, depois, com Platon Volkov, e Nina com Man

Nevilson. Zinaida teve uma filha, Aleksandra, com Moglin em 1923 e um filho, Vsevolod "Sieva", com Volkov em 1926. Nina teve um filho, Liev, em 1919 e uma filha, Volina, em 1925.

Em 1924, seu irmão Ilia Sokolovski, que vivia em Odessa e ainda era menchevique, foi preso e deportado para Tasquente.

A partir desse ano, sem abandonar o cargo de professora em Petrogrado, Sokolovskaia participou na Oposição de Esquerda liderada por Trótski. Assim, como ele, no final de 1927 foi expulsa do Partido Comunista.

Com a capitulação de Zinoviev e a deportação dos principais opositores no início de 1928, ela ficou, com o escritor Victor Serge, à frente de Oposição de Esquerda em Leningrado, onde era conhecida pelo pseudônimo "Babushka" (avó, em russo). Serge escreveria em suas memórias:

> "Babushka", a avó, presidia habitualmente nossas reuniões. Com um rosto bondoso sob os cabelos brancos, Aleksandra Lvovna Bronstein era o bom senso e a própria lealdade. [...] Conheci poucos marxistas com um espírito tão livre como o de Aleksandra Lvovna.[243]

Nessa época, manteve correspondência com Trótski, que vivia deportado em Alma-Ata e, depois, exilado em Prinkipo, Turquia.

Em junho de 1928, sua filha mais nova, Nina, morreu de tuberculose em Moscou. Como seu genro Man Nevilson havia sido deportado, Aleksandra Lvovna teve de cuidar de seus netos Liev e Volina.

Em janeiro de 1931, sua filha mais velha, Zinaida (cujo marido, Platon Volkov, estava preso), mudou-se para a Alemanha levando consigo o filho mais novo, Sieva, mas deixando a filha mais velha, Aleksandra Platonova, aos cuidados da avó. Em 1932, o governo privou Zinaida da cidadania soviética, tirando-lhe a possibilidade de voltar a reunir-se com a filha. Diante disso, em janeiro de 1933, enferma de tuberculose e desesperada pela perseguição a sua família e pela ascensão dos nazistas, Zinaida suicidou-se em Berlim abrindo o gás.

No dia 1º de dezembro de 1934, o dirigente stalinista Serguei Kirov foi assassinado em Leningrado, o que marcou o início dos grandes expurgos. Assim, após seis anos dirigindo a Oposição de Esquerda em Leningrado, em 11 de dezembro de 1934, Aleksandra Lvovna foi presa. Após três meses de detenção, em

243 Victor Serge, *Memórias de mundos desaparecidos (1901-1941)*, Siglo XXI, 2001.

fevereiro de 1935, foi condenada a cinco anos de exílio e deportada para a aldeia de Demianskoie, na província siberiana de Omsk. Em junho de 1936, foi presa novamente e condenada a cinco anos de trabalhos forçados, sendo enviada ao *gulag* de Kolima, no extremo oriente siberiano. Lá, em 1937, foi novamente presa e levada para a prisão de Moscou.

Finalmente, em 28 de abril de 1938, foi condenada à morte. No dia seguinte, foi fuzilada. Tinha 70 anos.[244]

Os pais dos seus netos, Man Nevilson, Zahar Moglin e Platon Volkov, foram executados nesses anos. Em junho de 1940, o mais velho de seus netos, Liev Nevilson, então com 19 anos, foi preso enquanto estudava em Saratov. Seria executado no ano seguinte. Trótski foi assassinado no México em agosto de 1940. Dos três netos restantes, Volina Nelson e Aleksandra Volkov sobreviveram na URSS. De Volina não se sabe quase nada; Aleksandra foi presa em 1949 e deportada para o Cazaquistão, mas sobreviveu; Sieva Volkov mudou-se de Berlim para Paris, onde foi cuidado por seu tio Liev Sedov, que morreu em circunstâncias suspeitas, e depois foi para o México, onde foi criado por Trótski e depois por sua viúva, Natalia Sedova.

Ilia Sokolovski sobreviveu às deportações e morreu em 1956.

O governo soviético reabilitou Sokolovskaia em 7 de março de 1990. O governo russo reabilitou seu neto Liev Nevilson em 1992. Trótski nunca foi reabilitado.

244 Cf.: Valeria P. Netrebski, *Trótski em Odessa* [Троцкий в Одессе], Inga, 2003. De acordo com esse livro, a sentença de morte de Aleksandra não foi cumprida e ela ficou presa até 1961, quando foi solta em função da idade avançada. Não encontrei nenhuma outra fonte que confirme essa versão.

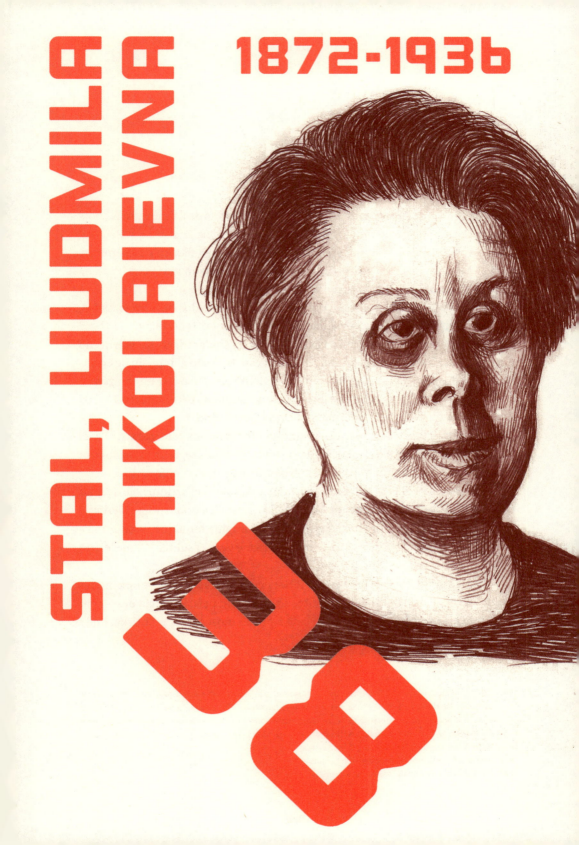

Nasceu em 14 de março de 1872, na cidade ucraniana de Ekaterinoslav (hoje Dnipro).[245] Seu nome de nascimento era Leia Froimovna Zaslavskaia. Seu pai, Froim Abramovitch Zaslavski, era o proprietário de uma fábrica de máquinas. Graças à sua posição, ela e suas irmãs puderam entrar num ginásio privado na sua cidade natal, onde aprenderam várias línguas estrangeiras.

No entanto, desde muito jovens, assumiram o lado dos operários. Assim, em 1887, a jovem Leia, que havia lido a novela social de Tchernichevski *O que fazer?*,[246] organizou com as irmãs um círculo para estudar ideias socialistas no ginásio, o que lhe valeu ser expulsa da instituição. Isso não a impediu de continuar sua educação, e nos anos seguintes completou um curso de Enfermagem.

Depois de romper com a família, em 1895, mudou-se para Omsk, no sul da Sibéria, para trabalhar no jornal marxista legal *Stepnoi Krai*.[247]

Em 1897, estabeleceu-se em Moscou, onde, influenciada pelo marxista Pavel Totchisski, uniu-se ao partido social-democrata. Nos anos seguintes, viajou para cidades como Tver e Nijni Novgorod levando propaganda revolucionária.

Em 1899, a polícia invadiu seu apartamento. Após o ocorrido, Leia decidiu deixar a Rússia clandestinamente. Foi quando começou a usar o nome Liudmila e o sobrenome Stal, que significa "aço". Então se dirigiu a Munique, onde era editada a revista *Iskra* sob a direção de Lênin, Martov e Vera Zasulitch. Com eles, no início de 1902, mudou-se para Londres.

Em abril, foi enviada de volta à Rússia com a missão de levar exemplares da *Iskra* a Petersburgo. No entanto, ao entrar no país, a polícia descobriu sua carga e a prendeu. Então foi enviada à prisão moscovita de Butirka, onde conheceu Olga Varientsova.

*

245 Cf.: https://murzim.ru/nauka/istorija/istorija-sssr/31059-stal-lyudmila-nicolaevna-1872-1939.html; "Bolcheviques proeminentes da região de Viatka: Liudmila Stal e Rimma Iurovskaia" [Выдающиеся большевички Вятского края. Людмила Сталь и Римма Юровская], 2013, https://tornado-84.livejournal.com/103803.html Alexandr Rachkovski, "A brilhante Liudmila Nikolaievna Stal" [Блистательная Людмила Николаевна Сталь], 2017, http://mypoliticum.ru/viewtopic.php?f=156&t=5020

246 Tradução livre do original em russo Что делать?

247 Do russo Степной край, "Terra das Estepes".

Após sete meses de detenção, foi julgada e condenada a três anos de deportação em Verkhoiansk, na região siberiana de Iakutsk. No entanto, no percurso conseguiu escapar e foi para Petersburgo, onde atuou como agente da *Iskra* e coordenou um círculo operário na fábrica Obukhov.

Em 1903, foi presa novamente. Depois de um tempo na Prisão de Depósito da cidade, foi transferida a uma masmorra da fortaleza São Pedro e São Paulo, onde permaneceu um ano e meio. Então foi deportada para a província de Vologda. Assim que chegou lá, em dezembro de 1904, fugiu novamente.

Dirigiu-se, então, para Odessa, onde, sob o pseudônimo "Maria Ivanova", ingressou no comitê do partido. Em março de 1905, mudou-se para Micolaiv, onde foi novamente presa. Após um breve período de prisão, foi submetida a um regime de liberdade vigiada. Logo conseguiu escapar de seus vigilantes e mudou-se para Moscou, onde coordenou o trabalho do partido no distrito de Butirski durante a grande greve geral de outubro. Em novembro, mudou-se para Petersburgo, onde se integrou à Organização Militar do partido. Lá conheceu pessoalmente Lênin, que com o tempo chegaria a apreciá-la muito.

A coincidência entre seu pseudônimo e o de Stálin deu lugar à lenda de que os dois foram amantes em 1905. Na realidade, é pouco provável que se conhecessem e é impossível que tivessem uma relação estável, pois nesse ano ele militou em Baku e Tbilisi, onde ela nunca esteve.

Com o refluxo do movimento de massas e o recrudescimento da repressão, no começo de 1907, foi detida novamente. Depois de cumprir uma pena de sete meses de prisão, mudou-se para sua terra natal, Ekaterinoslav. A polícia, porém, logo conseguiu identificá-la e ela teve de deixar a cidade. Então, depois de uma passagem pela Finlândia, abandonou o império e se estabeleceu em Paris.

No final de 1908, também se instalaram na capital francesa Lênin e seus colaboradores, que na época editavam a revista *Proletari*. Stal juntou-se a eles. Nesse ano, colaborou com Krupskaia e Inessa Armand numa tentativa de organizar as trabalhadoras da colônia russa em Paris, um dos primeiros esforços do marxismo russo dedicados especialmente a organizar as mulheres.

Por volta de 1911, iniciou uma relação com o operário bolchevique de 25 anos Grigori Nikolaievitch Kotov.[248]

Depois da transferência de Lênin e Krupskaia para Cracóvia em 1912, ela ficou com Kotov em Paris. Em janeiro de 1913, ajudou a líder socialista francesa Louise Saumoneau a fundar um jornal para operárias e, em março, a organizar a

---

248 Sobre Kotov, cf.: http://sormlib.nnov.ru/kraevedenie/sor_ist/sor_ist5/sor_ul_persona/kotov_gn.

primeira comemoração do Dia da Mulher na França. Ao lado de Armand, colaborou por carta com o semanário feminino bolchevique *Rabotnitsa*, lançado em Petersburgo, entre março e agosto de 1914.

Tal como seu marido, Kotov, em meados desse ano, ingressou no Comitê das Organizações no Exterior do partido bolchevique. Pouco depois, quando a Primeira Guerra Mundial começou, ajudou a ala internacionalista do movimento operário francês a organizar-se e contornar a repressão estatal.

Em março, viajou a Berna para participar da conferência internacional de mulheres socialistas contra a guerra, organizada por Clara Zetkin. Com o resto da delegação bolchevique, negou-se a votar a favor da resolução centrista da maioria.

Em setembro, foi com o marido para Londres e depois se mudou para Estocolmo. Lá, soube da Revolução de Fevereiro de 1917, o que lhe permitiu voltar à Rússia em poucos dias.

Então pôde examinar bem a linha política com que Kamenev e Stálin conduziam o partido. Após a chegada de Lênin, participou da conferência bolchevique de abril, com um discurso que Trótski citaria em sua *História da Revolução Russa*:

> Antes da chegada de Lênin, os camaradas erravam todos, cegos, pelas trevas. Não havia mais que as fórmulas de 1905. Víamos que o povo agia por conta própria, mas não podíamos lhe ensinar nada. Nossos camaradas se limitavam a preparar a Assembleia Constituinte pelo procedimento parlamentar e não acreditavam na possiblidade de ir além. Se aceitarmos as instruções de Lênin, não faremos mais do que o que nos indica a própria vida.

Essa conferência a integrou ao comitê do partido da cidade. Em maio, quando reapareceu a revista *Rabotnitsa*, juntou-se ao seu comitê de redação, ao lado de Kollontai, Nikolaieva, Samoilova e Praskovia Kudelli.

Em agosto mudou-se para a ilha de Kronstadt, cuja guarnição era então um dos principais bastiões do bolchevismo, sob a direção dos marinheiros Pavel Dibenko e Fiodor Raskolnikov. Lá, Stal ingressou no comitê executivo do soviete local e editou seu jornal, *Proletariskoie Delo*.[249]

*

249 Do russo Пролетарское дело, "Causa Proletária".

Durante os dias da Insurreição de Outubro, acompanhou os destacamentos de Kronstadt que participaram da tomada de Petrogrado. Tinha 45 anos de idade e 25 de militância revolucionária.

Simultaneamente, participou do Primeiro Congresso de Operárias e Camponesas da região de Petrogrado, que coincidiu com os dias da Insurreição. Nos dias que se seguiram, levantou-se perante o congresso a ideia de pedir um governo de coalizão entre os bolcheviques e os socialistas conciliadores, mas um ardente discurso de Stal convenceu a maioria das delegadas a apoiar um governo puramente bolchevique.

Por ordem de Sverdlov, no início de 1918 mudou-se para Ufa, com seu companheiro, Kotov, a fim de coordenar o jornal bolchevique *Vperiod* que tinha sido fundado no ano anterior como órgão conjunto de bolcheviques e mencheviques. Sob a direção de Stal, o jornal assumiu uma linha definidamente comunista.

No outono de 1918, ela e Kotov mudaram-se para Viatka (hoje Kirov), cerca de 600 quilômetros a leste de Moscou e uma das principais cidades no *front* oriental da Guerra Civil. Lá ela serviu como secretária do comitê do partido e lançou várias publicações, incluindo o *Pravda* de Viatka, para ajudar na educação política do Exército Vermelho e para conquistar a população local, especialmente as mulheres.

Ao lado de Grigori Sokolnikov, que presidia o Comitê Militar Revolucionário da cidade, participou da supressão dos levantes dos subúrbios industriais de Ijevsk e Votkinsk, instigados pelos social-revolucionários, que ocorreram entre julho e novembro de 1918. Nesses combates, foi capturado e fuzilado o veterano revolucionário Pavel Totchisski, que fora mentor de Stal em 1897.

No final do ano, organizou em Viatka um congresso regional de mulheres trabalhadoras e camponesas.

Em março de 1919, viajou a Moscou para participar como delegada no VIII Congresso do Partido Comunista, o mesmo que aprovou o estabelecimento do Jenotdel. Nesse ponto, integrou-se ao Secretariado Feminino da Comintern, ao lado de Krupskaia, Kollontai, Lilina, Samoilova, a holandesa Henriette Roland-Holst e a suíça Rosa Bloch.

De volta a Viatka, na primavera, participou da resistência do III Exército Vermelho contra a ofensiva que o almirante Koltchak lançou na região e, em seguida, dos preparativos da contraofensiva que varreria Koltchak da Sibéria. Nessa altura, foi nomeada responsável pelo Jenotdel na região.

Em maio de 1920, quando o Exército Vermelho ocupou o Azerbaijão, ela se mudou para a sua capital, o porto de Baku, a fim de dirigir o trabalho do Jenotdel. Em agosto, ajudou a organizar o congresso local dos povos do oriente promovido pela Comintern, que incluiu várias delegadas mulheres.

Como seu companheiro, Kotov, tinha adoecido de tuberculose, em setembro, os dois passaram um tempo no sanatório de Kislovodsk, no sul da Rússia, onde Stal se encontrou com sua velha amiga Inessa Armand. No entanto, pouco depois de sua chegada, o avanço dos brancos forçou-os a evacuar a cidade. Na evacuação, Armand contraiu cólera e morreu, mas Stal e Kotov sobreviveram. Stal continuou a trabalhar para o Jenotdel, então sob a direção de Aleksandra Kollontai.

Em junho de 1921, viajou a Moscou para participar do Segundo Congresso Mundial de Mulheres Comunistas. Lá, colaborou com Kollontai, Clara Zetkin e, especialmente, Varsenika Kasparova, que dirigia o trabalho da Comintern entre as mulheres do oriente.

Em janeiro de 1922, viajou clandestinamente a Berlim para participar de uma conferência internacional desse órgão.

De volta a Moscou, em 1924, foi nomeada editora da revista teórica do Jenotdel, *Kommunistka*.[250]

Em meados dos anos 1920, alguns de seus antigos camaradas, como Raskolnikov, Kasparova e Sokolnikov, juntaram-se à oposição contra o regime de Stálin, mas não encontrei nenhum registro de que ela participasse nas lutas internas do partido.

A partir de 1928, trabalhou como pesquisadora no Museu da Revolução da URSS.

Em abril de 1929, seu marido, Kotov, morreu em função das sequelas da tuberculose contraída durante a guerra civil.

No verão de 1930, foi delegada ao XVI Congresso do partido, no qual foi aprovada a coletivização total do campo. Não voltou a ter um papel político importante.

Durante os grandes expurgos do final da década, pereceram muitos de seus colaboradores mais próximos, como Dibenko e Raskolnikov, de Kronstadt, Sokolnikov de Viatka e Kasparova, do trabalho feminino no oriente.

Quando os expurgos ainda estavam no auge, em 23 de abril de 1939, Liudmila Stal faleceu de morte natural em Moscou, aos 67 anos. Foi enterrada no cemitério moscovita de Novodevitchi.

---

*

250 Do russo Коммунистка, "A Comunista".

1873-1966

STASSOVA, ELENA DIMITRIEVNA

69

Nasceu em São Petersburgo, em 3 de outubro de 1873.[251] Foi a quinta filha de Dimitri Vasilievitch Stassov, um advogado culto e de ideias liberais cujo irmão mais velho, Vladimir, era o crítico musical mais importante de seu tempo, e de Poliksena Stepanovna Kuznietsova, uma das pioneiras da filantropia feminista russa. Quando jovem, Dimitri Vasilievitch foi detido e proibido de exercer cargos públicos devido às suas opiniões liberais, e quando Elena era criança, a família teve de viver um tempo em Tula para evitar a repressão. Apesar disso, Dimitri Stassov continuou a ser um advogado bem-sucedido e respeitado.

Depois de adquirir educação elementar e aprender francês e alemão com preceptores particulares, aos 13 anos, Elena se inscreveu no instituto privado de Taganstev, onde obteve a medalha de ouro e um certificado de professora. Então, por volta de 1893, empregou-se como professora na Escola Dominical para Mulheres que a Sociedade Técnica de São Petersburgo tinha no subúrbio de Ligovka e que atendia sobretudo operárias têxteis e do setor do tabaco. Depois começou a trabalhar também no Museu Itinerante de Apoio Didático, que se dedicava ao ensino de presos, incluindo os grevistas.

Lá, em 1896, conheceu Nadejda Krupskaia, que a recrutou para a Cruz Vermelha Política, organização legal dedicada a ajudar os presos políticos. No final do ano, começou a colaborar na difusão de literatura da União de Luta pela Emancipação Operária, fundada por Ulianov, Martov, Krupskaia e outros

*

251 Para o texto autobiográfico que escreveu em 1928 para a Grande Enciclopédia soviética, cf.: https://dic.academic.ru/dic.nsf/enc_biography/116198/Стасова.; Elena D. Stassova, *Páginas de vida e luta* [Страницы жизни и борьбы], Editora Estatal [государственное иедател'ство], 1956; http://lenin-pam.narod.ru/stas.htm; https://leninism.su/memory/4161-vospominaniya.html?showall=1. Stassova também aparece em Clements, *op. cit.* Fragmentos de sua autobiografia foram publicados em Haupt e Marie, *op. cit.* – no entanto, num breve comentário, Haupt afirma que sua inclusão é injustificável (!).

militantes. No ano seguinte, vários líderes dessa organização, incluindo Ulianov e Krupskaia, foram presos e tiveram de deixar Petersburgo.

No início de 1898, a União confiou a Stassova a guarda dos fundos, dos documentos e da literatura clandestina.

No entanto, ainda influenciada pelo chamado populista para fazer trabalho filantrópico "entre o povo", ao estourar um caso de fome na província de Ufa, em 1899, mudou-se para lá a fim de ajudar a alimentar os camponeses. Essa experiência a deixou definitivamente desiludida com as possibilidades desse tipo de trabalho.

No período seguinte, o partido começou a lhe confiar tarefas "técnicas", relacionadas a conseguir apartamentos clandestinos para os encontros entre militantes, obter documentos falsos, criptografar e decifrar mensagens entre os comitês na Rússia e os líderes no exílio, receber a literatura chegada ilegalmente do exterior e, finalmente, cuidar das finanças. Devido à sua atenção aos detalhes, começou a ser conhecida como "Absoluta", uma alcunha que se tornou um dos seus pseudônimos de partido.

Desde o lançamento da revista *Iskra* no início de 1901, dedicou-se à sua distribuição na Rússia, ao lado de Ivan Radtchenko. Impressos em Genebra, os exemplares da *Iskra* chegavam a Petersburgo via Finlândia escondidos em livros infantis, dos quais era preciso depois desprendê-los com água morna, ou dentro de estatuetas de gesso.

Nessa época, conheceu o jovem médico militar Konstantin Krestnikov, simpatizante do partido, com quem iniciou um romance.

Nos últimos dias de 1903, foi delatada e, para evitar a prisão, abandonou Petersburgo, fugindo para Kiev, onde ficava a sede do Comitê Central do partido. Entretanto, quando estava a caminho de lá, um ataque varreu os revolucionários da cidade, motivo pelo qual não pôde ficar e dirigiu-se então para Minsk, acompanhada por Maria Essen. Lá, se juntou a seu namorado, Krestnikov, e com ele foi para Orel. Depois de realizar missões em Vilnius e Smolensk, em abril, se estabeleceu em Moscou.

Em Moscou, integrou-se ao gabinete do partido encarregado de dirigir os comitês de todo o norte da Rússia. Nesse ponto, influenciada por Nikolai Bauman e Friedrich Lengnik, que também militava em Moscou, tomou partido pela facção bolchevique.

Em junho, vários líderes do gabinete de Moscou, incluindo Bauman e Lengnik, foram detidos, e ela própria teve de deixar a cidade. Então se dirigiu a Nijni Novgorod, mas a polícia a seguiu e, ao chegar à estação, em 7 de julho, foi presa. Depois de alguns dias na prisão de Nijni, foi transferida para a prisão moscovita de Taganaka, onde, em 16 de novembro, participou de uma greve de fome com outras oitenta presas. Depois de onze dias de greve, foi libertada sob uma fiança de mil rublos, paga por seu pai. Então, voltou para Petersburgo. Por sugestão de Lênin, ela escreveu um manual para militantes sobre como se comportar em caso de prisão.

De volta a Petersburgo, tornou-se membro do comitê local do partido, liderado por Aleksei Rimov, Zemliatchka e sua já conhecida Essen. Lá, poucos dias após sua chegada, em 22 de janeiro de 1905, sobreviveu à repressão da marcha operária do "domingo sangrento", o episódio que detonou a primeira revolução russa. Nessa época, se casou com Krestnikov.

Em maio, quando Rimov e outros membros do comitê de Petersburgo foram detidos, ela ficou a cargo do comitê. Em agosto, teve de ir a Moscou para depor no caso pelo qual havia sido presa no ano anterior. Ao terminar o processo, por ordem do partido, abandonou o país com um passaporte falso e se dirigiu a Genebra, para facilitar o contato entre a direção no exílio e os comitês do interior. Nessa altura, viviam em Genebra Lênin e Krupskaia, e Stassova compartilharia o apartamento com eles durante os três meses seguintes. Durante sua estadia na cidade, também conheceu Plekhanov, que já então considerava como adversário. Nesse outubro, soube que as Centenas Negras tinham linchado seu camarada Bauman ao sair da prisão em Moscou. Em novembro de 1905, quando Lênin e Krupskaia regressaram a Petersburgo, Stassova ficou em Genebra para vender a tipografia do partido e enviar para Estocolmo seus arquivos e sua biblioteca.

Em janeiro de 1906, regressou a Petersburgo, onde trabalhou até ao final de fevereiro, quando foi transferida para a Finlândia a fim de organizar a importação clandestina tanto de armas que o movimento socialista ocidental doava à revolução russa quanto do dinheiro expropriado na Letônia, bem como a partida de delegados que se dirigiam à Suécia para participar no IV Congresso do Partido Social-Democrata Russo, que ocorreria em Estocolmo em abril. Em determinado momento, ela própria também se mudou para a capital sueca, onde, com Lídia Knipovitch, ajudou a organizar o congresso. Conforme acertado nessa ocasião, quando regressou a Petersburgo, Stassova colaborou com a menchevique Raissa Karfunkel na direção do comitê social-democrata da cidade.

No dia 7 de julho, ambas foram detidas, ao lado de Piotr Krasikov, durante a invasão da conferência do partido no Instituto de Tecnologia. Então elas foram levadas para a fortaleza conhecida como o Castelo da Lituânia. Lá, participaram de outra greve de fome, dessa vez exigindo atendimento médico para uma companheira doente. No fim da greve, Stassova foi transferida para a prisão. No entanto, como a polícia não encontrou provas suficientes contra ela, em setembro foi posta em liberdade, na condição de deixar Petersburgo.

Então, Stassova foi para Sokhumi, na remota Georgia. Contudo, graças às diligências legais de seu pai, em janeiro de 1907, pôde reestabelecer-se em Petersburgo, onde se reintegrou ao trabalho do partido. Entretanto, ela e o marido, Krestnikov, adoeceram, com tuberculose. Assim, em março daquele ano, os dois decidiram abandonar Petersburgo, regressar à Geórgia e instalar-se na sua capital, Tbilisi. Lá viveriam legalmente durante os anos seguintes, período no qual recuperaram a saúde.[252] Embora nunca tenha rompido com o partido, nessa época Stassova deixou a vida de militante clandestina.

Enquanto isso, seu pai, Dimitri, continuou defendendo militantes. Por exemplo, no verão de 1908, conseguiu que o membro do Comitê Central, Grigori Zinoviev, fosse libertado antes que a polícia pudesse descobrir sua importância no partido.

No outono de 1910, Stassova e Krestnikov separaram-se. Ele abandonou a Geórgia e ela se empregou como professora em uma escola secundária para mulheres. Entre suas alunas estava a jovem Liusik Liusinova, que depois seria uma das mártires da Revolução de Outubro.

No final de 1911, com a nova ascensão do movimento de massas, o bolchevique armênio Suren Spandarian a contatou e voltou a recrutá-la para os trabalhos clandestinos do partido. Assim, ao lado de Spandarian e Sergo Ordjonikidze, naquele inverno, ajudou a preparar, de Tbilisi, a conferência de Praga, que ocorreu em janeiro de 1912 e na qual a facção bolchevique se constituiu em partido independente.

Terminada a conferência, o recém-eleito Comitê Central cooptou-a como membro-candidato e integrou-a a um gabinete russo, que se encarregaria de coordenar, de Tbilisi, o trabalho do partido, em parceria com Ordjonikidze, Spandarian, Josef Stálin e o deputado Roman Malinovski, que chefiava a facção bolchevique da Duma em Petersburgo, mas, na verdade, era um infiltrado da polícia.

Em abril, Ordjonikidze e Stálin foram para Petersburgo, onde fundaram o jornal *Pravda*. No entanto, alguns dias depois, ambos foram detidos, delatados por Malinovski. Stassova dirigiu-se a Petersburgo em maio. Todavia, sem que ela soubesse, as autoridades georgianas detiveram Spandarian em Baku, emitiram um mandado de captura contra ela, revistaram seu apartamento e alertaram por telegrama a polícia de Petersburgo. Assim, logo que Stassova chegou à casa dos pais, onde pretendia se instalar, foi presa.

Então, depois de duas semanas na prisão de Petersburgo, foi levada de volta a Tbilisi, onde passou um ano detida. Em maio de 1913, foi julgada ao lado

252 Clements, *op. cit.*, p. 73.

de Spandarian e, em setembro, deportada à aldeia de Ribinsk, na província siberiana de Ienisseisk, onde viveria pelos próximos três anos. Spandarian contraiu tuberculose e morreu exilado em Krasnoiarsk em setembro de 1916, seis meses antes do colapso do czarismo. Stassova, por sua vez, sobreviveu e, no outono de 1916, obteve permissão para visitar seus pais em Petrogrado, quando aproveitou para restabelecer contato com o comitê do partido na capital, coordenado por Chliapnikov, Molotov e as irmãs de Lênin. Alegando razões de saúde, no inverno conseguiu que sua licença fosse estendida.

Em 8 de março de 1917, eclodiu em Petrogrado a chamada Revolução de Fevereiro. Dois dias depois, enquanto ainda durava a luta, Stassova foi detida. Logo em seguida, no dia 12, o triunfo da insurreição libertou-a.

Então se encarregou de organizar o secretariado do Comitê Central do partido, que nesse ponto era dirigido por Chliapnikov e Molotov, os quais logo foram substituídos por Kamenev e Stálin, que chegaram da deportação.

Em abril de 1917, a VII Conferência do Partido a integrou a um secretariado liderado por Iakov Sverdlov. Em agosto, o VI Congresso do partido a confirmou nesse posto e a elegeu membro-candidato do Comitê Central. Foi esse Comitê Central e esse secretariado que coordenaram a Revolução de Outubro.

No momento da tomada do poder, Stassova tinha 44 anos de idade e 20 de militância revolucionária.

Após certa hesitação inicial, em março de 1918, apoiou Lênin na controvérsia em torno do tratado de paz de Brest-Litovsk com a Alemanha. No mesmo mês, o VII Congresso do partido a elegeu membro pleno do Comitê Central. Foi a única mulher que se manteve nesse órgão, pois tanto Kollontai como Iakovleva haviam deixado seus postos em protesto pela paz com a Alemanha. Esse evento também a confirmou como secretária do Comitê Central, ao lado de Sverdlov.

Diferentemente do resto da administração soviética, não ficou em Moscou em março de 1918, mas voltou a Petrogrado, para atuar como representante local do Comitê Central e secretária de seu gabinete de Petrogrado. Nesse posto, organizou a estrutura regional do partido no norte de Rússia. Durante os meses seguintes, teve vários atritos com Zinoviev (a quem seu pai havia ajudado a sair da prisão dez anos antes), que então comandava o soviete da cidade e o governo da região.

Em outubro, foi integrada à direção da *tcheka* da cidade, ao lado de Olga Ravitch e Iakovleva. Nesse posto se mostrou tolerante e ajudou a libertar os intelectuais do partido social-revolucionário que haviam sido detidos, como o teórico literário formalista Victor Chklovski. Nesse período, seu pai morreu, o velho advogado liberal Dimitri Stassov, uma das maiores influências na sua vida.

Em março de 1919, voltou a Moscou, onde participou do VIII Congresso do partido, que a reelegeu para o Comitê Central. Mais uma vez, ela foi a única mulher naquele órgão. O congresso também a integrou ao gabinete de Organização e, como Sverdlov tinha morrido pouco antes, nomeou-a secretária-chefe do partido. A partir de julho, começou a participar das reuniões do gabinete Político, então com cinco membros (Lênin, Trótski, Stálin, Kamenev e Nikolai Krestinski). Como secretária-chefe, assessorada por uma equipe de nove mulheres, administrou as comunicações e nomeações do gigantesco Partido Comunista no poder em plena Guerra Civil. Inclusive teve de recorrer às velhas técnicas de cifragem e decodificação, uma vez que grande parte do território russo se encontrava em poder dos exércitos brancos, e seus comitês comunistas locais continuavam clandestinos. No entanto, seu apego aos velhos métodos de organização ultracentralizada, utilizados antes da tomada do poder, foi alvo de críticas.

No inverno, foi substituída por um secretariado coletivo, no qual também figuravam Krestinski – como secretário-chefe –, Evgueni Preobrajenski e Leonid Serebirakov.

Em abril de 1920, o IX Congresso do partido a deixou fora tanto do secretariado quanto do Comitê Central. Então se integrou ao Jenotdel de Petrogrado. No verão, mudou-se para Baku, onde ajudou a organizar o Congresso dos Povos do Oriente da Comintern. Lá, colaborou com quadros como seu velho amigo Sergo Ordjonikidze, bem como com Varsenika Kasparova e Liudmila Stal, que dirigia o Jenotdel na região.

Em maio de 1921, a Comintern a enviou a Berlim, onde viveria durante os cinco anos seguintes. Como seu passaporte falso era canadense, para residir legalmente na Alemanha teve de entrar em um matrimônio fictício. Assim, a mulher que havia sido secretária-chefe do Partido Comunista russo no poder se reintegrava à luta clandestina em um país estrangeiro. Stassova tinha 48 anos.

Sob o pseudônimo Herta, integrou-se à célula comunista do bairro berlinense de Moabit (onde se encontrou com o escritor expressionista Johannes R. Becher) e ao Comitê Central do partido alemão, então dirigido por Heinrich Brandler e August Thalheimer. Em outubro de 1923 participou da fracassada revolução alemã, a última grande tentativa revolucionária europeia desse período.

Depois da derrota da revolução, fundou a seção alemã do Socorro Vermelho, na qual colaborou sobretudo com Wilhelm Piek, então deputado comunista no parlamento prussiano. No verão de 1924, durante o V Congresso da Comintern, Zinoviev, então secretário-geral da Internacional, atribuiu a derrota da revolução aos dirigentes alemães Brandler e Thalheimer, substituindo-os por Ruth

Fischer e Arkadi Maslov. Stassova opôs-se à medida, o que a levou a chocar-se novamente com Zinoviev.

No final de 1925, Zinoviev, que até então tinha sido um dos aliados mais poderosos de Stálin, passou à oposição e aliou-se à Trótski. Então, no início de 1926, Stálin convocou Stassova de volta a Moscou para que expusesse ao Comitê Executivo Internacional todos os erros que Zinoviev e seus partidários haviam cometido na Alemanha, o que ela fez com gosto. No verão, Nikolai Bukharin substituiu Zinoviev como secretário-geral da Comintern. Stassova, por sua vez, permaneceu na URSS.

Em abril de 1927, a Segunda Conferência Mundial do Socorro Vermelho Internacional a elegeu presidente, substituindo a alemã Clara Zetkin. Desse posto, durante os anos seguinte, organizou diversas campanhas internacionais, como a dos anarquistas ítalo-americanos Sacco e Vanzetti, condenados à morte em Boston. Também colaborou com os comunistas italianos Vittorio Vidali e Tina Modotti, que haviam chegado a Moscou expulsos do México.

Em junho de 1930, o XVI Congresso do PCUS (o mesmo que aprovou a coletivização total do campo) integrou-a à Comissão de Controle do partido e a sua junta diretiva, cujo secretário era Emelian Iaroslavski. Manteria esse cargo até o congresso seguinte, em janeiro de 1934. Em 8 de março de 1933, recebeu, com outras bolcheviques proeminentes, a Ordem Lênin.

Quando, em agosto, foi fundado o Comitê Internacional contra a Guerra e o Fascismo, ela integrou-se à sua direção, ao lado dos escritores franceses Romain Rolland, Henri Barbusse e André Gide. Em novembro daquele ano, presidiu o I Congresso do Socorro Vermelho Internacional. Em 1934, participou na organização de comitês internacionais antifascistas, como a Organização Mundial de Luta contra o Fascismo e o Comitê de Mulheres contra a Guerra. Em 1935, o VII e último Congresso da Comintern a integrou à Comissão de Controle da Internacional.

Os grandes expurgos iniciados em 1936 cobraram a vida de vários de seus colaboradores, como Rikov (que militou com ela em 1905), Chliapnikov (que dirigiu o partido durante a Revolução de Fevereiro) e Iakovleva (que serviu com ela no Comitê Central de 1917 e na *tcheka* de Petrogrado no ano seguinte), bem como Krestinski, Serebirakov e Preobrajenski (que compartilharam com ela o secretariado do partido em 1919). Ressentiu particularmente a execução de seus colaboradores na Internacional, começando por Bukharin. No caso de Ossip Piatnitski (preso em 1937 e executado no ano seguinte), inclusive se absteve de votar por sua remoção da executiva da Comintern, gesto simbólico que pode ter-lhe custado a vida. Seu velho amigo Ordjonikidze suicidou-se para evitar o destino dos presos.

Sua secretária, Elizaveta Chevelieva, foi enviada ao *gulag*. Ela mesma foi acusada de "trotskista" no verão de 1936 e investigada mais de uma vez pelo NKVD.[253]

Em 1938, deixou seu posto à frente do Socorro Vermelho Internacional e passou a trabalhar na revista *Literatura Internacional*, em que publicou textos literários em inglês e francês. No verão de 1941, quando a Alemanha nazista invadiu a URSS e sitiou Moscou, ela pediu que fosse enviada para o *front*, a fim de ajudar com seu conhecimento do alemão; mas, devido à idade avançada, foi evacuada para Krasnoufimsk, nos Urais. No ano seguinte, assim que findou a ameaça sobre a capital, voltou a residir em Moscou.

Apesar de ter sido poupada da prisão durante os grandes expurgos de 1936-1938, em 1948 foi acusada de ter sido complacente com a memória do herege Bukharin (por ter relatado em uma entrevista como Lênin era afetuoso com ele). Foi, então, obrigada a se aposentar de seu cargo na revista literária e excluída de toda as responsabilidades no partido. De acordo com algumas fontes, foi presa e encarcerada durante oito meses. Tinha 74 anos.

Em outubro de 1953, poucos meses depois da morte de Stálin, recebeu pela segunda vez a Ordem Lênin.

Em fevereiro de 1956, participou como delegada no XX Congresso do partido, no qual ouviu o famoso "relatório secreto" de Nikita Khruschov. A admissão parcial da magnitude dos crimes do stalinismo deu-lhe uma forte impressão. A partir de então, com seu próprio prestígio restaurado e elevado, dedicou-se a lutar pela reabilitação dos comunistas mortos, bem como dos que ainda estavam nos campos de trabalho. Por exemplo, lutou em vão pela reabilitação de Olga Ravitch (com quem tinha colaborado pessoalmente na *tcheka* de Petrogrado em 1918), que voltara dos campos de trabalho com a saúde debilitada.

Em outubro, viajou a Berlim Oriental para celebrar o 80º aniversário de seu antigo camarada Wilhelm Piek, então presidente da RDA.

Em 1957, ajudou Khruschov na sua luta interna contra os sobreviventes da velha guarda stalinista (Molotov, Vorochilov e Kaganovitch) e no XXI Congresso do partido, realizado em fevereiro de 1959, ajudou a revelar novos crimes do Stálin. Com a morte de Matvei Muranov, em dezembro, ela se tornou a última sobrevivente do Comitê Central bolchevique de 1917.

Em 1960 foi nomeada Heroína do Trabalho Socialista, recebeu sua terceira Ordem Lênin e publicou um volume de memórias. Em 1961 assinou um documento exigindo abertamente ao XXII Congresso que Bukharin fosse reabilitado.

253 Clements, *op. cit.*, p. 290.

Embora seu pedido não tenha sido concedido, também não teve consequências (Bukharin seria reabilitado apenas em 1988). Em outubro de 1963, com 90 anos de idade, participou do XXII Congresso do partido e foi eleita parte do Comitê Executivo Central da URSS.

Morreu em Moscou, em 31 de dezembro de 1966, aos 93 anos de idade, e foi enterrada nas muralhas do Kremlin. Foi a última mulher enterrada nesse local.

1862-1950

VARIENTSOVA, OLGA AFANASIEVNA

Nasceu em 8 de julho de 1862, no distrito têxtil de Ivanovo-Voznesensk, filha mais velha do pequeno empresário, Afanasi Alekseievitch Varientsov.[254] Nascido na servidão na aldeia de Kulikovo, Afanasi Alekseievitch tinha se emancipado graças ao fato de seu pai ter podido comprar sua própria liberdade e a da família, tendo depois acumulado uma pequena fortuna. Quando Olga Varientsova nasceu, seus pais já tinham uma casa em Ivanovo e uma fazenda de verão em Kulikovo, onde a menina cresceu.

Depois de ter aprendido a ler na escola de uma seita cismática, em 1877 inscreveu-se no primeiro ginásio para mulheres de Ivanovo, que acabava de ser fundado. Em junho de 1883, mudou-se para a cidade de Vladimir, entrando no curso que lhe daria o certificado de professora. Lá, entrou em contato com as ideias revolucionárias.

No entanto, não negligenciou os estudos e, em 1884, completou o curso com honras. Seu pai, homem devoto que via com horror as tendências revolucionárias da jovem, tentou convencê-la a ingressar em um convento, mas ela se negou, partindo para Moscou a fim de estudar Enfermagem no curso avançado para mulheres, Gere.

Lá entrou para a organização revolucionária populista *Narodnaia Volia*. Na noite de 27 de abril de 1887, foi presa pela primeira vez. Ao revistarem seu quarto, a polícia encontrou literatura proibida, mas nenhuma prova de envolvimento em atos terroristas. Por isso passou três meses na prisão antes de ser expulsa e ter de voltar para sua cidade natal a fim de aguardar o julgamento em liberdade

254 Cf.: https://rossaprimavera.ru/article/93effcc4; Pavel K. Bolchevikov e Gennady I. Gorbunov, *Olga Afanasevna Varientchova* [Ольга Афанасьевна Варенцова], Politizdat [Политиздат], 1964; Voldemar N. Baliazin e Vera A. Morozova, *O ano que está por vir: a história de Olga Varientsova* [Настанет год. Повесть об Ольге Варенцовой], Editorial de Literatura Política [Издательство политической лите], 1989.

condicional. Quando este se realizou, em dezembro, a polícia já tinha descoberto a militância de Olga, motivo pelo qual foi condenada a um novo período de seis meses na prisão moscovita de Chui. Em 12 de agosto de 1888, foi liberada, mas proibida de residir fora de sua província, Vladimir. Assim, depois de uma passagem por Kulikovo, no final do ano, voltou à sua cidade natal. Como havia sido expulsa do sistema escolar, teve de se dedicar a aulas particulares. Nesses anos, sua experiência em uma cidade industrial e a leitura de textos de Plekhanov foram tornando-a marxista.

A partir de 1891, com ajuda dos estudantes que chegavam deportados à sua província, como Fiodor Kondratiev e Serguei Schekoldin, e jovens operários como Mikhail Bagaiev, organizou o primeiro círculo operário marxista da cidade, que incluía várias mulheres. Em 1º de maio de 1895, o círculo celebrou a data com uma manifestação clandestina, com dezenas de trabalhadores, em uma floresta, onde decidiu constituir-se em Sindicato Operário. No seio dessa organização, Varientsova defendeu a necessidade de complementar a luta econômica com um programa político revolucionário.

No outono, o Sindicato Operário conseguiu organizar uma greve de dois mil trabalhadores. Quando os primeiros líderes foram presos, a função da direção recaiu sobre Varientsova. Em 9 de junho de 1897, Varientsova e outros dirigentes do grupo foram descobertos e presos. Após oito meses na prisão de Ivanovo, em janeiro de 1898, foi condenada a dois anos de deportação na aldeia de Brisk, próxima da cidade de Ufá. Lá, não tardou a contatar os outros deportados da região, entre os quais, a jovem professora de Petersburgo Nadejda Krupskaia. Em janeiro de 1900, terminou seu período de residência forçada em Brisk. Tinha ainda um ano de restrição de viver em grandes cidades, incluindo Ufá. No entanto, graças a Krupskaia, soube que em breve ocorreria ali uma importante reunião de sociais-democratas, então decidiu ficar clandestinamente na cidade. De fato, em fevereiro houve uma reunião, na qual Vladimir Ilitch Ulianov apresentou o projeto de fundar uma revista no exterior como um degrau para a construção do partido.

Após a reunião, a convite de seu camarada Chesternin, Varientsova mudou-se para Voronej. De lá, manteve contato com os círculos sociais-democratas de sua região natal e concebeu a ideia de fundar uma união operária que abrangesse o triângulo ao nordeste de Moscou, incluindo Iaroslavl, Ivanovo e Kostroma. Em janeiro de 1901, seu período de restrição terminou e ela pôde se estabelecer em Iaroslavl. Lá, com Nikolai Bauman, em Moscou, e Glafira Okulova, em Ivanovo, fundou a chamada União Operária do Norte da Rússia, da qual chegou a ser secretária-chefe. Além de organizar operários, o órgão difundia a revista clandestina *Iskra*.

Mas a União do Norte havia sido infiltrada pelo provocador Menchikov, que deu à polícia moscovita todos os dados sobre seu funcionamento. Assim, em abril de 1902, os policiais investiram sobre seus líderes, prendendo doze deles em Iaroslavl, incluindo Varientsova.

Ela, então, foi enviada à prisão moscovita de Butirka, onde se encontrou com Liudmila Stal. Passou quinze meses presa.

Finalmente, em julho de 1903 foi condenada a três anos de deportação em Astracã. Continuou a militar e foi eleita secretária do comitê social-democrata do porto. Contudo, o clima insalubre acabou por adoecê-la, e no outono de 1904, lhe concederam a transferência para Vologda. Assim que se recuperou, também se juntou ao comitê social-democrata local.

Lá, foi surpreendida pela notícia dos acontecimentos revolucionários de 1905, incluindo a greve geral, que em maio eclodiu na sua cidade natal, dando origem ao primeiro soviete, dirigido, entre outros, por Mikhail Frunze.

Em julho, deslocou-se clandestinamente a Kostroma para participar de uma conferência social-democrata da região. Em Vologda, em agosto, a polícia invadiu uma reunião do comitê local e, embora Varientsova tenha conseguido escapar da prisão, entendeu que os documentos que a polícia havia obtido a colocavam em perigo. Então decidiu deixar a cidade e se transferir clandestinamente para Moscou, onde participou da greve de outubro. Nesse mês, as Centenas Negras lincharam seu camarada Bauman na saída da prisão.

No outono, deixou Moscou e, após uma passagem por Iaroslavl, dirigiu-se a Petersburgo, onde se integrou à organização militar do partido, ao lado de Zemliatchka e Emelian Iaroslavski, que se dedicava a fazer propaganda entre as tropas.

Em meados de 1906, voltou à sua cidade natal, Ivanovo-Voznesensk. Lá, foi nomeada secretária-chefe do comitê local do partido, que incluía quadros como Mikhail Frunze e Andrei Bubnov. Nessa época, quando os ânimos de 1905 ainda estavam acesos, os choques com a polícia se repetiam e a organização de destacamentos de combate de rua era uma das principais atividades do partido.

No início de janeiro de 1908, foi presa novamente. Após alguns dias na detenção de Ivanovo, foi transferida para a prisão de Vladimir. Em maio, foi condenada a dois anos de deportação em Vologda, onde continuou militando enquanto dava aulas particulares.

Uma vez cumprida a sentença, em abril de 1910, voltou a Ivanovo-Voznesensk, onde se reencontrou com Bubnov.

Em setembro, participou de uma conferência regional do partido perto de Kinechma, que foi invadida pela polícia, motivo pelo qual foi presa. Foi então transferida para a prisão de Kostroma. Após três meses, os detidos foram soltos por falta de provas. Entretanto, Varientsova compreendeu que os documentos confiscados nos registos em breve dariam aos procuradores as provas necessárias para uma condenação mais severa, decidindo, assim, deixar a cidade.

Depois de passar por Vologda, em 1911, mudou-se para Moscou. Lá, ao lado de Cecilia Bobrovskaia, ajudou a reorganizar o partido, que havia sido desmantelado pela repressão. Em fevereiro de 1913 foi presa novamente e acusada de ter participado da publicação de um jornal ilegal. Então foi deportada para a aldeia de Niguijma, no círculo polar. Por razões de saúde, no dia 1º de janeiro de 1914, lhe foi permitido estabelecer-se novamente em Vologda. Naquele verão, quando eclodiu a Primeira Guerra Mundial, foi evacuada para o distrito de Kandikovski.

Ao terminar seu período de deportação, no verão de 1916, pôde voltar a Moscou.

Depois da Revolução de Fevereiro, integrou-se ao comitê militar do partido, no qual voltou a encontrar Zemliatchka. Em junho, viajou a Petrogrado para participar de uma conferência de organizações bolcheviques de toda a Rússia. Nos dias da Insurreição de Outubro, ajudou a coordenar a luta contra os *iunkers* pelo controle da cidade. Tinha 55 anos de idade e 30 de atividade revolucionária.

Nos meses que se seguiram à vitória, sofreu uma deterioração de saúde, pelo que, em meados de 1918, teve de se tratar no sanatório de Piatigorsk, no sul da Rússia. No entanto, as condições da Guerra Civil fizeram com que só pudesse lá chegar em novembro.

Uma vez recuperada, em maio de 1919 voltou a Moscou, onde se integrou à Administração Política do Conselho Militar da República, que organizava a rede de comissários políticos do Exército Vermelho. Nesse órgão, colaborou com Varsenika Kasparova e Leon Trótski, que então era comissário do povo para a guerra.

Em agosto, foi enviada a sua cidade natal, onde atuou como secretária do comitê do partido. Lá, encontrou novamente com Mikhail Frunze e com o intelectual bolchevique Aleksandr Voroski, com quem publicou o jornal local *Rabotchi Krai*.[255] Também se encarregou de reativar a indústria têxtil da cidade.

No início de 1921, voltou a adoecer, sendo enviada para um sanatório na Crimeia. Logo que se recuperou, integrou-se aos trabalhos do Jenotdel em Sebastopol.

255   Do russo Рабочий край, "Terra Operária".

No outono, voltou a Moscou para trabalhar na Comissão de História do Partido. Em março de 1922, o XI Congresso do partido a integrou à sua Comissão Central de Controle.

Em 1925, seu velho camarada Frunze, que havia substituído Trótski como Comissário do Povo para a Guerra, morreu em uma cirurgia, realizada por ordem do Comitê Central, contra a opinião de seus próprios médicos.

Segundo o historiador Pierre Broué,[256] em meados da década de 1920, Varientsova fez parte da Oposição de Esquerda, assim como Trótski e Kasparova. Se assim foi, é provável que tenha sido expulsa do partido no final de 1927 ou início de 1928, o que explicaria o vazio desses anos em sua biografia oficial, em geral tão detalhada. Em qualquer caso, no início dos anos 1930 retomou sua atuação política. É possível que tenha capitulado em 1929, como fizeram Radek, Piatakov, Preobrajenski, Smilga e seu velho companheiro Voroski, que em 1930 foram readmitidos.

Nessa época, trabalhou no Instituto Marx-Lênin e, em 8 de março de 1933, esteve entre as velhas bolcheviques condecoradas com a Ordem Lênin. Em 1935, escreveu uma obra histórica sobre a União Operária do Norte, que ela mesma tinha fundado e dirigido em 1901.

No início dos grandes expurgos (meados da década de 1930), os antigos opositores foram presos, deportados e executados (incluindo seu velho camarada de Ivanovo-Voznesensk, Andrei Bubnov, que em 1924 tinha flertado com a oposição). Mas ela foi deixada em paz, talvez em consideração à sua idade e trajetória.

Morreu em Moscou, aos 88 anos, em 22 de março de 1950, e foi enterrada no cemitério moscovita de Novodevitchi. Um busto de bronze foi colocado em sua tumba e uma grande estátua foi construída em Ivanovo. Tanto nessa cidade como em Vologda há ruas com o nome dela.

256 Cf.: Pierre Broué, *Comunistas contra Stalin: Masacre de una generación*, Sepha, 2008.

1868-1918

VELITCHKINA, VERA MIKHAILOVNA

Nasceu em Moscou, em 20 de setembro de 1868.[257] Foi uma dos doze filhos do padre ortodoxo Mikhail Velitchkin. Em 1885, graduou-se no Primeiro Ginásio para Mulheres de Moscou e começou o curso de professora, mas logo o abandonou para estudar Ciências Naturais por conta própria.

No contexto da fome de 1891, rompeu com as ideias tradicionalistas de seu pai e se mudou para a província de Riazan a fim de atuar como assistente social entre os camponeses, influenciada pelo escritor Leon Tolstói, com quem mantinha correspondência e com cujas filhas trabalhava diretamente. Na aldeia de Tatishchevo, fundou uma biblioteca com os livros que Tolstói lhe enviava. Lá, ela leu a obra de teóricos *narodnik*,[258] como Lavrov e Mikhailovski.

Na segunda metade de 1892, abandonou legalmente a Rússia e se dirigiu à Suíça para estudar nas faculdades de Medicina de Berna e Zurique. Nessa altura, visitou também Londres, onde se interessou pelo caso da seita cristã *dukhobors*, que era perseguida na Rússia devido às suas convicções igualitárias e pacifistas.

No verão de 1894, voltou a Moscou, para passar férias. Vários de seus irmãos já colaboravam com o movimento revolucionário e usavam a casa paterna para esconder militantes perseguidos. Assim, toda a família era vigiada pela polícia. Por isso, no dia 3 de outubro, quando Vera Mikhailovna se dirigia à estação para deixar a Rússia, a polícia a prendeu. Em sua casa foi encontrado não apenas um

257 Um relato detalhado da vida de Velitchkina se encontra em russo em: http://www.rodb-v.ru/about/history/velichkina/.

258 N.T.: nome que os revolucionários russos recebem das décadas de 1860 e 1870. Seu movimento foi conhecido como "populismo", do russo народничество (*narodnichestvo*), uma espécie de socialismo agrário. Sua primeira organização surgiu nos anos 1860 e se chamava "Terra e Liberdade", do russo Земля и Воля (*Zemlia i Volia*).

pacote de literatura ilegal, mas também um militante procurado. Por isso ela foi presa ao lado de seus irmãos mais novos, Nikolai e Klavdia.

Em 12 de dezembro de 1894, Nicolau II ascendeu ao trono da Rússia e para celebrá-lo foi decretada uma anistia parcial, motivo pelo qual os irmãos Velitchkin foram libertados, mas sem permissão de residir em Moscou ou sair do país. Então, depois de visitar seu admirado Tolstói em sua propriedade Iasnaia Poliana, Vera Mikhailovna foi para a província de Voronej, estabelecendo-se na aldeia de Aleksandrovna, onde se dedicou ao trabalho social e fundou outra biblioteca comunitária.

Ao longo daquele ano, visitou frequentemente sua família em Moscou, onde participou, junto com seus irmãos Nikolai e Klavdia, de um círculo social-democrata filiado à União Operária de Moscou. Lá, conheceu o agrimensor de 22 anos Vladimir Dmitrievitch Bontch-Bruievitch, que nessa época trabalhava em um projeto social chamado "Biblioteca Popular", e que se ofereceu para ajudá-la em seu trabalho na aldeia. Pouco depois, os dois iniciaram um romance.

Em abril de 1896, quando seu período de liberdade provisória terminou e ela pôde solicitar um passaporte, Velitchkina voltou para a Suíça a fim de completar seus estudos, mas dessa vez acompanhada do noivo, Bontch-Bruievitch. Em Genebra, os dois se juntaram ao grupo Emancipação do Trabalho de Plekhanov, como representantes da União Operária de Moscou. Ao mesmo tempo, ela retomou seus estudos. Em 1898 se formou em Medicina na Universidade de Berna e obteve o grau de doutora com uma tese sobre o uso de leite em pó para crianças.

Nessa época, publicou um livro infantil sobre as montanhas da Suíça e um ensaio sobre o pedagogo Johann Heinrich Pestalozzi.

Ainda influenciados pelo cristianismo socializante de Tolstói e por recomendação dele, em maio de 1899, os dois jovens foram a Constantinopla para embarcar no navio Lago Huron, no qual viajava um contingente de *dukhobors* que buscava estabelecer uma colônia no Canadá. Os dois se juntaram à viagem e viveram um ano na colônia que os *dukhobors* estabeleceram perto de Winnipeg. Lá, Vera Mikhailovna fundou um hospital, enquanto Vladimir estudava os costumes dos *dukhobors* e registrava a letra de seus hinos.[259]

Na primavera de 1900, os dois voltaram para a Suíça. Sabendo que sua mãe estava doente, em setembro de 1901, Vera retornou à Rússia, mas antes se casou

[259] O relato de Velitchkina sobre sua travessia com os *dukhobors* de Constantinopla a Winnipeg em 1899-1900 pode ser consultado em inglês em: https://doukhobor.org/with-the-doukhobors-to-canada/.

com Bontch-Bruievitch, por sua condição de casada facilitar que as autoridades lhe permitissem voltar a sair do país. No entanto, em 2 de outubro, ao chegar à estação fronteiriça de Virbalis, na Lituânia, foi detida, acusada falsamente de ter organizado uma manifestação contra o czar em frente ao consulado russo em Genebra, sendo enviada para a prisão de Kresti, em Petersburgo, onde foi submetida a três meses de isolamento.

No momento de sua detenção, estava grávida e as condições da prisão afetaram sua saúde. Em janeiro de 1902 foi posta em liberdade condicional, mas o dano estava feito: em abril deu à luz uma menina, que nasceu muito debilitada e morreu no dia seguinte. Em maio, as autoridades permitiram-lhe sair do país e encontrar-se com o marido.

Em Londres, o casal se juntou à equipe da revista *Iskra*, que Lênin e Krupskaia dirigiam na capital britânica. Na primavera de 1903, os dois se mudaram para Genebra com o resto dos editores da *Iskra*.

No verão, quando ocorreu a cisão da social-democracia russa, tanto Velitchkina quanto o marido se posicionaram ao lado da facção bolchevique. Depois do congresso, Vera integrou-se à "liga estrangeira" do partido, mas, quando esta caiu sob o domínio dos mencheviques, renunciou a ela.

Em fevereiro de 1904 deu à luz outra menina, Elena Vladimirovna, que nasceu saudável.

No verão de 1904, o casal organizou a biblioteca e o arquivo do partido, no mesmo edifício onde se encontrava o escritório do jornal bolchevique *Vperiod* e um refeitório para camaradas. Nessa época, os dois estiveram entre os signatários da chamada "Declaração dos 22", por meio da qual Lênin e seus correligionários exigiam um novo congresso do partido. Nos meses seguintes, Velitchkina colaborou assiduamente no jornal bolchevique *Vperiod*.

Em 1905, compilou um livro de poemas e canções revolucionárias russas que seria publicado em Genebra. Em outubro desse ano, voltou à Rússia com o marido e a filha, estabelecendo-se em Petersburgo.

Quando, no início de dezembro, o soviete de Petersburgo – então presidido por Trótski – foi fechado pela polícia, ela esteve presente na sessão e foi detida com os outros participantes. Após três meses de prisão sem acusação formal, entrou em greve de fome, sendo libertada em março de 1906.

Nesse ano, publicou uma biografia do socialista utópico alemão Wilhelm Weitling.

Sem romper com o partido, durante os anos de reação retirou-se da militância para exercer a medicina, cuidando de pacientes pobres enquanto fazia divulgação cultural. Em 1907, ela e o marido fundaram em Petersburgo uma sociedade cultural chamada Ciência e uma editora marxista chamada *Jizn i Znanie*,[260] que nos anos seguintes publicaria vários textos políticos dentro da legalidade. Também colaborou na luta contra a fome na região de Ufá.

Em 1911, seu marido, Vladimir, foi preso com Lídia Knipovitch.

Em 1912, publicou um artigo autobiográfico intitulado "Em um ano de fome com Leon Tolstói"[261] sobre o trabalho social que realizou em 1891 ao lado do grande escritor.

Nessa época, vivia em Petersburgo Anna Elizarova, a irmã mais velha de Lênin, com seu filho adotivo de 8 anos, Georgui Lozgatchev. Este diz em suas memórias:

> Não longe de nós, na rua Khersonskaia, viviam os Bontch-Bruievitch, que Anna [Elizarova] e Vladimir Ilitch [Lênin] conheciam desde os anos 1880. De Vera Mikhailovna… tenho as lembranças mais doces…
> [Quando à noite tinha febre], não importava a hora, Vera Mikhailovna, que era médica de profissão, vinha me ver. Gostava tanto dela que só sua presença já me fazia sentir melhor.[262]

Com a eclosão da Primeira Guerra Mundial, em agosto de 1914, ela foi enviada para o *front*, a fim de servir como médica militar, passando depois a um campo de refugiados na província ucraniana de Kamianets-Podilski, trabalho pelo qual foi condecorada.

Com a queda do czarismo em março de 1917, reintegrou-se ao partido bolchevique e começou a trabalhar na redação do jornal *Izvestia*, do soviete de Petrogrado. No entanto, logo a maioria conciliadora do soviete a levou a renunciar a esse posto. Ao mesmo tempo, serviu no comitê bolchevique no distrito de Rojdestvenski, em Petrogrado. Em maio, ingressou, ao lado de Samoilova, Kollontai, Stal, Kudelli e Nikolaieva, no comitê de redação da revista bolchevique de mulheres, *Rabotnitsa*. Também ajudou o marido na edição do jornal bolchevique *Soldatskaia Pravda*.

Quando os bolcheviques obtiveram a maioria do soviete de Petrogrado e fundaram o Comitê Militar Revolucionário, este a encarregou dos serviços de saúde dos Guardas Vermelhos, no qual colaborou com Vera Slutskaia, que também tinha conhecimentos médicos.

260 Do russo Жизнь и Знание, "Vida e Conhecimento".
261 Tradução livre do original em russo В голодный год с Львом Толстым.
262 Georgui Ia. Lozgatchev-Elizarov, *op. cit.*, https://leninism.su/private/4160-nezabyvaemoe.html?showall=&start=5.

No momento da Revolução de Outubro, tinha 49 anos de idade e 30 de militância.

Nos dias que se seguiram à tomada do poder, coordenou os assuntos de higiene infantil, no Comissariado do Povo para o Bem-Estar Social, dirigido por Alexandra Kollontai.

Em março de 1918, se mudou, com o resto do governo soviético, para Moscou.

Em julho, se integrou à presidência do Comissariado do Povo para Saúde, ocupada pelo médico bolchevique Nikolai Semachko, encarregando-se de organizar o departamento de cuidados às mães e à infância. Também lançou um programa de conferências populares sobre higiene e educação física para crianças.

No dia 30 de agosto do mesmo ano, quando Lênin foi atingido pelos tiros da terrorista Fanni Kaplan (como parte da intentona insurrecional dos social-revolucionários), foi Velitchkina quem lhe aplicou os primeiros socorros: nesses momentos de crise era necessário um médico em que se pudesse confiar politicamente.

No final de setembro, contraiu a gripe espanhola, vindo a falecer no dia 30 em Moscou, pouco depois de ter completado 50 anos. Foi enterrada no cemitério de Vagankovo.

Sua filha, Elena Vladimirovna, que também estudou Medicina, casou-se com o escritor comunista Leopold Averbakh, com quem teve um filho em 1923. Seu viúvo, Vladimir Bontch-Bruievitch, ocupou importantes cargos econômicos e, depois da morte de Lênin, dedicou-se a temas culturais e históricos, tornando-se um de seus principais biógrafos.

Embora Bontch-Bruievitch nunca tenha saído das graças de Stálin nem sido vítima dos expurgos, sua filha e seu genro sim: ambos foram presos em 1937; ele foi fuzilado e ela enviada a um campo de trabalho. Lá exerceu sua profissão entre os deportados até que, em 1943, lhe foi permitido voltar a Moscou. Vladimir Bontch-Bruievitch morreu em 1955. Sua filha, Elena Vladimirovna, morreu em 1985.

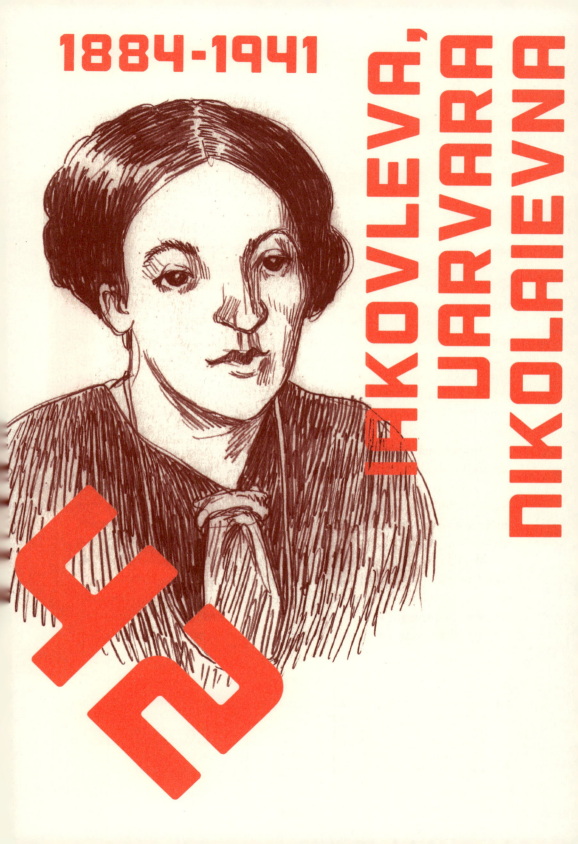

Nasceu em Moscou em 1º de janeiro de 1885, filha de um relojoeiro de origem judaica.[263] Em agosto de 1886, nasceu seu irmão, Nikolai.

Depois de completar o ginásio, em 1901, começou a estudar Física e Matemática nos Cursos Superiores para Mulheres de Moscou, com a intenção de dedicar-se à astronomia. Pouco depois, passou a dar aulas particulares para se sustentar.

Em janeiro de 1904, iniciou sua militância no movimento estudantil moscovita, no qual se destacavam jovens ativistas como Bubnov, Sokolnikov, Osinski e o adolescente Nikolai Bukharin. No outono, aos 20 anos de idade, juntou-se ao partido social-democrata.

Nessa época, iniciou um romance com um de seus professores, o célebre astrônomo Pavel Karlovitch Chternberg, de 39 anos.[264] Embora a relação tenha durado toda a vida, por razões de segurança, decidiram não formalizá-la legalmente.

Ainda estudante, Iakovleva interveio na Revolução de 1905, em Moscou, fazendo propaganda entre os operários. Sob sua influência, o próprio Chternberg entrou para o partido bolchevique e participou dos preparativos técnicos da revolta armada. Enquanto ele viajava pela Europa, em dezembro, eclodiu uma insurreição em Moscou, da qual Iakovleva participou pessoalmente. Também seu irmão mais novo, Nikolai, tomou parte na luta.

Quando participava da manifestação do 1º de Maio, em Moscou, em 1906, Iakovleva foi detida com violência e ferida no peito. Foi então encarcerada na prisão moscovita de Butirka, onde permaneceu até março do ano seguinte. Enquanto isso, seu companheiro, Chternberg, usou seu conhecimento de ótica para traçar um mapa de Moscou, que poderia ser utilizado no caso de uma nova insurreição.

263   Cf.: Ignat E. Gorielov, "V. I. Iakovleva – Batalhadora pelo triunfo das grandes ideias de outubro" [В. Н. Яковлева – Борец за победу идей великого октября], 1967, https://libmonster.ru/m/articles/view/в-н-яковлева-борец-за-победу-идей-великого-октября; Valeri Privalikhin, "Varvara Iakovleva – Vida nobre e trágica" [Варвара Яковлева – Удел высокий и трагический], 2017, http://moskva.bezformata.com/listnews/letiyu-revolyutcii-varvara-yakovleva/56144858/; https://ru.wikipedia.org/wiki/Яковлева,_Варвара_Николаевна.

264   Sobre Pavel K. Chternberg, cf.: https://ru.wikipedia.org/wiki/Штернберг,_Павел_Карлович.

Ao ser posta em liberdade condicional, em 1907, conseguiu graduar-se nos cursos de Astronomia, mas em março de 1908, foi detida de novo e deportada para Tver. Chternberg, por sua vez, foi eleito deputado da Duma moscovita, pelo partido social-democrata.

Em janeiro de 1909, Iakovleva voltou a Moscou. Naquele ano, teve uma filha com Chternberg, Irina Pavlovna Iakovleva.

Embora tenha conseguido um emprego como professora de ciências, em 1910 foi despedida quando descobriram suas tendências revolucionárias. Em 1º de janeiro de 1911, no dia em que completou 26 anos, foi presa novamente, com o resto da direção bolchevique moscovita, incluindo Bukharin e Bubnov (delatados pelo infiltrado Malinovski). Após um período de prisão, foi condenada a quatro anos de deportação em Narim, na Sibéria oriental.

Lá, encontrou outros revolucionários deportados, como Valerian Kuibichev e Ivan Jilin, com os quais ajudou a organizar um comício operário para comemorar o 1º de Maio.

Em fevereiro de 1912, adoeceu de gripe, e o policial encarregado de vigiá-la deixou de revistar seu quarto. Aproveitando-se disso, com ajuda de seus camaradas, fugiu de Narim e, depois de pegar sua filha de três anos em Moscou, foi clandestinamente para a Alemanha.

Durante os catorze meses seguintes viveria com a filha em Hanover – onde encontrou seu irmão, Nikolai, e Bukharin, que também estavam exilados lá – em Paris e na cidade suíça de Sonzier. Finalmente, depois de uma passagem por Cracóvia, onde esteve com Lênin, no início de 1913, voltou clandestinamente à Rússia.

Em Moscou, atuou como representante do Comitê Central na região e, com Nikolai, participou da edição do jornal bolchevique *Nash Put*. Em abril, a polícia interceptou uma mensagem que continha o endereço do apartamento em que ela vivia com Chternberg. Assim, no dia 11, Iakovleva foi detida novamente. Após seis meses de prisão, o agente infiltrado A. Romanov revelou sua identidade à polícia, motivo pelo qual foi enviada novamente para Narim.

Em Astracã, mais uma vez se colocou às ordens do partido e, em abril de 1914, foi nomeada para o Comitê Central. No entanto, não pôde militar nele: no verão, quando preparava nova fuga, o recrudescimento da repressão que acompanhou a entrada da Rússia na Primeira Guerra Mundial destruiu seus planos, e ela só pôde abandonar Enotaievsk no final de sua condenação, dois anos depois.

Em meados de 1916, pôde voltar a Moscou, onde se integrou ao comitê distrital do partido.

Em janeiro de 1917, Chternberg, que havia conseguido manter em segredo sua relação com Iakovleva, foi nomeado diretor do prestigiado observatório

Krasnopresnenski da Universidade de Moscou. Durou um mês no cargo: no início de março irrompeu a revolução.

Depois da queda do czarismo, Iakovleva foi eleita secretária do comitê distrital do partido em Moscou, no qual militavam quadros como os Smidovitch, Zemliatchka, Bukharin, Bubnov, Sokolnikov, Lomov, Varientsova e Inessa Armand. Com esta última, Iakovleva editou, durante o mês de junho, a revista *Jizni Rabotnitsi*,[265] da qual publicaram dois números.

Em agosto, viajou a Petrogrado para participar do IV Congresso do partido, que a integrou ao Comitê Central como membro-candidato. Esse Comitê Central coordenou o partido durante a Revolução de Outubro. Dez dias antes da insurreição, Iakovleva esteve presente na histórica sessão do Comitê Central que, realizada no apartamento de Galina Flakserman, em Petrogrado, decidiu a data do levante. Então, voltou a Moscou e se integrou à direção da insurreição na cidade. Tinha 32 anos de idade.

No entanto, na véspera da insurreição, teve de ser hospitalizada e não pôde participar da luta. Tiveram de retirar seu apêndice numa operação de emergência. Aliás, durante a insurreição, os bolcheviques puderam usar o mapa de Moscou que Chternberg havia preparado com sua tecnologia astronômica.

Em dezembro, o irmão de Iakovleva, Nikolai, que havia dirigido o partido na Sibéria, foi eleito presidente do governo soviético que se instaurou na província de Tomski.

Em janeiro de 1918, Iakovleva foi eleita deputada da Assembleia Constituinte pela província de Tula, como parte da minoria bolchevique, foi para Petrogrado. Assim, em 5 de janeiro, participou da sessão em que essa assembleia se recusou a aceitar a soberania dos sovietes e foi dissolvida.

Em fevereiro, voltou a Moscou, onde se integrou ao governo soviético da cidade e ao Escritório Regional do partido. Lá, com seus velhos camaradas Bukharin, Bubnov e Osinski, liderou a dissidência de esquerda que requisitava a rejeição das duras condições exigidas pela Alemanha para assinar a paz e propunha continuar a guerra dando-lhe um caráter revolucionário. Quando, em março, o VII Congresso do partido e o IV Congresso dos sovietes ratificaram o tratado de paz, Iakovleva estava entre os esquerdistas irredutíveis que renunciaram a seus postos no governo. Esse congresso do partido já não a incluiu no Comitê Central.

No entanto, após alguns meses, uma nova crise obrigou os comunistas a se unirem: em junho, a legião de prisioneiros de guerra checoslovacos na

265 Do russo Жизнь работницы, "A Vida de Operária".

Rússia levantou-se em armas contra o poder soviético e apropriou-se de vastas regiões da Sibéria para entregá-las a governos antibolcheviques (incluindo Tomski, que Nikolai Iakovlev teve de abandonar). Pouco depois, os social-revolucionários recomeçaram sua campanha de ataques terroristas, então contra os comunistas: Lênin foi ferido; Volodarski e Uritski foram mortos. Nessas condições, em julho, Iakovleva se integrou ao conselho administrativo da Comissão de Combate.

Fato curioso: enquanto Iakovleva dirigia a *tcheka*, no outro extremo do espectro político, outra Varvara Iakovleva, uma monja ortodoxa e dama de companhia da grã-duquesa Isabel e do grão-duque Sergio, era executada com eles e outros membros da nobreza perto de Ecaterimburgo. A igreja ortodoxa canonizou-a, e o almirante Koltchak resgatou seus restos mortais e os enviou a Jerusalém.

Em agosto, Iakovleva foi enviada a Petrogrado para substituir Uritski no *front* da *tcheka* da cidade, ao lado de Olga Ravitch e Gleb Boki. Depois de ter denunciado a falta de rigor de seus colaboradores, em 10 de novembro, foi promovida a presidente local da *tcheka*.

Nesses mesmos dias, as tropas brancas do general Anatoli Pepeliaiev, que, com o apoio dos checoslovacos, tinham ocupado a Sibéria, capturaram na taiga de Olekminsk seu irmão Nikolai e outros bolcheviques, fuzilando-os ali mesmo.

Convocada por Lênin, em janeiro de 1919, Iakovleva voltou a Moscou para integrar-se ao Conselho Superior de Economia, presidido por Aleksei Rikov, e ao Comissariado do Povo para Abastecimento, coordenado por Aleksandr Yurtsupa. Nesses postos, presidiu a requisição forçada de grãos, no chamado "comunismo de guerra".

Enquanto isso, Chternberg, que desde a tomada do poder trabalhava no Comissariado do Povo para a Educação dirigindo o Departamento de Educação Superior, partiu para a Sibéria a fim de servir como comissário político no *front* do leste. Em 13 de novembro de 1919, enquanto cruzava de carro o congelado rio Irtich, o gelo se quebrou e ele caiu na água. Embora tenha sido resgatado e transferido para Moscou, não conseguiu recuperar-se e morreu no dia 1º de fevereiro de 1920. Foi enterrado no cemitério moscovita de Vagankovo.

Em março, a própria Iakovleva, viúva aos 35 anos, transferiu-se também para a Sibéria para exercer as funções de secretária do comitê regional do partido e chefiar o departamento político da ferrovia siberiana.

Lá, no combate bem-sucedido contra as tropas de Koltchak, colaborou estritamente com o operário bolchevique Ivan Nikititch Smirnov, então comissário do V Exército, famoso por sua dedicação ao ideal comunista. Com ele iniciou uma amizade íntima e no final do ano teve uma filha, Elena Ivanovna Iakovleva.

Pouco depois de dar à luz, em 27 de dezembro de 1920, foi nomeada secretária do comitê do partido para a região de Moscou.

Em março do ano seguinte, participou no X Congresso do partido, no qual foram aprovados o estabelecimento da Nova Política Econômica – um retrocesso parcial para economia privada, sobretudo no campo – e a proibição das facções internas. Esse congresso também resolveu enviar Iakovleva de volta à Sibéria para que ela atuasse como representante do Comitê Central na região. Enquanto ocupava esse posto, as tropas vermelhas capturaram os guardas brancos responsáveis pela execução de seu irmão, que foram julgados e fuzilados.

No início de 1922, voltou a Moscou, para servir como adjunta de Evgueni Preobrajenski no Comitê de Capacitação Vocacional Técnica (*Glavprofobr*) do Comissariado do Povo para a Educação Pública. Em março, foi promovida a presidente desse comitê e, portanto, a comissária substituta do povo. Nesse posto, colaborou diretamente com Anatoli Lunatcharski e Nadejda Krupskaia. Na primavera, participou como delegada no XI Congresso do partido.

Em outubro de 1923, esteve, com seu companheiro, Smirnov, entre os signatários da "Declaração dos 46". Redigido por Preobrajenski, esse texto se dirigia ao gabinete Político do partido exigindo o fim das concessões à agricultura privada e o restabelecimento da democracia interna. Ela e Evguenia Bosch foram as únicas mulheres entre os signatários.[266]

Quando, no início do ano seguinte, a 12ª Conferência do partido condenou as posições dos 46, muitos dos signatários, entre os quais Iakovleva e Smirnov, aderiram à oposição de esquerda liderada por Trótski. Em 1925, ambos se juntaram à Oposição Unificada, que incluía também os partidários de Zinoviev, Kamenev e Krupskaia. No final do ano, Iakovleva participou no XIV Congresso do partido, no qual foram derrotadas as posições da Oposição Unificada.

Tal como Krupskaia, em outubro de 1926, Iakovleva retirou suas críticas e abandonou a Oposição Unificada, motivo pelo qual ambas puderam conservar seus cargos. Isso significou para Iakovleva uma ruptura com Smirnov, que se manteve na oposição. Apesar disso, ambos mantiveram relações amigáveis. No final de 1927, Smirnov foi expulso do partido e no início de 1928 foi deportado para a Sibéria.

No verão, Iakovleva participou como delegada no XVI Congresso do partido, no qual foram aprovadas a guinada para a liquidação dos *gulags* como classe e a coletivização total do campo.

266 Para o texto e a lista de signatários da declaração, cf.: https://en.wikipedia.org/wiki/The_Declaration_of_46.

Em 1931, quando foi fundado o Instituto Astronômico da Universidade de Moscou, este recebeu o nome de seu falecido companheiro, Pavel Chternberg.

Até então, Iakovleva ainda vivia com as filhas e os pais no modesto apartamento moscovita onde havia crescido. Só se mudou com a família para um apartamento maior depois da morte do pai, em 1932.

Naquele ano, Smirnov começou a colaborar novamente com a oposição trotskista, motivo pelo qual foi preso no início de 1933. Iakovleva, ao contrário, absteve-se de participar de novas atividades da oposição e, de seu cargo de Comissária das Finanças da Rússia, ajudou a organizar o Segundo Plano Quinquenal, o mais audaz e espetacular nos seus resultados. No dia 8 de março, recebeu a Ordem Lênin, ao lado de outras dirigentes bolcheviques, e, em janeiro de 1934, participou como delegada no XVll Congresso do partido, o chamado "congresso dos vencedores".

Em agosto de 1936, Ivan Smirnov esteve entre os acusados do primeiro processo de Moscou e, obrigado a confessar crimes fantásticos, foi fuzilado. Muitos de seus parentes mais próximos tiveram o mesmo destino.

Em 12 de setembro de 1937, Iakovleva também foi presa em sua casa e obrigada a devolver a Ordem Lênin. Foi substituída por Vasili Popov em seu posto no Comissariado de Finanças. Em março de 1938, durante o chamado "Processo dos 21" (ou Terceiro Processo de Moscou), no qual figuravam como acusados Bukharin, Rikov, Rakovski, Krestinski, Rosengolts e o ex-procurador Genrikh Iagoda, foi obrigada a comparecer como testemunha de acusação e a declarar que Bukharin havia planejado assassinar Lênin durante a controvérsia em torno de Brest-Litovsk de 1918 – acusação que Bukharin nunca aceitou, mas pela qual foi executado. Em 14 de maio, ela própria foi julgada, declarada culpada de pertencer a um grupo terrorista e condenada a 20 anos de prisão. Foi então transferida para a prisão de Oriol, onde já estavam Christian Rakovski, Varsenika Kasparova e Olga Kameneva.

Nesse meio-tempo, sua filha mais velha, Irina Pavlovna, então de 28 anos, também foi presa e deportada para a aldeia de Marinsk, na Sibéria oriental. A filha mais nova, Elena Ivanovna, de 17 anos, ficou com a avó materna. No verão de 1941, a avó morreu, e a jovem teve de se mudar também para Marinsk, passando a viver com sua meia-irmã.

No dia 6 de setembro, quando a invasão alemã ameaçou Oriol, Stálin ordenou a execução dos 175 prisioneiros políticos que ali se encontravam, incluindo Iakovleva. A ordem foi cumprida cinco dias depois, na floresta adjacente à prisão. Varvara Iakovleva tinha 57 anos.

Após as revelações do XX Congresso, em 1956, foi reabilitada postumamente. Suas duas filhas sobreviveram, estudaram e tiveram filhos na URSS. Smirnov foi reabilitado em 1988.

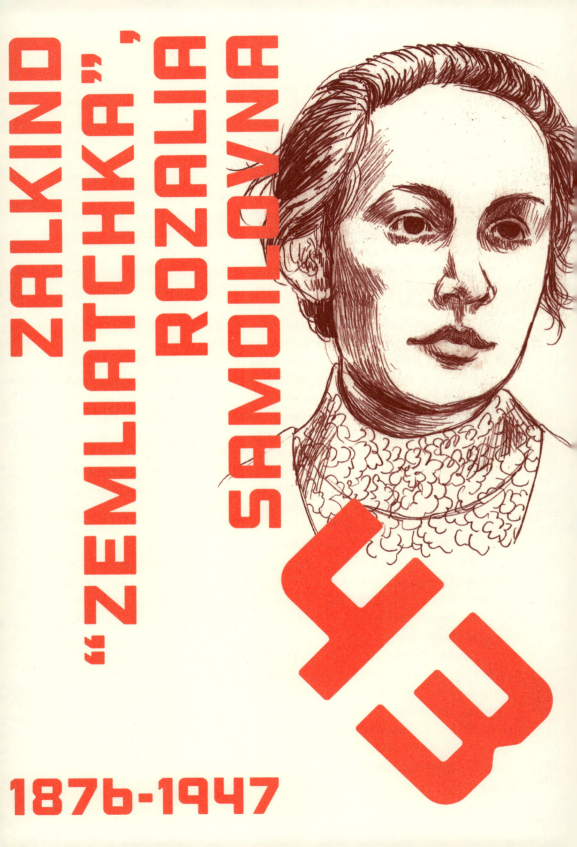

Nasceu em 1º de abril de 1876 na cidade bielorrussa de Mogiliov.[267] Muito jovem se mudou com a família para Kiev, onde seu pai, o comerciante judeu Samuil Markovitch Zalkind, tinha negócios. Lá, Rozalia concluiu o ensino primário e depois o ginásio. Quando entraram na universidade, seus irmãos mais velhos começaram a colaborar com a organização revolucionária *Narodnaia Volia*, de modo que, quando criança, ela presenciou a polícia invadindo sua casa em busca de literatura ilegal. Aos 14 anos, ela mesma começou a ler a literatura clandestina que os irmãos guardavam. Aos 15, terminou o ginásio e aos 16 foi presa pela primeira vez.

Ao terminar o ginásio, em 1894 mudou-se para Lyon, França, a fim de estudar Medicina, porque na Rússia era muito difícil para uma jovem judia ingressar na universidade, e os estudos superiores eram um requisito para que os judeus pudessem viver fora das zonas delimitadas. Em Lyon, entrou em contato com os revolucionários russos exilados e, sob a influência dos escritos de Plekhanov, rompeu com o populismo e rumou para o marxismo.

Antes de terminar o curso, uma doença a obrigou a voltar para a casa paterna em Kiev. Lá, em 1896 se uniu ao comitê do partido social-democrata. Pouco depois, a polícia identificou-a quando deu uma conferência aos operários sobre a história do socialismo europeu e, poucos dias depois, foi detida e encarcerada.

Após um ano na prisão de Kiev, foi deportada para a aldeia de Verkholensk, próxima da província siberiana de Irkutsk. Lá, iniciou um romance com um de seus camaradas, Chmul Chmulievitch Berlin. E, em fevereiro de 1901, casou-se com ele. Nessa época, também conheceu o jovem Liev Bronstein e sua esposa, Aleksandra Sokolovskaia, que chegaram deportados para a mesma província.

267 Cf.: Clements, *op. cit.*

Em 1901, conseguiu fugir de Verkholensk. Como Bronstein faria um ano depois, ao fugir, separou-se de seu parceiro. Berlin, que tinha adoecido de tuberculose, teve de ficar. Morreria em fevereiro de 1902.

Zemliatchka (ou "a caipira", como começava a ser conhecida), conseguiu chegar a Petersburgo e, graças à recomendação de Bronstein, entrou no comitê do partido.[268] Foi então convocada para Munique, onde se encontrou com Lênin e Krupskaia.[269] Orientada por eles, voltou ao Império Russo e se instalou no porto de Odessa para organizar a entrada de exemplares da revista *Iskra*, que chegavam de contrabando da Europa, e sua distribuição em Ecaterimburgo e Poltava.

Em março de 1903, o comitê de Odessa a elegeu delegada para o II Congresso do partido, que ocorreria no verão. Assim, voltou a sair clandestinamente do império e, após uma passagem por Genebra, onde se reencontrou com Bronstein (que na época já era conhecido como Trótski) e com Lênin, em julho, chegou a Bruxelas. Lá, ao lado de Serguei Gusev, encarregou-se de organizar a logística do congresso, que se realizou nessa cidade. Com o pseudônimo "Osipov", participou dele como delegada. No entanto, a polícia belga, preocupada com a presença de tantos russos em Bruxelas, deteve-a e obrigou-a a abandonar o país. Então, a fim de evitar mais incidentes, todo o congresso decidiu mudar-se para Londres. Foi nesse congresso que o partido se dividiu entre os bolcheviques de Lênin e os mencheviques de Martov. Zemliatchka tomou o partido de Lênin, mas seu amigo Trótski decidiu seguir Martov. Terminado o congresso, Lênin pediu a seu irmão mais novo, Dimitri, e a Zemliatchka que tentassem convencer Trótski de seu erro. Eles não conseguiram.[270]

Depois do congresso, regressou à Rússia. Em 29 de setembro, o Comitê Central de três partidários de Lênin (com sede em Kiev) que o congresso havia eleito cooptou outros quatro membros, também bolcheviques, entre eles Zemliatchka e Maria Essen, que, portanto, foram as duas primeiras mulheres a ingressar no Comitê Central. No entanto, durante os meses seguintes, os mencheviques assumiram diversos órgãos do partido e muitos membros do Comitê

268   De acordo com Clements, *op. cit.*, p. 76, o líder do comitê de Petersburgo, Ivan I. Radtchenko, escreveu a Krupskaia a respeito de Zemliatchka que "*Pero* [do russo перо, "pena", pseudônimo de Bronstein/Trótski] havia enviado uma recomendação muito detalhada dela". "E, de fato, havia feito isso", completa Clements, "incluindo a opinião de que Zemliatchka era uma pessoa franca, ainda que com um temperamento tão explosivo que não deveria ser designada para missões delicadas que requerem diplomacia".

269   Cf.: Liev S. Ovalov, *Noites de janeiro* [Январские ночи], 1972, biografia romanceada de Zemliatchka. Essa viagem não consta na maioria das fontes.

270   O episódio figura nas biografias de Lênin e de Trótski de Robert J. Service. Na verdade, o próprio Trótski advertiu que Zemliatchka não deveria receber missões delicadas que exigissem diplomacia.

Central começaram a procurar um acordo com eles.[271] A situação agravou-se em janeiro de 1904, quando uma grande rusga policial obrigou muitos militantes a abandonar Kiev. Na sua ausência, a maioria do Comitê Central aprovou a cooptação de vários mencheviques. Isso enfureceu Zemliatchka, que imediatamente renunciou ao comitê.

Em agosto, Zemliatchka viajou a Genebra para participar de uma reunião dos partidários de Lênin. Embora não tenha conseguido chegar a tempo para o encontro, assinou o texto que fora aprovado, que ficou conhecido como "Declaração dos 22". Em seguida, recebeu sua principal missão: ir à Rússia, levando consigo uma cópia do texto, a fim de conseguir a adesão dos comitês locais e dinheiro para publicar um jornal. Após reunir-se com Maksim Litvinov em Riga, onde imprimiu a declaração como panfleto, percorreu as cidades do noroeste do império em busca da adesão de seus comitês, conseguindo a de quinze deles. Em Odessa, sua personalidade intransigente a levou a chocar-se com a bolchevique Lídia Knipovitch, que escreveu a Lênin pedindo-lhe que elegesse outro representante.

Com a aprovação desses quinze comitês, no outono, integrou-se a um novo órgão de direção bolchevique em Petersburgo, denominado "gabinete de Comitês da Maioria". A principal missão desse gabinete era organizar um novo congresso que criasse órgãos de direção legítimos em substituição aos que tinham caído ilegitimamente nas mãos dos mencheviques. Em dezembro, Lênin escreveu-lhe uma carta em que se queixava do montante dos fundos recebidos, ao que Zemliatchka respondeu exigindo que reconhecessem seus êxitos e não lhe falassem nesse tom, o que Lênin aceitou. Naqueles dias, Zemliatchka se reuniu com o escritor Maksim Gorki, que lhe entregou oito mil rublos, os quais ela enviou a Lênin.[272]

Em abril de 1905, viajou a Londres para participar como delegada por Petersburgo no III Congresso (puramente bolchevique) do partido. Nele, fez parte da ala dirigida por Aleksei Rikov, a que Lênin chamava de *komitetchik*,[273] caracterizada por um excessivo orgulho organizativo e certo desdém pelo proletariado. Esse congresso elegeu um novo Comitê Central, do qual ela já não fez parte.

271   Sobre como os bolcheviques perderam os órgãos do partido que haviam ganhado no congresso, cf.: Vladimir I. Lênin, *Um passo em frente, dois passos atrás: a crise no nosso partido* [Шагъ впередъ, два шага назадъ], 1904, http://www.marxists.info/portugues/lenin/1904/passo/passo.pdf.
272   A missão de Zemliatchka de 1904 é narrada em Gérard Walter, *op. cit.* Na engenhosa tradução espanhola de Ramón Lamoneda, publicada no México em 1956, o nome "Zemliatchka" se converte em "La Paisa" (algo como "A Compatriota", em português).
273   Do russo комитетчик, "o comitê".

Depois do congresso, mudou-se para Moscou, em plena Revolução de 1905, onde foi nomeada secretária do comitê local do partido e se integrou à sua organização militar, ao lado de Emelian Iaroslavski e Olga Varientsova, encarregada de fazer propaganda entre os soldados.

No verão, foi detida e confinada em uma prisão em Moscou, onde permaneceu até a anistia de outubro. Nesses dias, as Centenas Negras lincharam o bolchevique Nikolai Bauman na saída da prisão, e foi Zemliatchka quem se encarregou de organizar a manifestação em sua memória.

Quando a insurreição eclodiu em Moscou, entre 9 e 19 de dezembro, Zemliatchka liderou a luta no distrito moscovita de Rogojski-Simonovski.

Depois de um ano e meio de prisão, em 1909, foi libertada por ter contraído tuberculose. Nessa altura, um período de reação tinha tomado conta da Rússia, e Zemliatchka decidiu afastar-se da militância. Após uma estadia de recuperação em Baku, em 1914, exilou-se na Suíça, onde viveu dois anos. Embora nesse período Lênin e outros quadros bolcheviques também vivessem na Suíça, conduzindo a luta pelo reorganização do socialismo na Europa, ela se manteve à margem de suas atividades. Em 1916, voltou a Moscou.

Depois da Revolução de Fevereiro de 1917, reintegrou-se ao partido e foi eleita secretária organizadora do seu comitê de Moscou, colaborando com quadros como Muralov, Iakovleva, os Smidovitch, Bubnov, Armand e Bukharin. Nesse ano, participou como delegada tanto da conferência de abril quanto do congresso de agosto do partido bolchevique. Nessa época, fez parte da ala esquerda do comitê bolchevique moscovita, que apoiava o curso insurrecional de Lênin.

Durante a insurreição de 7 de novembro, comandou a ocupação do distrito moscovita de Rogojski-Simonovski, o mesmo que havia ocupado na insurreição de dezembro de 1905. Ela tinha 41 anos.

A partir de dezembro foi secretária do comitê municipal do partido em Moscou.

Assim como a maioria dos comunistas da cidade, em fevereiro e março de 1918, fez parte da facção de esquerda que se opunha à ratificação do tratado de paz de Brest-Litovsk. No entanto, logo teve de abandonar suas diferenças para integrar-se à defesa da revolução. No verão, dirigiu-se à aldeia bielorrussa de Orcha, onde conseguiu impedir a deserção das tropas vermelhas antes do avanço alemão.

Em novembro, foi nomeada comissária política do VIII Exército, que, como parte do *front* sul, sob o comando de Vladimir Mikhailovitch Gittis e, depois, de Mikhail Tukhatchevski, combatia os cossacos do Don.

Em março de 1919, participou como delegada no VIII Congresso do partido. Nessa época fez parte, como Evguenia Bosch, da chamada "Oposição militar", que favorecia o poder dos comissários comunistas e desconfiava dos especialistas militares formados no exército czarista. Nesse ponto, foi excluída do VIII Exército, acusada de desmoralizar as tropas.

Em abril foi transferida para o recém-fundado XIII Exército, sob a direção de Innokenti Serafinmovitch Kojevnikov, que operava a oeste do VIII Exército. Desse posto, sob a direção de Anatoli Ilitch Gekker, participou da defesa da cidade ucraniana de Lugansk e, em outubro, da campanha contra Denikin, ao sul de Moscou. Lá, colaborou com militantes como Georgui Piatakov e Arkadi Rosengolts, que faziam parte do Conselho Militar Revolucionário do XIII Exército. Em 1920, liderou o departamento político da Ferrovia do Norte.[274]

Em novembro, quando Mikhail Frunze derrotou os brancos do barão Piotr Wrangel na Crimeia, um governo soviético liderado pelo comunista húngaro Bela Kun estabeleceu-se na península. Então Zemliatchka se mudou para lá e, ao lado do velho bolchevique Serguei Gusev, ingressou em seu Comitê Militar Revolucionário. Desse posto, organizou a execução dos oficiais brancos que não tinham conseguido fugir, ganhando uma reputação de implacável. Diz-se que mais de dez mil prisioneiros foram executados em toda a península em novembro e dezembro de 1920. Com esse episódio terminou a Guerra Civil na Rússia soviética.[275]

Em janeiro de 1921, voltou a Moscou, onde lhe foi concedida a ordem militar da Bandeira Vermelha. Foi a primeira mulher a recebê-la. Foi nomeada então responsável pelo comitê do partido no distrito moscovita de Zamoskvoretski.

Em março de 1922, participou, como delegada, no XI Congresso do partido (seria delegada em todos os seguintes congressos, até o final da vida). Em 1923, passou a chefiar o comitê de organização do partido na região do Mar Negro e no Cubã e, em janeiro de 1924, passou ao comitê regional do partido no Cáucaso norte.

Em maio de 1924, o XIII Congresso do partido a integrou a sua Comissão Central de Controle. Nessa altura, consolidou-se sua lealdade à facção stalinista dominante.

274 Segundo dados da Wikipédia, nesse ano teria casado com um tal Samoilov. O mais provável é que seja uma confusão devido ao fato de que seu patronímico, Samoilovna, possa ter sido confundido com o sobrenome de casada.

275 A execução em massa dos oficiais brancos que não conseguiram sair da Crimeia em dezembro de 1920 é um dos episódios que os historiadores anticomunistas mais usam para denunciar a brutalidade de Zemliatchka e do Exército Vermelho em geral.

Em 31 de maio de 1926, passou à região de Perm. Em outubro de 1927, voltou a Moscou para assumir o Escritório de Denúncias da Inspeção Operária e Camponesa, então coordenado por Sergo Ordjonikidze.

Em julho de 1930, o XVI Congresso do partido a integrou ao *presidium* da Comissão Central de Controle, então liderado por Andrei Andreiev, que seria seu chefe imediato e protetor durante os anos seguintes. Em 3 de setembro de 1931, recebeu a Ordem Lênin por seu vigor na vigilância da burocracia.

Em 1932, passou a trabalhar no Comissariado do Povo para Comunicações, também sob a direção de Andreiev.

Em janeiro de 1934, o XVII Congresso do partido, o chamado "congresso dos vencedores", confirmou-a como parte da junta diretiva da Comissão Central de Controle, que logo passou a ser dirigida pelo tristemente célebre Nikolai Iejov, titular do Comissariado do Povo do Interior, ou NKVD.

Sob o comando de Iejov, Zemliatchka colaborou nos grandes expurgos dos anos seguintes, honrando sua fama de implacável. Nele, foram exterminados centenas de velhos bolcheviques, entre eles, antigos companheiros seus: do comitê de Petersburgo, como Rikov; de Moscou de 1917, como Muralov, Bukharin, Iakovleva e Bubnov; e da Guerra Civil, como Smirnov, Gittis, Tukhatchevski, Gekker, Piatakov, Rosengolts e Bela Kun. Gusev tinha morrido pouco antes, mas sua companheira, Feiga Drabkina, e sua filha, Elizaveta, ambas bolcheviques, foram presas.

Em 1939, os expurgos atingiram a própria facção stalinista. O próprio Iejov foi preso em abril (seria executado no ano seguinte) e substituído por Beria. Também o vice-presidente do governo, Stanislav Kossior, foi preso em abril e executado. Ordjonikidze suicidou-se antes de enfrentar esse destino.

Apesar de sua proximidade com o executado Iejov, Zemliatchka não saiu das graças de Stálin. Para substituir Kossior, em 8 de maio de 1939, o XVIII Congresso do PCUS a nomeou simultaneamente vice-presidente do Conselho de Comissários do Povo (cujo presidente era Molotov) e membro do Presidium da Comissão Central de Controle do partido. Foi a primeira mulher do mundo a ocupar um posto de vice-presidente de governo. Nesse ano recebeu outra vez a Ordem Lênin.

Em setembro de 1940, quando a Comissão Central de Controle foi abolida, entrou para o Conselho Econômico.

Em maio de 1941, a XVIII Conferência do partido a reintegrou ao Comitê Central. Nesse ponto, Stálin assumiu diretamente a presidência do Conselho de Comissários do Povo, e Zemliatchka continuou a ser vice-presidente.

Em outubro, quando a invasão da Alemanha nazista ameaçava Moscou, membros do governo e da indústria foram evacuados da cidade. No entanto, na qualidade de vice-presidente, recusou-se a abandonar a capital e continuou participando de sua defesa, que durou até janeiro do ano seguinte. Em 26 de agosto de 1943, ainda durante a guerra, retirou-se da vice-presidência.

Em 1º de abril de 1946, por ocasião do seu 70º aniversário, recebeu pela terceira vez a Ordem Lênin.

Morreu em Moscou, de causas naturais, em 21 de janeiro de 1947, antes de completar 71 anos; seus restos foram depositados nas muralhas do Kremlin.

Cerca de vinte ruas espalhadas por todo o território soviético foram batizadas com seu nome. A maioria mantém-se até os dias de hoje.[276]

276 Cf.: https://ru.wikipedia.org/wiki/Землячка,_Розалия_Самойловна.

Copyright © Óscar de Pablo, 2018
Todos os direitos reservados. Tradução negociada diretamente com o autor.

Título original: Las Bolcheviques

Tradução: Barbara Corrales
Revisão: Luiza Gomyde e Ricardo Liberal
Revisão de prova: Vanessa Ferrer
Diagramação: Natalia Bae
Ilustrações: Mariana Waechter
Capa e projeto gráfico: Gustavo Piqueira e Samia Jacintho / Casa Rex
Diretor editorial: Rogério de Campos
Assistente editorial: Luiza Gomyde (estágio)

Agradecimentos a Alexandre Linares pela indicação.

Dados Internacionais de Catalogação na Publicação – CIP

P112 Pablo, Óscar de
As bolchevique / Óscar de Pablo. Tradução Barbara Corrales. Ilustração de Mariana Waechter. – São Paulo: Veneta, 2023.
304 p.; Il.

Título Original: Las bolcheviques

ISBN 978-85-9571-152-5

1. História. 2. História Social. 3. História Política. 4. Rússia. 5. Mulheres. 6. Bolchevismo. 7. Revolução Russa. 8. Partido Comunista. 9. Exército Vermelho. 10. Bolcheviques. 11. Militância Política de Mulheres. 12. Biografia de Mulheres Bolcheviques. I. Título. II. Corrales, Barbara, Tradutora. III. Waechter, Mariana, Ilustradora.

CDU 930.85:305   CDD 947.04

Catalogação elaborada por Regina Simão Paulino - CRB 6/1154

Editora Veneta
R. Araújo, 124, 1º andar – 01220-020 – São Paulo, SP – Brasil
www.veneta.com.br | +55 11 3211-1233 | contato@veneta.com.br